하브루타
독서토론
교과서

하브루타 독서토론 교과서

초판 1쇄 발행 2019년 10월 17일
초판 3쇄 발행 2023년 6월 26일

지은이 이은주

발행인 백유미 조영석
발행처 (주)라온아시아
주소 서울 서초구 방배로 180 스파크플러스 3F

등록 2016년 7월 5일 제 2016-000141호
전화 070-7600-8230 **팩스** 070-4754-2473

값 18,000**원**
ISBN 979-11-90233-14-9 (03370)

※ 라온북은 (주)라온아시아의 퍼스널 브랜드입니다.

※ 잘못된 책은 구입하신 서점에서 바꾸어 드립니다.

라온북은 독자 여러분의 소중한 원고를 기다리고 있습니다. (raonbook@naver.com)

하브루타 독서토론 교과서

이은주 지음

RAON BOOK

• 프롤로그 •

꽃망울을 활짝 터뜨려 핑크빛으로 물든 4월의 벚꽃은 너무나 화려하여 금방이라도 눈물이 쏟아질 듯 슬프다. 2018년 4월 삼성의료원의 벚꽃 길은 얄미울 정도로 아름답고 화려했다. 내 남은 생에서 벚꽃은 아마도 아픔으로 남을 것이다. 겨울에 췌장암 진단을 받은 언니가 1차 항암 치료를 마친 후 의사로부터 상태가 더 악화되었다는 검사 결과를 듣고, 그저 아름다운 벚꽃 길을 따라 함께 걷는 것 이외에 우리가 할 수 있는 건 아무것도 없었다. 그로부터 4개월이 못 되어 벚꽃처럼 화려하고 아름다웠던 내 언니는 하늘나라로 갔다. 무엇이 그리 급했는지….

그 후로 삶을 대하는 나의 태도는 많이 달라졌다. 인간은 모두 언젠가는 떠난다는 것, 거대한 우주를 놓고 볼 때 한 점에도 미치지 못할 만큼 아주 보잘것없다는 것 그리고 죽음의 그림자는 항상 내 곁에 상존한다는 사실들을 깨닫게 되었다.

그렇다면, '한 점에도 미치지 못하는 내 삶 동안, 내가 해야 할 일은 무엇일까?' 문득 난 그동안 '나 자신이 아닌 가족이라는 타인을 위한 삶'을 살아왔다는 생각이 들었다. 너무 좁은 테두리 안에서 버둥거리며 살아왔다. 결혼 전에는 부모를 위해서, 결혼 후에는 남편과 아이들을 위해서. 물론 그것이 나 자신을 위한 삶이기도 했겠지만, 오롯이 나만을 위한 삶이라고 할 수는 없을 것이다. 많은 엄마들이 그렇듯 오롯이 나를 위한 삶을 살지 못한다고 느꼈던 오랜 시간 동안 난 참 많이 힘들어했다. 그래서 결심한 것은 '남은 삶은 나 자신을 위해서 살자'였다. 그렇다면 나를 위한 삶은 과연 무엇인가? 내가 원하고 좋아하는 일을 하며, 내가 사랑하는 사람을 사랑하며, 싫은 것에는 과감히 'NO'라고 말할 수 있는 삶이 나를 위한 삶이라는 생각이 들었다.

그리고 또 하나, 누군가에게 의미 있는 존재가 되고 싶었다. 그 의미를 찾을 수 있는 일은 무엇인가? 그것은 토론교실에 오는 친구들과 즐겁게 학습하고, 그들이 변화하고 성장하는 모습을 지켜보는 것이다. 당당한 한 사람으로서의 몫을 차지하며 인생을 살아갈 토대를 만들어주는 것이 내가 그들에게 의미 있는 존재가 되는 것이라 생각한다. 그것이 곧 나의 기쁨이자 행복이 될 것이다.

내가 추구하는 이러한 기쁨을 자녀 교육에 모든 열정을 바치는 한국의 엄마들이 본인의 자녀 교육 과정에서 함께 느껴보길 바란다. 이것이 바로 내가 이 책을 통해 많은 엄마들에게 나의 생각을 이야기하고자 하는 목적이다.

토론교실에 오는 친구들과 수업을 시작하기 전에는 나의 아이들 둘과 15년 정도의 시간을 사교육 없이 오롯이 함께 해왔다. 그 시간도 의미 있고 보람된 기간이었다. 그런데 문제는 우리 아이들이 언제까지나 나와 함께할 수는 없다는 사실이다. 그들은 곧 내 곁을 떠날 것이고, 그 후의 내 삶의 의미는 어디서 찾아야 하는지 항상 고민해왔다. 그래서 아이들과 함께하는 시간들은 나를 행복하게도 했지만, 항상 나를 불안하게 만들었다. '나란 존재는 도대체 어디 있는 것인가?' 그런 지난한 고민의 과정에서 난 내 아이들이 자란 후에 지금 나의 쓸모를 찾게 되었고, 그 일에 매우 감사하고 있다.

내가 항상 안타깝게 생각했던 부분은 수시로 변화하며 엄마들에게 불안감과 공포심을 심어주는 우리나라의 교육 현실이었다. 그 아래에서 고통받는 이는 우리의 아이들과 엄마들이다. 하지만 대한민국에서 살아가는 이상 이 사회 시스템에서 동떨어져 살아갈 수는 없다. 내가 이 시스템이 마음이 들지 않아도 어쩔 수 없이 따라야 하는 것이 현실이다.

이러한 현실에서 대한민국의 아이들과 엄마들이 조금이라도 덜 불행해지려면 자신만의 중심을 잡고 살아가야 한다고 생각한다. 중심을 잡기 위해서는 지금의 교육 현실을 제대로 직시해야 하고, 앞으로 펼쳐질 미래에 대해 예측해볼 수 있어야 한다. 막연한 공포심과 불안감으로 무작정 사교육에만 의존하는 것이 아니라, 변화하는 교육 시스템과 달라지는 사회에 적응해나갈 수 있는 교육을 엄마 스스로 시킴으로써 엄마와 아이 모두가 성장하고 행복해지기를 바란다.

이 책은 15년 넘게 두 아이를 키우면서 내가 겪었던 시행착오를 후배 엄마들이 겪지 않기를 바라는 마음에서 썼다. 따라서 엄마들은 이 책에 소개된 방식을 그대로 따라 아이들을 하브루타와 디베이트의 세계로 이끌면 된다. 지금까지 내 아이를 포함해 토론교실에 오는 아이들은 모두 하브루타와 디베이트 수업만으로 아주 달라지고 성장하는 모습을 보여주었다.

'하브루타의 질문에 디베이트가 대답'하는 과정의 장점은 무엇보다 온 가족이 같은 책을 읽은 뒤 질문을 만들고 이에 대답하면서 자연스럽게 소통의 장을 연다는 데 있다. 논제를 찾아내고 토론으로 이어가는 시간 동안 가족은 수평적인 관계에서 각자가 주체적이고 독립적인 발언권자가 된다. 더불어 가족 개개인을 한 인간으로 바라보며 부모는 아이를 조금 더 객관적 시각으로 바라볼 수 있게 되고, 자기 자신의 삶에 대해서도 좀 더 깊이 생각해볼 수 있는 계기를 제공받게 된다.

책을 읽는 일은 어렵지 않다. 그러나 책을 '제대로 읽는 일'은 매우 어렵다. 아이들이 어려서부터 책과 가까이 지내며 책에서 이야기하려고 하는 것이 무엇인지 질문하고 대답하며 타인과 생각을 비교하는 과정은 책을 제대로 읽는 법을 자연스럽게 습득할 수 있게 해준다. 아이들은 제대로 읽는 일을 통해 생각이 자유로워지고 사고가 확장되는 경험을 한다. 그리고 이 경험은, 아이들의 자발적인 독서를 자연스럽게 유도한다. 그러나 이처럼 많은 장점을 가진 하브루타, 디베이트의 '안내자의 역할'을 한다는 것은 그리 쉬운 일은 아니다. 따라서 집에서도 가족들과 함께 하브루타와 디베이트를 진행할 수 있도록 풍성한 실제 사례를 많이 담으려 노력했다. 모쪼록 이 책에 소개된 다양한 질문과 대화의 사례가 독서토론의 밑거름이 되어 부모와 아이 모두 유한한 삶을 좀 더 행복하고 풍성한 삶으로 이어나갈 수 있기를 바라는 마음이다.

학생의 본분은 공부다. 지나치게 강요하는 주입식 교육이 문제인 것이지 효과적이고 올바른 학습 방법은 더 많은 사람들에게 알려져야 한다. 아직까지 우리나라의 현실은 엉덩이 무거운 사람이 공부를 잘한다며 아이의 희생과 절대적인 공부 시간에만 초점을 맞추는 경향이 있어 좀 더 효율적으로 학습을 위한 방법을 고민해보아야 할 시점이다. 하지만 너무 어린 미취학 아동이나 1~2학년 친구들을 대상으로는 디베이트(대립 토론)는 하지 않는 것이 좋다. 어린 시기에는 자유롭게 사고를 확장하고 상상할 수 있도록 엄마가 다양한 분야의 책을 많이 접하도록 해주며, 함께 읽고 질문하고 대화하는 정도로도 충분하다고 생각한다.

부록을 첨부한 이유는 사교육에 의존한 영재교육원이나 다양한 대회, 특목고 진학에는 분명 문제점이 존재하지만, 많은 독서와 사유를 통해 자연스럽게 습득한 지식과 사고로 이러한 교육 시스템을 경험해보는 것은 아이들이 미래를 살아가는 데 한편으로 유용하다고 생각했기 때문이다. 부록에 첨부된 정보를 중심으로 부모와 아이가 함께 고민하면서 가족 모두의 미래를 잘 설계해보기를 바란다.

이 책을 잘 활용해주기를 바라는 사람들은 대한민국의 엄마들이고, 이 책을 오랫동안 간직하여 나의 존재를 기억해주고 살아가는 힘을 얻을 수 있게 되길 바라는 사람은 내 아이들이며, 이 책을 바치고 싶은 사람은 하늘나라에 있는 내 언니다.

책 쓰는 과정에서 매일 출근하다시피 했던 우리 동네 카페 '커피로즈' 가족 분들께 감사의 인사를 전한다. 따뜻한 커피와 밀크티가 있는 그곳, 창릉천의 시원한 바람이 불어오는 '커피로즈' 덕분에 힘든 시간을 견뎌낼 수 있었다. 또한 이 책이 세상에 나올 수 있도록 여러 모로 애써주신 출판사 관계자 분들께도 감사의 마음을 전한다. 마지막으로는 책 쓰는 과정에서 조언을 아끼지 않고 내가 책 쓰는 일에 집중할 수 있도록 온갖 외조를 아끼지 않았던, 내가 존경하는 내 인생의 멘토이자 친구인 남편에게 깊이 감사한다.

목차

3장

어떻게 시작할까?

4장

테마별 경험 쌓기

5장

과목별 경험 쌓기

1장

학업과 입시, 변화의 삼중고 앞에서 길을 잃는 아이들

학업 성취도는 높으나 흥미도는 꼴찌?

우리나라 학생들은 '국제학업성취도평가(PISA : 경제협력개발기구OECD가 참여국의 만 15세 학생들을 대상으로 읽기, 수학, 과학 등 학업 성취도를 평가하고 교육 맥락 변인의 특성을 분석하기 위한 연구)'와 '수학·과학 성취도 추이변화 국제비교 연구(TIMSS : 국제교육성취도평가협회IEA가 학생들의 수학·과학 성취도를 국제적으로 비교하고 교육 맥락 변인과 성취도의 관계를 파악하기 위한 연구)'에서 항상 상위권을 유지해 왔다. 하지만 세부 항목을 자세히 살펴보면, 각 과목 학습의 흥미도가 매우 낮다는 의외의 결과를 발견할 수 있다.

2015년 49개국 학생들이 참여한 TIMSS에서 우리나라 중학교 2학년 학생들의 수학 성취도는 2위였지만 흥미도는 9.1점으로 슬로베니아에 이어 꼴찌에서 두 번째였다. 과학 역시 성취도는 4위로 높은 편이었으나 흥미도는 8.6점으로 꼴찌였다.

초등학교 4학년 학생도 수학에 대한 흥미도가 8.9점으로 대만과 함께 가장 낮은 수준이었고 과학 흥미도는 9.5점으로 슬로베니아, 핀란드, 키프로스를 제외하고 가장 낮았다. PISA 결과도 마찬가지였다. 2015년 우리나라 학생의 과학 성적은 OECD 35개 회원국 중 5위였지만 흥미도는 26위로 OECD 평균을 한참 밑돌았다.

이처럼 우리나라 학생은 학년이 올라갈수록 학업에 대한 흥미도가 다른 국가에 비해 급격히 떨어진다. 그리고 이런 현상은 고등학교 진학 후 '잠자는 교실'로 이어진다. 수학 교사를 퇴직한 뒤 시민단체 '사교육걱정없는세상'에서 수포자(수학 포기자) 문제를 연구해온 수학사교육포럼의 최수일 대표는 학력 저하의 이유를 묻는 질문에 "유명하다는 교사조차 '수업을 아무도 안 듣는다'고 할 정도다. 절반 이상이 잠자고 공부 못하는 아이들에겐 관심도 없는 교실에서 학력이 오르는 게 이상한 일"이라고 답변했다. 최 대표는 이어 "수학 100점을 맞는 학생들도 수학을 좋아하거나 잘한다기보다는 문제 푸는 훈련을 많이 받았을 뿐"이라며 "수학뿐 아니라 어떤 과목이든 학생이 핵심 개념을 발견할 수 있도록 해야 한다. 교사 혼자 문제 푸는 수업에서 벗어나야 미래가 있다"라고 강조했다.

2015 개정 교육과정의 시작

현재 중고등학교 아이들은 2015년 개정 교육과정에 따라 문·이과 과정 구분이 없으며 모두 통합사회, 통합과학을 배운다. 2015년 개정 교육과정은 2017년부터 2020년까지 점진적으로 적용되어 2017년 초등 1~2학년을 시작으로, 2018년 초등 3~4학년과 중학교 1학년, 고등학교 1학년, 2019년 초등 5~6학년과 중학교 2학년, 고등학교 2학년, 2020년에는 중학교 3학년, 고등학교 3학년까지 완료될 예정이다. 이번 교육과정은 다양한 분야에서 고도로 변한 사회에 적합한 인재 양성, 수업 과정의 흥미도 향상 등 여러 요인을 감안해 개정되었다.

2015 개정 교육과정은 무엇보다 학생들의 잠재된 능력을 향상시키기 위한 교육에 초점을 맞추고 있다. 교사가 지식을 일방적으로 전달하는 수업 방식은 학생들의 능동적인 참여를 이끌어내기 어렵고 미래 사회가 요구하는 '창의 융합형 인재'를 기르는 데도 적합하지 않다. 따라서 학습자가 능동적으로 참여하는 살아 있는 수업, 이를 기반으로 사회 발전에 기여할 수 있는 핵심 역량을 학교 교육을 통해 기르자는 것이 개정 교육과정의 취지라고 할 수 있다. 이때 핵심 역량이란 도구(언어, 정보, 기술)를 잘 쓰고, 상호작용(타인과 갈등 해결)이 원활하며, 자율적(생애계획 수립)인 능력을 말한다.

선생은 과정을 평가하고 학생은 스스로 선택한다

개정 교육과정에서는 토론, 협업, 탐구, 프로젝트 수업 등 학생의 활발한 수업 참여 능력을 중시한다. 학습자가 주제에 대해 적극적으로 탐구·요약해 발표하고 토론으로 오류를 수정하는 참여 중심 수업을 실현하고자 한다. 이는 다른 사람과의 '상대적 비교 평가'가 아닌, 전과 달라진 '나'를 평가하는 '과정 중심 평가'를 중요시하는 것이다.

또 하나, 새로운 교육과정에서 두드러지게 강조되는 부분은 바로 '문·이과 통합'이다. 통합의 취지는 문·이과 이분화와 대학수학능력시험(수능) 중심의 지식 편승 현상을 개선하여 창의 융합형 인재를 양성하는 것이다. 개정 교육과정에 따르면 학생들은 인문학적 상상력과 과학기술 창조력의 융합을 위해 사회탐구 과목과 과학탐구 과목을 모두 학습해야 한다. 특히 고등학생이 이수해야 하는 선택과목에 대한 이해가 필요한데, 이는 새 교육과정이 개정된 배경과 방향을 이해하는 것과 더불어 매우 중요한 사항이다.

이전의 교육과정에서도 학생의 선택권은 존재했지만, 선택의 범위가 탐구 교과 영역, 생활 및 교양 교과 영역 등 좁은 범위 안에서만 이루어졌다. 하지만 새로운 교육과정에서는 전체 교과로 확대되어 기초 교과 영역에 해당하는 국어, 수학, 영어 등의 교과를 다양하게 선택할 수 있게 되었다. 따라서 학생들은 교과 및 과목의 구성, 평가 방법 등 개정 교육과정을 제대로 이해하고 본인의 진로와 진학 목표에 따라 과목을 선택하고 이수하는 데 관심을 가져야 한다.

교육부, 한국대학교육협의회, 한국전문대학교육협의회는 2016년 3월부터 대입정보 포털 '어디가(www.adiga.kr)'를 운영하고 있다. 이 사이트에서는 각 대학 입학 관련 부서의 가이드북, 학과 안내서, 대학별 전형 안내 등 진로에서부터 대학, 학과, 전형까지 살펴볼 수 있다.

학생들은 저마다 적성에 따라 어떤 과목을 선택해서 공부하고 관련 학과에서는 어떤 과목을 배우는지, 졸업 후에는 어떤 진로를 선택할 수 있는지 이곳에서 전반적인 안내를 받을 수 있다. 진로를 아직 결정하지 못한 학생이라면 교육과정을 선택하기 전에 직업심리검사와 전공 선택 및 대입 상담 등을 통해 적절한 조언을 받을 수도 있다.

교과를 선택할 때는 이 점을 기억하자

학생들은 과목을 선택하기 전에 몇 가지 유념해야 할 사항이 있다.

첫째, 과목의 특성을 제대로 이해해야 한다. 이는 본인의 진로와 진학 목표에 맞는 과목을 선택하기 위해서 반드시 필요한 사항으로, 과목에서 배우는 내용이 무엇인지, 이 과목을 공부하기 위해 연결해서 배워야 하는 과목이 있는지, 이수의 순서가 정해진 과목인지 등을 알고 선택해야 한다.

둘째, 현재 고등학교를 졸업하기 위한 조건인 필수 이수단위와 수업일수 충족을 확인해야 한다. 이를 위해서는 고등학교 유형에 따라 달라지는 교과별 최소 이수단위를 확인하는 일이 필요하다.

예를 들어 공통과학과 과학탐구실험만 이수하면 필수 이수단위를 충족할 수 없다.

셋째, 선택과목의 평가 방법을 염두에 두고 준비해야 한다. 물론 본인이 배우고자 하는 과목을 선택하는 것이 중요하지만, 이수 후에 진학을 목표로 하고 있다면 이 부분을 무시할 수 없다.

넷째, 대학 수학능력시험의 응시 과목에 대해서도 고려해야 한다.

2020년도 입시 자료를 기준으로 보면 대학수학능력시험이 정시 모집의 수능 위주 전형 말고 수시 모집에서도 수능 최저학력기준이라는 방식으로 영향을 미치는 것을 알 수 있다. 본인의 진학 목표에 따라 대학수학능력시험이 중요한 역할을 할 수 있으므로 이를 참고하여 과목을 선택해야 한다.

마지막으로, 대학에 따라 과목에 대한 이수 정도를 권장하는 경우가 있으므로 가고자 하는 대학의 권장 사항 및 가이드북을 꼼꼼히 참고한다.

독서가 가장 좋다

문·이과 통합에는 학습 분량의 증가라는 이면이 숨어 있다. 다시 말해 문과 성향의 학생에게는 수학, 과학 등 자연계열의 학습이, 이과 성향의 학생들에게는 사회탐구 분야 과목에 대한 학습 부담이 늘어날 것으로 예상된다. 이처럼 고등학교 진학 후 늘어나는 학습 부담을 덜기 위해서는, 비교적 시간적으로 여유가 있는 초·중학교 시절에 깊이 있는 독서 활동을 하는 것이 무엇보다 중요하다. 어려서부터 꾸준히 독서를 생활화한 아이라면 학습에 대한 기본적인 지식뿐 아니라 삶에 대한 태도와 인성까지 덤으로 얻을 수 있다. 중·고등학교 진학 후 학습에 대한 기본 지식을 확장할 수 있는 기초를 다지는 데 독서만 한 것은 없다.

고등학교에 진학한 후에도 꾸준히 독서를 해야 하지만 대한민국의 교육 현실상 고등학교에서 깊이 있는 독서를 할 수 있는 여건이 주어지기 어려우므로 그 전에 힘써야 한다.

독서에서 중요한 부분은 글의 핵심을 파악하는 것과 글의 논리 구조를 이해하는 것 그리고 글에 나타나지 않는 부분까지 추론해서 전체적인 그림을 그려볼 줄 아는 능력이다. 하지만 이러한 독서 능력은 학생 혼자서 대충 읽고 마는 독서로는 실현하기가 어렵다. 따라서 어려서부터 부모와 함께 같은 책을 읽은 후 질문하고 함께 토론해보는 시간을 가짐으로써 독서에 대한 흥미와 읽기 능력을 향상시키는 것이 중요하다.

책읽기야말로 학업에 대한 흥미도 저하와 남의 손에 의해 억지로 끌려 다니는 의미 없는 사교육 순례(?)를 막아 학생들이 스스로 학업에 능동적으로 참여하게 만드는 가장 확실한 방법이다. 학생들이 스스로 결정해서 참여할 때, 이들은 비로소 학교에서 무기력하게 잠자는 일을 멈추고 미래 사회에서 제 몫을 충분히 감당할 개인으로 우뚝 자라날 것이다.

성적보다 토론, 탐구 활동,
발표 능력이 중요하다

지구에는 대략 77억 명의 사람이 살고 있고, 그중 똑같은 사람은 단 한 명도 없다. 수많은 사람의 '다름'을 인정하고, 그 안에서 서로를 연결하기 위해서는 진정으로 소통할 수 있어야 한다. 그 어느 때보다 협업 능력이 중요한 시대가 되었고, 인성이 뛰어난 사람은 상대방을 감동시켜 결국 상대와 함께 문제를 보다 쉽게 해결해나간다.

이러한 기조에 발맞추어 우리나라의 학교 교육과정에서도 수행평가의 필요성이 대두되었고, 그 비중이 점점 확대되고 있는 추세다. 수행평가란 학생들이 과제를 수행하는 과정에서부터 결과에 이르기까지 선생님이 직접 관찰하고 그 결과를 토대로 학생의 능력을 판단하는 평가 방식을 말한다. 개정 교육과정 시행 이후 자기주도 학습이 중요한 화두로 떠오르면서 이제 교육 현장에서는 결과보다는 과정을, 시험 성적보다는 학생의 창의력과 문제해결 능력을 중시하는 평가 방식이 더 중요한 위치를 차지하게 되었다.

'배우는 자세'를 평가한다

중고등학교의 내신 성적은 수행평가 점수와 지필평가를 합산해 산출한다. 수행평가의 비중은 학교별로 차이가 있으나, 적어도 30% 이상은 차지한다. 요즘은 수행평가의 비중이 점점 높아지고 있어 60% 이상을 차지하는 과목도 늘어나고 있다. 이 경우 1차 지필평가는 생략하고 2차 지필평가와 수행평가만으로 성적이 산출된다.

지필평가에서 아무리 좋은 점수를 받는다 하더라도 수행평가를 제대로 수행하지 못하면 좋은 성적을 기대하기 어렵다. 반면 지필평가에서 부족한 점수를 수행평가로 만회한다면 성적 향상을 기대할 수 있다. 이것은 수행평가를 소홀히 하면 지필평가를 잘 치르고도 성적이 역전될 수 있다는 사실을 말해주는 것이다.

수행평가를 실시하는 시기와 방법, 배점 및 평가 요소 등은 과목 선생님, 학교별로 모두 다르다. 수행평가는 한 학기당 여러 개의 수행평가를 실시한 후 원점수 그대로 성적에 반영된다.

한 학기 성적 산출 시 1차 지필평가(중간평가) 30%, 2차 지필평가(기말평가) 30%, 수행평가 40%라고 할 때 중간평가 만점, 기말평가 만점을 받고도 만약 수행평가에서 총 8점이 깎였다면 최종 점수는 92점이 된다. 반면, 1차 지필평가(중간평가)에서 90점, 2차 지필평가(기말평가)에서 90점을 받았지만 수행평가에서 만점을 받는다면 최종 점수는 94점이 된다. 일반적으로 학교에서 사용되는 수행평가는 토론 수업, 발표, 모둠 활동, 탐구 보고서 등이다. 기존에도 수행평가는 존재했으나 기존의 수동적인 수용보다는 자기 나름의 세계를 재창조해가는 과정을 강조하고 있다. 다음의 표를 보면 수행평가가 얼마나 중요한지 알 수 있다.

| 수행평가의 중요성을 말해주는 사례 비교 |

<table>
<tr><th></th><th colspan="3">A 학생</th><th colspan="3">B 학생</th></tr>
<tr><td rowspan="3">지필
고사
(60%)</td><td colspan="2">지필평가 성적
(100점 만점)</td><td>환산점
(30점 만점)</td><td colspan="2">지필평가 성적
(100점 만점)</td><td>환산점
(30점 만점)</td></tr>
<tr><td>1차 지필평가
(30%)</td><td>100점</td><td>30점</td><td>1차 지필평가
(30%)</td><td>90점</td><td>27점</td></tr>
<tr><td>2차 지필평가
(30%)</td><td>97점</td><td>29.1점</td><td>2차 지필평가
(30%)</td><td>92점</td><td>27.6점</td></tr>
<tr><td rowspan="4">수행
평가
(40%)</td><td colspan="2">수행평가 성적
(40점 만점)</td><td>수행 점수</td><td colspan="2">수행평가 성적
(40점 만점)</td><td>수행 점수</td></tr>
<tr><td>1차 과제
(10%)</td><td>10점
만점</td><td>8점</td><td>1차 과제
(10%)</td><td>10점
만점</td><td>10점</td></tr>
<tr><td>2차 과제
(10%)</td><td>10점
만점</td><td>8점</td><td>2차 과제
(10%)</td><td>10점
만점</td><td>10점</td></tr>
<tr><td>3차 과제
(20%)</td><td>20점
만점</td><td>18점</td><td>3차 과제
(20%)</td><td>20점
만점</td><td>20점</td></tr>
<tr><td>최종
점수</td><td colspan="2"></td><td>93.1점</td><td colspan="2"></td><td>94.6점</td></tr>
</table>

※ 출처: 손지숙, 《진짜 공부 잘하는 아이들의 비밀, 집공부》(봄풀, 2019), 282쪽

독서는 최고의 진로 탐색기

어려서부터 꾸준하게 독서를 하면 토론 능력, 문제 인식과 분석 능력, 발표 능력, 협업 능력을 향상시켜 수행평가를 수행하는 데 많은 도움을 받을 수 있다. 수행평가 실시 방식이나 시기는 학교 측에서 정해주지만, 수행평가의 개별 주제를 선정하는 것은 각자의 몫이다. 학생의 잠재된 능력이나 독서 능력에 따라 수행평가의 주제와 내용이 달라지는 것이다. 다음은 우리 집 작은아이가 고등학교 때 했던 수행평가 중 일부다.

- '낙태를 허용해야 하는가?'를 주제로 의무론적 입장에서 자신의 주장을 펼치고 공리주의적 관점을 비판하는 프로젝트를 발표함.
- 영화 〈설국 열차〉를 보고 '동양 윤리 사상으로 영화 분석하기' 프로젝트를 수행함. 사랑을 강조하는 공자의 사상을 설국 열차에 대입하여 토론함으로써 융합적 사고를 확장시키고, 윤리적 시사점에 대한 다양한 시각을 나눔.
- 4차 산업혁명 시대에 인공지능을 적용한 산업 분야가 확장되고 있는 만큼 이에 대해 관심을 가지고 과학탐구 보고서를 작성해 발표함. 강한 인공지능과 약한 인공지능의 정의와 차이점에 대해 설명하고 기업에서 인공지능 전략을 이용해 성공한 사례들을 소개함.
- 스페인어 수행평가로, 세비야 여행과 플라멩코 공연 관람을 가상의 상황으로 설정하여 관련 문화와 지식을 공부한 뒤 대본을 씀.
- '피라미드 속의 수학적 아름다움'이라는 주제의 발표에서 피라미드의 황금비가 피보나치수열과 밀접한 관계가 있음을 설명함.
- '영화 속 과학기술(Technologies in Movies)'을 주제로 하여, 영화에 실

제 사용된 기법과 기술에 관해 영어로 발표함.

- 칼 세이건의 《코스모스》를 읽고, '요하네스 케플러'와 같은 과학자가 기존 과학의 통념을 깨고 이루어낸 혁신에 대해 발표함.

작은아이는 초등 고학년 때 《수학자가 들려주는 수학 이야기》(자음과모음, 2011)를 즐겨 읽었다. 그 시리즈의 모든 책을 읽지는 않았지만 몇 권의 책을 매우 집중해서 읽었고, 그중 하나가 '피보나치가 들려주는 피보나치수열 이야기'였다. 아이는 당시 피보나치수열에 대해 나에게 여러 번 설명한 적이 있다. 아이에게 피보나치수열은 그만큼 흥미를 유발하고 호기심을 자극했던 소재였던 것이다.

칼 세이건(Carl Sagan)의 《코스모스(Cosmos)》(사이언스북스, 2016) 역시 쉬운 책은 아니었으나, 이 책을 읽고 수행평가를 진행할 수 있었던 이유는 초등학생 시절부터 우주와 관련된 책을 많이 읽었던 덕분이다. 세계 최고의 물리학자 스티븐 호킹(Stephen Hawking)과 저널리스트이자 소설가인 호킹의 딸 루시 호킹(Lucy Hawking)이 함께 펴낸 '우주 과학 동화(김혜원 옮김, 주니어RHK, 2018)' 시리즈들인 《조지의 우주를 여는 비밀 열쇠》, 《조지의 우주 보물찾기》, 《조지와 빅뱅》을 원서와 한글책 모두 재미있게 읽었던 기억도 새롭다.

어릴 적 이루어졌던 깊이 있는 독서는 오롯이 기억에 남아 있지 않더라도 그 분야에 관심을 가지게 되는 계기가 되고, 후에 수행평가 과제를 하는 데 일정 부분이 도움이 됐을 것이라 생각한다.

'아이'라는 에펠탑 안에서 하루속히 빠져나와라

파리의 센강 서쪽 강변으로 드넓게 펼쳐진 샹드 마르스 공원 끝에는 에펠탑이 있다. 파리의 건물들은 낮아 파리 그 어느 곳에서도 멋진 에펠탑의 모습을 볼 수 있다. 하지만 에펠탑을 볼 수 없는 곳이 딱 한 곳 있다. 바로 에펠탑 안이다. 그래서 아름다운 에펠탑의 모습을 제대로 보기 위해서는 에펠탑 밖으로 나와야만 한다.

살아가면서 자기 자신을 제대로 인식하고 받아들이는 것만큼 어려운 일은 없겠지만, 스스로를 객관적인 제3자의 시선으로 바라보는 것만큼 중요하고 필요한 일은 없을 것이다.

아이와의 관계도 마찬가지다. 아이와 관계가 지나치게 밀착되어 있거나 아이와 자기 자신을 동일시하게 되면 서로 많이 힘들어질 뿐만 아니라, 아이를 하나의 인격체로서 제대로 바라볼 수 없게 된다.

자신과 아이를 동일시하지 않기

나는 내 아이들과 함께하면서 '아이'라는 에펠탑 안으로 자꾸 들어가게 되는 나 자신을 발견할 때가 많았다. 아이의 모든 것을 내가 짊어지고 책임지려고 했던 부분이 있었다. 아이의 성과가 곧 나의 성과인 것으로 착각했던 시기도 있었다. 그렇기 때문에 아이들이 내 생각만큼 따라주지 않을 때는 아이들에게 상처 주는 말도 했고 아이들을 힘들게 한 적도 많았다. 이러한 시간들이 쌓이고 아이들이 사춘기가 되면서, '우리가 함께하는 시간들'은 서로에게 힘든 시간이 되어버렸다.

난 두 아이와 영어뿐만 아니라 수학, 독서 토론까지 함께 공부했다. 그러다 보니 방학이 되면 내 삶이 너무 힘들어졌다. 영어책 집중 듣기와 읽기 등은 아이들이 각자 알아서 한다고 해도, 두 아이의 영어 어휘서와 독해서 그리고 수학책까지 훑으려면 항상 시간이 모자랐다. 더구나 독서 토론을 하려면 아이들이 읽은 책을 나도 읽어야 했으니 내 하루는 온통 아이들과 공부하는 데 바쳐졌다.

아침 7~8시부터 시작된 아이들과의 시간이 밤 10시가 될 때까지 거의 쉬는 시간 없이 이어졌다. 게다가 밥도 세 끼를 챙겨줘야 하니 정말 소파에 엉덩이를 붙일 시간조차 없었다. 밤이 되면 파김치가 되어 침대에 쓰러지곤 했다. 그러다 보니 아이들에게 보상심리가 작용했고, 아이들이 자랄수록 서로의 관계는 점점 힘들어져만 갔다.

지금 생각해보면, 아이들을 힘들게 했던 시간들은 '아이들을 위해서'가 아니라 '나를 위해서였다'라는 생각이 든다. '나의 쓸모'를 아이들에게서 찾고 있었던 것이다.

그러나 나처럼 엄마표 학습을 진행하지 않는 엄마들도 바쁘고 힘들기는 마찬가지다. 아이에게 맞는 좋은 학원을 찾아내고 학원까지 아이들을 픽업해주는 일도 여간 힘든 일이 아니다. 특히 워킹맘에 이르면 직장 일에 엄마로서의 역할까지 가중되어 체력적, 정신적으로 몇 배나 더 힘든 하루를 보내야 한다. 일터에서 이미 파김치가 되어 집으로 돌아와도 그때부터 산더미 같은 집안일로 다시 출근하기 일쑤인 데다 아이들의 학교생활도 챙겨야 하니 몸이 열 개라도 모자랄 지경이 된다. 하지만 어떤 것 하나도 허투루 할 수 없다. 아이의 모습이 곧 엄마이자 엄마의 모습이 곧 아이의 현재 상태라는 근거 없는 믿음(?)이 널리 퍼져 있는 탓이다.

대한민국이라는 사회는 엄마가 자기 자신과 아이를 객관적으로 바라보기 어려운 구조를 갖고 있다. 엄마들은 학원 정보를 알아내거나 내 아이가 또래 아이들에게 소외되지 않도록 학부모 모임에 어쩔 수 없이 나가는 경우가 많다. 학부모 모임이 전혀 쓸모없다고 생각하지는 않는다. 하지만 그 시간들의 대부분은 서로에게 도움을 주기보다는 서로를 힘들게 하는 경우가 많다. 엄마들과의 대화는 아이 또는 남편 이야기가 주를 이룬다. 다른 엄마의 이야기를 듣고 있으면 나도 모르게 그 집 아이와 내 아이를 비교하게 되고, 그 집 남편과 내 남편을 비교하게 된다. 집에 돌아와서는 왠지 기분이 씁쓸해지고 애꿎은 남편과 아이만 잡게 되는 상황이 벌어진다.

물론 다른 엄마들로부터 좋은 학원의 정보를 얻는 것도 필요하겠지만, 세상에는 정말 많은 유형의 사람들이 있고 부모, 아이들 그리고 가정이 있다. 각자의 상황이 모두 다른데 똑같은 방식을 적용하기에는 무리가 있다. 다른 엄마의 말보다는 전문적인 육아·교육 서적들을 많이 읽고 참고하는 것이 좋다. 책에는 '옆집 엄마와 아이'보다는 비교적 다양한 아이들의 유형이 소개되어 있다. 그리고 학원 정보는 내 아이의 여러 가지 상황을 잘 파악하여 아이에게 맞는 학원을 직접 찾아보거나 인터넷 정보를 활용하는 것이 더 현실적인 도움을 준다.

자기 자신을 찾기 위한 시간 갖기

다른 엄마들과 교류하는 시간을 줄이면 자기 자신을 위해 쓸 시간을 확보할 수 있다. 독서 모임, 미술, 운동, 악기, 그림책 읽기, 영어 공부 그 어떤 것이라도 자기가 원하는 일을 한 가지만이라도 시작해보자. 그런 모임에서는 남편과 아이 이야기가 아닌 '나'의 이야기를 할 수 있고, 비슷한 생각을 가진 사람들과 대화하고 소통함으로써 자신의 일상이 훨씬 풍성하고 즐거워진다. 또한 서로를 격려

함으로써 서로 성장하는 관계로 발전하게 되는 경우가 많을 뿐만 아니라 모임 구성원 중 어떤 분야에서 앞서 나간 사람이 있다면 멘토로 삼고 비슷한 길을 가기 위한 조언도 듣고 함께 노력할 수 있다.

이런 모임과 함께 가정에서는 자신의 아이와 하브루타와 디베이트를 진행함으로써 아이뿐만 아니라 부모 자신이 원하는 삶, 앞으로의 인생에 대해서 진지하게 고민해나가며 자기 자신을 찾아갈 수 있는 기회로 삼기를 바란다.

나는 예전에 아이들과의 관계가 많이 힘들어져 나 자신을 찾기 위해 오전에 NIE 지도사, 진로학습 코칭, 연필인물화, 독서지도사 등 여러 가지 강의를 수강했다. 그때의 경험들은 내가 현재 아이들과 함께 하브루타와 디베이트를 수업하는 선생님이 되는 밑거름이 되어주었다. 그때는 이런 결과를 전혀 예상하지 못했다. 다만 나의 상황이 많이 힘들었고, 아이와 남편이 아닌 나 자신을 돌아보는 기회를 만들고자 하는 마음에서 시작했던 공부들이 지금의 모습으로 이어진 것이다. 처음부터 의도한 것은 아니나 이러한 과정을 통해서 결국 난 내가 진정으로 원하는 것이 무엇인지, 아이들이 다 자란 후 내가 할 수 있는 일은 무엇인지 찾아갈 수 있게 되었다.

헨리 데이비드 소로(Henry David Thoreau)의 《월든(Walden)》에는 다음과 같은 대목이 나온다.

"헤라클레스의 열두 과업도 내 이웃들이 겪는 고난에 비하면 하찮은 것이다. 헤라클레스는 열두 과업을 마치는 것으로 고역이 끝났지만,

내 이웃들은 괴물을 죽이거나 사로잡은 적도 없으며, 그들의 고역은 죽을 때까지 끝나지도 않기 때문이다."

– 헨리 데이비드 소로, 《월든》(김석희 옮김, 열림원, 2017), 536쪽

난 우리 엄마들의 삶도 이와 비슷하다고 생각한다. 엄마가 된 순간부터 그들의 잘잘못 여부와 상관없이 가족들을 위한 끊임없는 고역이 죽을 때까지 이어지는 것이 그간 한국에서의 전통적인 어머니상이었다.

EBS 다큐멘터리 〈학교란 무엇인가〉 제작팀이 사교육과 관련해서 설문조사를 실시한 결과 상위 0.1% 학생 중 60.8%, 일반 학생 중 71.2%가 사교육을 받은 것으로 나왔다고 발표했다. 그런데 사교육을 받았다고 답한 상위 0.1%의 아이들 경우, 사교육을 받아본 경험이 있다는 것이지 지속적으로 받은 것은 아니었다. 이들의 경우 자신이 취약한 교과나 영역이 있을 때 해당 분야를 보강하기 위해서 사교육을 받았다. 이 아이들이 사교육을 지속적으로 받지 않은 이유는 그것이 매우 비효율적이기 때문이었다.

엄마들의 사랑과 관심도 마찬가지다. 지속적으로, 끊임없이 관여한다고 해서 아이들과의 관계가 올바로 유지되는 것은 아니다. 아이들은 아이들의 자리에서, 엄마는 엄마의 자리에서 각자의 시간을 보람 있고 가치 있게 보낼 때 둘의 관계도 건강하고 바람직하게 이어질 수 있음을 명심하자.

아이와 함께 커가는 엄마 되기

사교육은 필수불가결한 것이 아님을 기억할 필요가 있다. 필요한 과목에 한해서, 아이에게 부족한 부분이 있을 때 사교육을 적절히 보완적으로 활용하면서 나머지 부분에서 아이들과 함께할 수 있는 것을 찾아보자. 어떤 사람은 이렇게 얘기하기도 한다.

"난 할 수 있는 것이 아무것도 없어요. 영어를 유창하게 구사하는 것도 아니고, 수학은 괜히 내가 잘못 가르쳤다가 망칠 수도 있고, 독서 수업의 방향성을 찾는 것도 쉬운 일이 아니고요."

이 세상에 처음부터 잘할 수 있는 사람은 아무도 없다. 시작이 반이라고 일단 시작을 하고 문제가 생기면 하나씩 해결해나가면서 점점 좋은 방향으로 변화시키면 된다.

난 원래 영어 울렁증에 수포자인 데다 책을 그다지 즐기는 사람도 아니었다. 그런데 아이들과 함께 책읽기부터 시작하고 공부하여 15년 가까이를 지속해왔다. 아이가 유치원 시절에 나의 독서 능력은 거의 유치원 아이 수준에 가까웠고 초등학생 시절에는 초등학생 수준, 아이들이 중학교에 가니 내가 더욱 노력하게 되어 그냥 또 자연스럽게 따라가게 되었다. 그리고 '엄마표 영어'는 내가 영어를 잘 몰랐기 때문에 오히려 오랫동안 지속해올 수 있었다고 생각한다. 나는 아이가 영어로 뭐든 하면 무조건 잘했다고 칭찬해주었다. 물론 그 칭찬은 '진심'이었다. 우리 아이들이 영어를 잘해서라기보다 내가 영어를 잘하지 못했기 때문에 내 눈에는 '영어로 그 무엇을 한다는 행위' 자체가 대단해 보였다.

"어떻게 이렇게 어려운 걸 영어로 이렇게 쓸 수가 있어? 진짜 대단하다. 엄마는 이렇게 못할 것 같은데……."

항상 이런 말을 해주었기에 우리 아이들이 영어에 대해서만큼은 자신감을 가졌다고 생각한다.

인간에게는 누구나 인정욕구가 있다. 인정욕구는 자연적 욕구만큼이나 강렬하고 중요하기 때문에 타인에게 인정받지 못하면 누구나 그만큼 괴로워하는 것이 인간의 본성이다. 특히나 사랑하는 가족으로부터 인정받는다는 것은 그만큼 사람에게 커다란 자신감을 준다. 가정 안에서 인정받아야만 밖에서도 인정받는 사람이 될 수 있다. 그런 의미에서 다음에 소개된 문장은 아이를 키우는 이 땅의 어른들 모두가 가슴에 새겨야 할 경구라고 생각한다.

> "함께 서 있으라.
> 그러나 너무 가까이 서 있지는 마라.
> 사원의 기둥들도 서로 떨어져 있고
> 참나무와 삼나무는 서로의 그늘 속에선 자랄 수 없다."

— 칼릴 지브란(Kahlil Gibran), 《예언자(The Prophet)》(류시화 옮김, 무소의뿔, 2018)

대화가 넘치고
신뢰와 사랑이 충만한 가정의 조건

러시아의 대문호 레프 톨스토이(Leo Tolstoy)의 소설《안나 카레리나(Anna karerina)》의 유명한 첫 문장은 이렇게 시작한다.

> "행복한 가정은 모두 비슷한 이유로 행복하지만 불행한 가정은 저마다의 이유로 불행하다."

세 권으로 된 이 책을 읽은 지가 10년도 넘었는데, 유독 이 문장만은 머리에 또렷이 새겨져 잊히지 않는다. 행복한 결혼생활과 가정을 유지하기 위해서는 어떠한 것들이 필요할까? 부모는 또 얼마나 노력하고, 희생해야 하는 것일까?

“우리 집은 언뜻 보면 화목해 보이는데 불화가 끊이지 않는 집이야.”

어느 날, 우리 집 큰 아이가 던진 말이다. 곰곰이 생각해보니 우리 집은 가족 구성원 모두가 자기의 생각과 감정을 솔직히 이야기하는 편이다. 그러다 보니 그로 인한 트러블이 종종 일어나기도 한다. 누군가 ‘민주주의는 시끄럽다’라고 하더니, 틀린 말은 아닌 듯하다.

하지만 우리의 불화는 항상 결말이 정해져 있다. 우리 가정도 논쟁의 과정에서 때론 서로에게 상처를 주고받기도 하고 격렬한 언쟁을 벌이기도 하지만 결국 화해로 마무리된다. 이러한 다툼이나 논쟁의 과정을 통해 상대에 대해 조금 더 알아가게 된다. ‘아! 저 사람은 그리고 저 아이는 저런 부분이 아킬레스건이었구나’라는 생각을 하게 되고, 서로의 아픔을 이해하고 보듬어주면서 그렇게 서로에게 가족이 되어간다.

가족을 한 인간으로 바라볼 때 이해가 시작된다

난 가족 간 충돌이 나쁘다고 보지 않는다. 충돌보다 더 안 좋은 것이 서로에 대한 무관심과 소통의 단절이라고 생각하기 때문이다. 불협화음과 충돌이 있은 이후에야 서로에게 맞춰나가는 균형점, 즉 타협 지점이 생겨나게 된다. 가정 내 충돌 후의 상황을 좋은 방향으로 발전시켜나가는 것이 부모가 하는 주요한 역할이 되어야 한다.

가정이라는 지구가 깨지기 일보 직전에 가정의 균형을 잡아주는 사람이 가정 내에 반드시 있어야 한다. 물론 그 역할은 단 한 사람만이 할 수 있는 것은 아니다. 일반적으로 부모가 주가 되겠지만, 부모라고 해서 언제나 모든 것을 감싸고 이해할 수 있는 것은 아니다. 부모도 때로는 고단한 삶에 지쳐 자기 자신을 추스르기 힘든 상황도 발생한다. 이러할 때는 가정이라는 지구의 균형을 맞추는 역할을 아이들도 할 수 있어야 한다. 이러한 것들이 가능해지려면 가족 간의 원활한 소통, 가정에서 자신의 의견이 받아들여질 수 있을 것이라는 믿음이 평소에 확립되어 있어야 한다.

이런 것을 가능하게 하는 방법이 바로 하브루타와 디베이트다. 가정에서 이루어지는 하브루타와 디베이트는 가족 구성원을 한 인간으로 바라보게 하고, 이러한 시간들이 오랜 시간 쌓이면 서로 간에 전우들로서 느끼는 동지애를 느끼게 된다. 이 세상이라는 전쟁터에서 삶의 전투를 해나가면서 서로를 의지하고 힘이 되어주는 존재가 되는 것이다.

나는 아이들과 함께 오랜 시간을 보내면서 우리 아이들과 이런 동지애를 느끼게 되었다. 이것은 토론 교실에 오랫동안 오고 있는 아이들과도 느끼는 감정이다. 부모와 아이들이 함께 최선을 다했던 모습을 서로 고스란히 지켜보았기에, 당장의 목표에 대한 결과가 생각에 미치지 못하더라도 서로를 진심으로 위로해주고 격려해줄 수 있는 관계로 발전하는 것이다. 아이들이 많이 자라 고등학생이 된 이후에도 우리의 대화는 끊이지 않았고, 내가 일을 시작한 이후로는 남편과 아이들이 시간 날 때마다 내 일에 대한 조언을 아끼지 않았다. 지금은 내가 우리 아이들로부터 오히려 많은 도움을 받고 있다.

이 책을 쓰기 시작할 때, 나는 이 책의 방향성을 두고 많은 고민을 했고 가족들에게 그에 대한 나의 생각을 여러 번 이야기했다. 어느 때는 남편, 큰아이와 함께 새벽까지 책의 방향성에 대해 이야기를 나누었던 적도 있다. 그때마다 가족들은 내 고민을 들어주고 아낌없는 도움과 조언을 해주었다. 아이들과 함께했던 오랜 시간의 고생을 상쇄할 수 있을 만큼, 나는 모든 일에서 아이들과 남편으로부터 많은 도움과 격려를 받고 있다.

포식자의 자리에서 내려오기

어느 가정이나 부부간, 부모 자식 간에 생각이나 견해, 입장의 차이로 인한 불화는 불가피하게 생겨난다. 문제는 이러한 불화가 있을 때 이를 어떻게 극복하느냐다. 이를 위해 각 가정은 저마다 화해를 위한 특별한 방법을 마련할 필요가 있다. 우리 가정의 경우에는 아이들이 어렸을 때에는 크게 문제가 되지 않았는데, 아이들이 사춘기에 접어들면서 나와 갈등이 불거졌다. 그 이전까지는 가정 내 의사소통이나 토의를 통한 학습 전개를 비교적 순조롭게 진행해왔기 때문에 사춘기에 접어든 아이들의 반항을 나 역시 받아들이기 힘들었다. 지금 생각해보면, 아이들의 반응은 당연한 것이었는데 나 또한 엄마 역할을 처음 해보는 것이라 서툴 수밖에 없었다.

인간의 뇌에는 전두엽(욕구와 판단 관장)과 후두엽(시각 관장)을 연결시켜주는 역할을 하는 '뇌이랑'이 있다. 어떤 현상에 따른 자극은 후두엽으로 전달되고 뇌이랑을 거쳐 전두엽을 통해 올바른 판단이 이루어지는데 사춘기 시기에는 이 연결이 매끄럽지 않아 충동적이고 감정적인 반응을 나타낸다. 이런 아이를 부모 입장에서 쉽게 받아들이고 이해하는 것은 매우 어려운 일이다.

내 딸의 사춘기는 고등학생이라는 비교적 늦은 시기에 찾아왔다. 다행히 평일에는 기숙사에서 생활했기 때문에 크게 부딪히지 않았지만, 주말에 집에 오게 되면 한바탕씩 전쟁이 벌어지곤 했다. 그래서 우리 집 전쟁은 주로 여자 두 명이 주도하는 경우가 많았다. 딸과 나 사이에서 논쟁이 한번 시작되면 여간해서는 끝이 나지 않았다. 나도 딸아이의 반응에 화가 나서 내 입장을 강력하게 피력했고 딸아이는, 당시 내 생각으로는 이미 이성적으로 생각하기를 포기한 상태였다. 나머지 두 명의 남자가 양쪽을 오가며 중재하려고 꽤나 애를 썼지만, 이미 시작된 전쟁을 막기에는 힘에 부치는 양상이 전개되곤 했다. 결국 작은 아이는 "신들의 전쟁이 따로 없네"라며 방으로 들어가버리고, 남편도 고개를 절레절레 흔들곤 했다.

이런 상황이 여러 번 반복된 후, 더 이상 이래서는 안 되겠다는 생각이 들어 딸아이에게 '그분'이 오셨을 때는 내가 그냥 피해버리기로 결심했다. 지금 생각해보면 우리 가정 생태계 최강의 포식자 자리가 나에게서 딸에게로 넘어가는 순간이었다.

뒷담화로 유지되는 가정의 평화

아무리 아이의 사춘기 반항으로 피라미드의 꼭대기 자리를 내주었지만, 답답하고 화가 나는 마음은 가라앉힐 수가 없었다. 그래서 선택한 것이 '뒷담화'다. 아이들 앞에서는 아이가 무슨 말을 하든지 한 귀로 듣고 한 귀로 흘려버렸다. 하지만 다 흘려지지는 않았다. 일부분은 뇌리에 그대로 남아 나에게 스트레스를 주었다. 내가 살려면 남아 있는 부분도 흘려보내야만 했다.

나는 남편을 붙잡고 아이에 대한 뒷담화를 신나게 풀어내는 길을 택했다. 이 세상에 유일하게 내 아이의 뒷담화를 편하게 할 수 있는 상대는 남편이다. 아이로 인한 스트레스가 최고조에 달했을 때 나는 남편에게 이렇게 말한 적도 있다.

"쟤는 결혼 절대 못하게 해야 해. 남의 집 귀한 아들 인생 망칠 일 있어?"

내 말에 남편은 화들짝 놀라며 되물었다.

"그럼 내 인생은 어쩌라고?"

"당신 자식이니 당신이 책임져야지."

가끔은 인내심의 최고봉인 남편도 사춘기 아이들 때문에 욱할 때가 있다. 그러면 이제는 남편도 내게 아이들 험담을 해댄다.

"쟤는 진짜 취직하면 안 돼. 회사에서 저렇게 행동했다가는 금방 잘릴 거야."

"회사에서 누가 뽑아나 준대?"

남편의 말에 내가 어이없다는 듯 반문하자 남편은 회심의 카운

터펀치를 날렸다.

“그러니 자기가 거둬. 자기가 디베이트를 가르쳐서 직원으로 채용하면 되겠네.”

이런 뒷담화로 우리 가정 생태계는 그럭저럭 평화를 유지하고 있다. 남편과는 아이들 뒷담화를 하다가 많이 친해졌다. 이 방법은 아이들에게 말하지 않았는데, 어찌 알고 아이들까지 이 방법을 써먹는다. 두 아이 사이에 약간 짜증 나는 일이 발생하면, 엄마 아빠한테 와서 상대의 험담을 늘어놓는다. 그럴 경우 우리는 그냥 들어준다. 가끔씩 맞장구도 쳐가면서. 속으로는 ‘좀 심하네. 뭘 저렇게까지 얘기해. 그 정도는 아닌데. 네가 좀 이해해’라고 생각하지만, 그냥 들어준다. 아이들도 이렇게 풀어내고 나면, 서로의 앞에서는 여간해서는 얼굴을 붉히지 않는다.

“안녕~ 잘 지냈어? 너 며칠 안 보니 좀 보고 싶더라.”

“엉~ 누나 요즘 잘 지내지?”

남매는 이렇게 영혼 없이 인사를 건네는 것으로 상대에 대한 화를 녹여버리곤 한다.

‘욕’은 예로부터 권력을 갖지 못한 약자들이 억눌린 속마음을 드러낼 수 있는 통로로 사용되었다. 욕에는 상대방의 잘못을 꼬집는 풍자와 해학이 담겨 있다. 옛날에 약자들은 마당극 같은 놀이를 통해 양반을 조롱하고 욕하며 쌓인 설움과 한을 풀었다. 이렇게 한바탕 놀면서 고달픈 마음을 달래고 내일을 살아갈 힘을 얻었다.

잡초는 없다

《책은 도끼다》(북하우스, 2011)를 쓴 박웅현은 이철수의 시 〈이쁘기만한데…〉 전문을 소개하며 '잡초'에 대한 관점을 다시 생각하게 되었다고 밝혔다.

"논에서 잡초를 뽑는다
이렇게 아름다운 것을
벼와 한 논에 살게 된 것을 이유로
'잡'이라 부르기 미안하다"

우리는 논에 무성하게 자라난 이름 모를 풀들을 '잡초'라고 부른다. 하지만 그것은 벼의 관점에서 보았기 때문에 '잡(雜)'이 된 것이다. 본인이 '잡'으로 불리는 것을 알면 어떤 마음이 들까? 우리 아이들은 오늘도 타인에게 '잡'으로 불리지 않기 위해 죽을 힘 다해 뛰고 또 뛴다. 하지만 세상에 잡초라는 이름을 가진 식물은 없다고 한다. 식물에게도 다 자신의 이름이 존재한다. 타인이 그 이름을 알아주지 않는 것일 뿐. 타인이 자신의 이름을 몰라준다고 해서 그냥 잡초로 불려야 할까?

어린 시절 내가 자란 시골의 어르신들은 들이나 논밭에 난 풀들을 함부로 잡초라고 부르시는 법이 없었다. 항상 '피, 개망초, 질경이, 고들빼기' 등 그 풀들이 가진 이름을 불러주곤 하셨다. 그것들을 잡초라고 부르는 사람들은 우리처럼 도시 생활을 하면서 그 풀들에 대해 잘 모르는 사람들이었다. 사람 사이에서도 그런 것 같다. '잡스럽다'라고 하는 이유는 그 사람에 대해서 잘 모르거나 그 사람의 진정한 가치를 아직 찾아내지 못한 사람들이 주로 하는 말이다. 그러므로 남들이 설령 '잡'이라 부를지라도 그 사람에 대해 가장 잘 알고 있는 우리 가족들이 그 사람의 본성과 능력에 맞는 예쁜 이름을 불러주어야 한다. 그러면 아이는 자존감을 지닌 인간으로 성장할 수 있을 것이다.

아이에게 이런 자존감을 심어줄 수 있는 사람이 바로 부모다. 가정이라는 든든하고 따뜻한 울타리 안에서 잡초가 아닌, '내' 아이에게 걸맞은 이름을 찾아주는 것이 진정한 부모의 역할이다.

2장

왜 지금 하브루타와 디베이트를 시작해야 하는가?

하브루타란 무엇인가?

최근 교육계의 화두는 미래 사회에 필요한 핵심 역량을 신장시키기 위한 교육이다. 하지만 핵심 역량 신장을 위한 교육을 실제 학교 교육에서 바로 적용하기는 쉽지 않은 것이 현실이다. 따라서 우선 가정에서 가족 하브루타를 시작으로 생각의 깊이와 넓이를 확장해보는 시도를 하는 것이 중요하다고 생각한다. 하브루타(Havruta)는 상대의 생각을 끌어내어 함께 소통하고 지식을 공유할 수 있는 최고의 방법 중 하나이기 때문이다.

사람들은 하브루타를 통해 자신과 타인을 둘러싼 세상을 더 잘 이해할 수 있다. 나아가 타인과 공감하고 소통할 뿐만 아니라 자기 자신과의 소통으로 메타인지 능력을 길러나갈 수도 있다. 메타인지

(Metacognition)란 '인식 에 대한 인식', '생각에 대한 생각', '다른 사람의 의식에 대한 의식' 그리고 더 높은 차원의 생각하는 기술이라고 할 수 있다. 특히 자신이 알고 있는 것과 아직 제대로 알지 못하고 있는 것을 구분할 줄 아는 지능을 가리키며, 자신이 모르는 부분을 보완하기 위해 스스로 문제점을 찾아내고 해결하며 자신의 학습 과정을 조절할 줄 아는 지능과 관련된다.

질문을 통해 생각 너머의 생각을 길어 올린다

'하브루타'란 '공부하는 파트너를 가지는 것'이라는 의미다. 유대인들이 오래전부터 해왔던 대화법으로, '짝을 지어 질문하고, 대화하고, 토론하고, 논쟁하는 것'을 말한다. 유대인들만의 독특한 교육법이긴 하지만 공부법이라기보다 '토론 놀이'라고 보면 될 것이다.

부모나 교사는 학생이 궁금증을 느낄 때 부담 없이 질문할 수 있는 환경을 조성하고 함께 토론을 이어가는 과정에서 아이가 답답해하더라도 바로 답을 가르쳐주지 않는 것이 좋다. 아이 스스로 답을 찾아가는 과정에서 지식과 함께 문제에 대한 새로운 해결법을 찾아낼 수 있도록 하는 것이 중요하기 때문이다. 이러한 하브루타의 가장 중요한 포인트는 바로 '질문'이다. 질문은 두뇌를 자극하여 생각을 날카롭게 할 수 있는 가장 좋은 방법이다. 텍스트를 읽고 질문을 만드는 과정에서 자연스럽게 여러 번 반복해서 텍스트를 읽게 된다. 강력한 질문의 힘이 바로 여기에서 시작된다. 텍스트를 반복하여 읽는 과정에서 생겨난 질문은 '자신만의 사고'를 담고 있기 때문이다.

영국의 경험론자 프랜시스 베이컨(Bacon, Francis)은 "질문으로 파고든 사람은 이미 문제의 해답을 반쯤 얻은 것과 같다"라고 말했을 정도다. 이처럼 질문을 만드는 과정에서 인간은 무의식적으로 질문에 대한 답에 다가가고자 노력한다. 따라서 스스로 만든 질문에 대한 대화와 토론에 아이들은 능동적으로 참여하게 된다. 또한 하브루타는 '생각 그 너머의 생각'을 할 수 있도록 유도해준다. 기존에 읽었던 동화를 재해석해보고, 동화 속 인물들과 상황을 다양한 관점에서 바라볼 수 있게 해준다. 가정에서 하브루타를 지속적으로 진행하다 보면, 아이와 부모 개개인의 강점을 찾을 수 있다.

우리나라 많은 부모들은 "우리 아이가 진정으로 좋아하는 것이 무엇인지 모르겠어요", "우리 아이는 재능이 없는 것 같아요"라고 말하는 경우가 많다. 나도 하브루타를 진행하기 전에는 그런 생각을 많이 했다. 물론 하브루타를 통해 아이의 강점이나 재능을 완벽하게 찾아낼 수는 없겠지만, 어느 정도 가까이 다가갈 수는 있다. 또 아이와 부모의 내면을 최대한 똑바로 바라볼 수 있게 되어 아이뿐만 아니라 부모 자신의 잠재된 능력도 발견하게 된다.

지혜를 나누고 성장하는 대화를 하자

나는 우리 집 두 아이와 그리고 교육 현장에서 만난 많은 아이들과 함께 하브루타 수업을 하면서 자신의 꿈과 진로에 대한 이해의 폭이 넓어지는 것을 여러 번 목격했다. 또 아이들끼리 서로 질문하고 대화하면서 생각이 확대되어 교우관계에서 자신감을 회복하는 경우도 많이 목격했다. 아이들이 토론하고 논쟁하는 과정에서 자신의 가치관을 다듬어, 막연하던 진로가 구체성을 띠기도 한다. 이처럼 하브루타는 아이들의 생각 지평을 넓히는 진로 교육에도 매우 효과적이다.

나 역시 끊임없는 질문과 고민을 통해 나의 진로를 찾아갈 수 있었다. 아마도 이런 과정이 없었다면, 지금 우리 토론 교실에 오는 친구들과 즐거운 수업을 하지 못했을 가능성이 높다. 이제 아이들과의 하브루타·디베이트 수업은 내 삶에서 가장 큰 의미를 갖는 중요한 삶의 요소가 되었다. 하지만 하브루타의 중요성을 알고 있다 하더라도, 막상 질문을 만들어보라고 하면 대부분의 아이들뿐만 아니라 어른들도 많이 힘들어한다. 지금까지 대한민국의 교육 현장에서 질문이 그다지 환영받지 못했기 때문이다.

아이들에게 질문을 만들어보라고 하면, 아이들은 가장 먼저 "선생님, 이런 질문도 돼요?"라거나 "이 질문은 좀 이상하죠?"라는 질문부터 한다. 질문에도 정답이 있다고 생각하는 것이다. 이럴 때 나는 아이들에게 "네가 만드는 그 어떤 질문도 최고의 질문이니 아무 질문이나 만들어봐"라고 이야기한다. 이렇게 마음을 풀어놓아주면 아이들은 생각보다 질문을 썩 잘 만들어낸다. 그러므로 아이들의 사고가 확장될 수 있도록 교사나 부모가 질문과 대화가 풍성한 수업 분위기를 만들어나가기 위해 노력하는 자세가 필요하다. 또한 부모나 교사는 하브루타의 회차가 늘어감에 따라 단순하고 쉽게 대답할 수 있는 질문보다는 좀 더 깊이 생각하고 고민해볼 수 있는 질문을 만들 수 있도록 유도해야 한다. 아이들이 서로 묻고 대답는 과정에서 생각과 지식을 함께 공유하고 확장하는 즐거움을 맛보게 되기 때문이다.

세종, 성종, 정조 등 조선 시대 뛰어난 성군으로 일컬어지는 왕들의 공통점은 경연(經筵)을 중요시했다는 점이다. '경연(經筵)'이란 질문을 통한 일종의 토론식 논의와 협의로서, 당대의 지식인들은 국왕과 함께 고전에 담긴 풍부한 지혜를 나눔으로써 함께 성장해나갔다. 특히, 정조의 날카로운 질문은 현실 정치에 대한 정책적인 대안을 정조가 절실히 찾고 있었음을 드러낸다. 세종은 밤중이라도 글을 읽다가 궁금한 점이 생기면 집현전, 홍문관 관리들을 부르거나 이들을 직접 찾아가 끊임없이 질문을 던졌다고 한다. 바로 이러한 질문과 대화가 나라를 올바르게 이끌어갈 수 있는 원동력이 된 셈이다.

이처럼 우리 가정에서도 부모가 아이들에게 끊임없이 질문을 던져보는 것은 어떨까? 아이의 단점을 고치고 싶거나 무엇인가를 실행에 옮기도록 유도할 때, 일방적인 지시나 강요보다는 아이 스스로 그런 행동을 실행할 수 있도록 질문을 던져보는 것이다. 그러면 아이의 행동에 대해 부모 혼자서 추측하고 해석하여 얻어낸 결론, 서로의 오해나 다른 입장에서 오는 오류로 인해 아이에게 상처 주는 것을 최소화할 수 있다. 나 역시도 이를 완벽하게 실행하지는 못하고 있지만, 적어도 이를 위한 노력은 게을리 하지 않는다. 서로를 이해하기 위한 질문과 답변을 지금이라도 조금씩 실천해보자. 당장 눈에 보이는 큰 변화는 없더라도, 아무것도 하지 않았던 이전보다는 훨씬 나아지는 것을 분명히 느낄 것이다.

질문의 힘

부모 세대는 수십 년 동안 질문이 허용되지 않는 매우 경직된 분위기에서 자랐다. 선생님이나 부모가 일방적으로 이야기하는 것을 받아 적고 외우는 수용적인 사고에 길들여져 있어서 질문을 한다는 것 자체가 쉬운 일이 아니었다. 하지만 부모 자신도 어렵다는 점을 인정하고 힘들더라도 스스로 질문을 만들어보고자 애쓴다면, 시간이 흐를수록 점점 나아지는 자신을 발견할 수 있을 것이다. 이런 과정이 지속되면 아이 역시 질문 만들기에 익숙해진다.

"그런 말(행동)을 한 이유는 무엇이니?", "그런 행동에 대해 넌 어떻게 생각하니?"라는 질문을 던지면, 아이는 스스로 자신의 감정 상태나 행동에 대해 생각해보게 된다. 아이 스스로도 자신의 감정을 정확히는 이해하기 어려운 경우가 많기 때문이다.

또 어떤 경우에는 부모에게 말하지 못하는 아이의 부정적인 감정이 생각보다 클 수도 있다. 이때는 아이가 자신의 감정을 알아내어 부모에게 이야기해주기를 기다릴 줄도 알아야 한다. 이러한 상

| 씨앗프리즘 카드와 이미지프리즘 카드 |

황에서는 '프리즘 또는 씨앗프리즘 카드'를 활용해보는 것도 좋다.

아이가 학교나 유치원에서 돌아온 후 안 좋은 얼굴로 아무 말 없이 자기 방으로 들어가면 씨앗프리즘 카드를 건네며 "지금 네 마음이 어떤지 이 카드 중에서 골라 방에서 나오고 싶은 마음이 들면 나와 볼래?"라고 말한다. 그리고 아이가 선택한 카드를 보고 왜 그런 카드를 선택했는지 아이의 말을 들어보면, 아이의 심리 상태에 대해 파악하기가 훨씬 수월해진다. 그리고 엄마가 아이에게 하고 싶은 말 역시 카드로 제시하면 아이와의 관계가 더 좋아질 수 있다. 또한 이러한 상황이 아니더라도, 가족 하브루타와 디베이트를 처음 시작할 때에 프리즘 카드를 활용하여 질문을 끌어내어보는 방법도 좋다. 즉, 하나의 그림을 선택해서 생각나는 대로 말해보는 것이다.

이렇듯 질문은 사고의 확장뿐만 아니라 심리 상태까지 이해하여 서로 공감해주고 소통하는 도구가 될 수 있다. 이런 습관이 조금씩 정착되다 보면 책을 읽고 질문하고 토론하는 활동으로 자연스럽게 이어질 수 있다. 이처럼 질문에는 참으로 많은 장점이 있는데, 특히 다음 다섯 가지 능력을 크게 신장시켜준다.

첫째, 스스로 하는 질문은 '사고력'을 키워준다.

둘째, 질문을 하고 그 질문에 대한 답을 찾는 과정에서 '최고의 문제 해결 능력'을 키워준다.

셋째, 짝을 지어 질문하고 대답하면서 '경청'과 '의사소통 능력'을 키울 수 있다.

넷째, 서로 소통하면서 좀 더 넓은 안목을 키우고, 상대방의 입장을 이해할 수 있게 된다.

다섯째, 바른 가치관과 인성을 기를 수 있다.

지금 당장, 아이와 함께 하브루타를 시작해보는 것은 어떨까?

디베이트란 무엇인가?

이제 앞서 인생을 살아간 선배들의 좋은 글과 말을 그대로 받아쓰고 자기 것으로 만들기 위한 '받아쓰기'의 시대는 저물고, 선인의 말에서 자신에게 적용시켜야 할 부분을 찾아내어 자기 것으로 재탄생시키는 '르네상스'의 시대가 왔다. 그러기 위해서는 막혀 있는 귀를 열어줄 수 있는 '귀의 부활'이 필요하다. 유동걸 저자는 《토론의 전사》(한결하늘, 2016)에서 토론의 귀결점은 '입의 욕망'이 아니라, '귀의 겸손'이라고 말한다.

최근 4차 산업혁명 시대의 도래와 함께 학교 교육과정에도 많은 변화가 일고 있다. 이에 발맞추어 '디베이트(Debate)'라는 서양식 토론이 우리 교육계의 화두가 되었다. 이성과 논리의 힘이 여전히 부족한 우리들에게 디베이트는 생각하는 힘을 길러주어 사고의 뼈대를 튼튼히 하고 자신의 삶에 이를 적용시키게 도와준다. 한마디로, 생각의 줄기에 피와 살을 보탤 수 있는 최적의 교육 방법이라 할 수 있다. 디베이트는 '주어진 논제에 따라 찬성과 반대로 나뉘어 엄격한 규칙에 따라 논리를 펼쳐 승패를 가르는 지식 스포츠'로 정의된다. 하지만 바탕은 어디까지나 상대방을 물리쳐야 하는 적이 아니라 지적 동반자로 여기고 마음 깊이 존중함으로써 진정으로 소통하는 것이다. '토론에 이기고 친구는 잃는다'라는 영국 속담이 있다. 토론의 목적은 한 가지 결론을 도출하는 데 있지 않다. 책을 읽는 것은 새로운 세상을 만나는 일이고, 토론은 서로의 세상을 더 자세히 들여다봄으로써 자신의 내면과 만나는 일이다. 그러므로 토론은 책을 적극적으로 읽기 위한 도구가 되어야지 그 자체가 목적이 되어서는 안 된다. 상대 팀을 물리쳐야 하는 적이 아닌, 함께 실체적 진실에 접근하기 위한 파트너라는 인식을 가지고 토론에 임해야 한다. 즉, 토론이란 책을 통해 세상을 이해하고, 상대를 존중하는 소통이 목적이 되어야 한다. 그렇다면 디베이트는 어떤 효과를 가져다줄까?

디베이트의 다양한 효과

첫째, 다양한 각도에서 사물을 바라보는 능력이 향상된다. 디베이트에서는 논제에 대해 찬성과 반대 입장을 정할 때 각자 본인의 생각에 따라 입장을 선택하지 않는다. 본인의 주관적 의지와는 상관없이 동전 던지기나 제비뽑기 등으로 찬성과 반대 입장을 정한다.

사람들은 대개 자신이 살아온 경험치와 독서 등에 의해 자신도 모르게 한쪽으로 사고가 기울어지게 되는 경우가 많다. 따라서 자신이 직접 경험해보지 않은 일이나 어떤 주제에 대해 구체적이고 진지하게 고민해보지 않는 한 그 사안에 대한 실체를 제대로 파악하기 어렵다. 디베이트는 바로 인간의 이런 부족한 부분을 메워준다. 자신이 생각해보지 않았던 입장을 일부러라도 생각해보는 훈련을 함으로써 다양한 관점에서 사물을 바라보는 능력을 키우게 된다.

둘째, 논리적 사고력이 향상된다. 논리적'이라는 것은 상호 모순되는 판단을 드러내지 않으면서 일관되게 근거 있는 것을 말하는 것이다.

'사고력'은 이치에 맞게 생각하고 판단하는 힘을 말한다. 토론을 통해 자신의 의견을 이유나 근거를 제시하며 조리 있게 말하는 연습을 하고 주어진 논제에 대한 판단을 중심으로 자신의 경험과 배경 지식을 동원하여 다른 사람을 설득하는 연습을 지속적으로 하면 물 흐르듯 앞뒤가 잘 맞아서 상대방을 설득할 수 있는 능력이 길러진다.

셋째, 경청 능력이 길러진다. 토론은 상대 팀 입론을 듣고 반론하는 과정에서 상대측이 발표하는 내용을 잘 듣고 자신이 생각한 것과 다른 경우에 그것에 대해 집중적으로 물어보고 진실을 찾아가는 과정이다.

이러한 활동이 가능해지려면 무엇보다도 경청 능력이 필요하다. 경청하지 않으면 상대방이 질문한 것에 대해 엉뚱한 논리를 펼칠 수 있기 때문이다. 이러한 경청 능력은 하루 이틀에 길러지는 것이 아니다. 오랜 시간 동안 토론하는 과정에서 상대의 의견을 집중해서 메모하며 듣다 보면, 어느새 경청 능력이 향상되어 있는 자신을 발견할 수 있다. 그렇게 되면, 학교 수업 시간에도 선생님의 이야기를 메모하고 중요한 요점을 파악해낼 수 있는 비판적 사고력도 형성될 수 있다.

넷째, 자료 수집 능력이 좋아진다. 바야흐로 정보의 홍수 시대다. 과거에는 권력 있는 자가 정보를 독점하는 정보 권력 시대였으므로 정보를 가지는 것이 곧 권력을 의미했다. 하지만 지금은 자신이 노력만 한다면 웬만한 정보에는 충분히 접근이 가능하다.

문제는 넘쳐나는 정보 속에서 자신에게 필요한 정보를 찾아내는 능력이다. 디베이트는 책을 읽고 주어진 논제에 대해 입론을 세우는 과정에서 책 이외에도 인터넷, 신문이나 잡지, 논문, 전문가들의 의견을 찾아서 자료와 정보를 수집하고 분석하는 과정을 통해 새로운 지식을 창출하는 능력을 키워준다.

다섯째, 감정 조절 능력이 향상된다. 디베이트는 자신의 주관적인 주장만을 내세우기보다는 논제에 대한 자신의 의견을 객관적인 근거 자료들을 활용해서 펼치는 활동이다.

토론 과정에서 자신의 뜻과 맞지 않거나 상대측이 불쾌감을 조성하는 말을 했을 때에도 이성을 잃지 않고 차분하게 말을 해야 한다. 디베이트를 시작하기 전에 이러한 주의 사항에 대한 실천을 다짐하다 보면, 자신의 감정을 조절하는 것에 익숙해질 수 있다.

세상을 바꾼 세기의 디베이트

어떤 일을 수행할 때 뚜렷한 목적을 가지고 할 경우와 그렇지 않은 경우, 그 과정과 결과에서 많은 차이가 나타난다. 이것은 독서에서도 똑같이 적용된다. 독서 역시 목적을 가지고 하는 것이 중요한데, 이는 책에 대한 집중력이나 이해도를 높일 뿐만 아니라 지속적으로 독서를 하는 계기가 되기 때문이다.

독서의 목적 중에서 가장 쉽게 접근할 수 있는 것은 바로 타인에게 설명하기 위한 목적으로 독서를 수행하는 것이다. 책을 읽은 후에 다른 누군가에게 설명할 것을 전제로 독서를 한다면 잘 이해가 되지 않는 부분은 여러 번 읽어보게 되고, 이런 과정에서 자연스럽게 이해력이 높아진다. 책을 읽은 후에 부모 또는 친구들과 함께 토론할 것을 상상하면서 책을 읽으면 자신의 부족한 부분과 알고 있는 부분이 명확해진다. 즉, 막연히 읽었을 때보다 훨씬 효과적으로 책의 내용을 이해할 수 있어 아는 것과 모르는 것을 자각하는 메타인지능력이 향상된다.

실제로 세상을 바꾼 디베이트 사례들은 여럿 있다. 그중에서 특히 유명한 것으로는 1858년 미국 대통령 선거를 위한 중간 선거에서 민주당의 스티븐 더글러스(Stephen Douglas)와 공화당의 에이브러햄 링컨(Abraham Lincoln) 사이에서 벌어졌던 '링컨-더글러스 논쟁(Lincoln-Douglas Debates)'이다. 당시 링컨은 일리노이주 미국 상원의원 공화당 후보였고 더글러스는 현직 상원의원으로 민주당에서 재선을 위해 출마 중이었다.

수개월 동안 일곱 차례에 걸쳐 각지를 순회하면서 펼쳐졌던 이 디베이트에서 더글러스는 노예제도 인정에 대한 문제는 각 지방 정부에게 맡기는 것이 옳다고 주장했고, 링컨은 노예제도를 폐지해야 한다고 반론을 펼쳤다. 링컨은 이때의 선거에서는 패했으나, 그 후 1860년 공화당 대통령 후보에 지명되었다. 그 뒤 남북전쟁이 일어나 북군이 승리함으로써 결국 북군의 대표자였던 링컨의 주장대로 오랜 세월 동안 흑인들에게 너무나 잔혹했던 노예제도는 폐지되기에 이른다.

하브루타의 질문에 디베이트가 대답하다

책을 읽고 책의 내용과 작가가 이야기하고자 하는 숨은 의미 그리고 그것을 자신과 연결시켜 자기 삶에 적용하기에 하브루타와 디베이트는 아주 효과적인 도구다. 또한 이 둘은 독서 능력을 끌어올려 학습 능력에도 많은 도움을 준다. 학생들을 가르치던 초창기에 나는 하브루타와 디베이트 수업을 따로따로 진행했다. 그런데 수업을 진행하면 할수록 뭔가 조금 부족하고 아쉬운 생각이 들었다.

하브루타는 질문을 통하여 다양한 시선에서 생각하고 사고를 폭넓게 발전시킬 수 있다는 장점이 있지만, 아이들이 엉뚱하고 황당한 방향으로 이야기를 풀어나가는 경우가 있었다. 디베이트는 주어진 논제에 대해 찬반 입장으로 나누어 진행하는 대립 토론이므로 논리적인 사고가 가능하고 긴장감을 주어 수업에 몰입하게 하는 장점은 있으나, 획일화되고 이분법적으로 사고 할 우려가 있다는 생각이 들었다. 그래서 생각해낸 것이 한 번은 하브루타, 다음 한 번은 디베이트를 번갈아 진행하는 방식이었다. 한 가지만 할 때보다는 나름 효과가 있다는 생각이 들었지만, 도서 한 권을 완전히 이해하고 자기 것으로 만들기에 조금 부족하다는 생각이 들었다. 그래서 생각해낸 학습법이 '하브루타의 질문에 디베이트가 대답하다'였다. 한 권의 책을 읽고 하브루타와 디베이트를 연계하여 진행하는 방식이었다.

꽁꽁 얼어붙은 생각의 바다를 깨뜨리자

이렇게 수업을 진행할 경우 책을 읽는 권수는 줄어들지만, 한 권을 읽더라도 질문을 통하여 아이들의 내부에 잠들어 있는 생각을 깨우고 자신과 세상에 대해 생각해본 후 그것을 연결시키는 연습을 할 수 있다. 이러한 과정이 쌓이면, 공부란 바로 우주와 자기 주변 세상과 자기 자신의 내면을 인식하고 이해하는 과정이라는 점과, 나아가 그 공부가 타인에게 도움이 되어야 한다는 사실을 아이들은 인식하게 된다. 책을 읽고 질문하고 대답하면서 얼어붙어 있는 생각을 깨우는 과정이 바로 공부임을 몸소 깨닫게 되는 것이다. 다만 미취학 아동과 초등 저학년의 경우에는 획일적인 방법을 따르기보다는 다양한 분야의 책을 접하는 것이 매우 중요하다. 독서 후 활동인 질문과 디베이트를 너무 강요하다 보면 자칫 책에 대한 흥미를 떨어뜨릴 수도 있기 때문이다. 이렇게 되면 책을 멀리하게 될 수도 있다. 어린 시절의 독서는 즐겁고 재미있는 것이라는 인식을 심어주어야 한다. 하지만 고학년으로 올라갈수록 어린 시절의 독서 방법만 유지한다면 편독 현상이 발생할 뿐만 아니라, 대충 책의 줄거리만 파악하고 넘어가는 독서 습관이 자리 잡을 수 있다. 따라서 고학년으로 갈수록 한 권의 책을 읽더라도 꼼꼼하게 읽고 자기 자신과 상대에게 질문을 던지고 그 질문에 대한 해답을 찾아볼 수 있는 독서라야만 한다. 박웅현은 책을 읽는 이유에 대해 다음과 같이 명쾌하게 정의를 내린다.

> "우리가 읽는 책이 우리 머리를 주먹으로 한 대 쳐서 우리를 잠에서 깨우지 않는다면, 도대체 왜 우리가 그 책을 읽는 거지? 책이란 무릇, 우리 안에 있는 꽁꽁 얼어버린 바다를 깨뜨려버리는 도끼가 아니면 안 되는 거야."
>
> — 박웅현, 《책은 도끼다》, 320쪽

우리가 매 끼니를 식도락가처럼 맛있게 먹을수 없듯이 모든 책을 깊이 있게 읽을 수는 없다. 그것은 아이들을 지치게 만들어 책에서 멀어지게 만드는 일이다. 평소에는 아이들이 원하는 책을 읽게 하고, 일주일에 한 번씩 시간을 정해 가족이 모여 깊이 있는 독서 활동을 하는 것이 좋다.

씹지 않고 삼키는 독서는 안 된다

독서를 한 후 타인 앞에서 책의 내용을 이야기하거나 발표하는 것, 또는 책 내용에 관해 질문하고 대답을 해야 한다는 '목적'이 있다면 아이들은 더욱 집중하여 책을 읽게 된다. 그리고 독서 활동은 책을 읽은 후 글의 핵심을 파악하고 작가가 글에 표현하지 않은 부분까지 추론해내어 전체적인 맥락을 그려낼 수 있어야 한다.

가족 또는 친구들과 함께 같은 책을 읽고, 각자 질문을 만들어보고 그 질문에 대답하기 위해 고민하고 디베이트하는 과정에서 우리는 자연스럽게 작가가 글을 통해 나타내고자 하는 의도, 글의 중심 내용과 주요 인물, 인물의 심리 상태 등에 대해 파악할 수 있게 된다.

영국의 정치가 에드먼드 버크(Edmund Burke)는 "생각하지 않고 책을 읽는 것은 씹지 않고 음식을 먹는 것과 같다"라고 말했다. 이것은 단순히 책을 읽는 행위만으로는 부족하다는 의미다.

'생각을 한다'라는 것은 지적인 도전이다. 중국어로 상량(商量)은 '의논하다, 협상하다'의 뜻을 가지고 있다. 이것은 곧, 독서는 혼자서 하는 것이 아니라 타인과의 대화를 통해 지평을 넓히고 여러 명의 의견을 통해서 생각의 폭을 넓히라는 의미다. 넓게 읽고, 깊이 있게 생각하고, 여럿이 함께 의견을 나누는 것이 지혜로운 독서로 가는 지름길이자 유일한 길이다.

창의력과 논리력의 격전장 과학토론대회에 도전하자

과학기술은 우리 삶에서 양날의 검과 같다. 인간의 삶을 편리하고 풍요롭게 해주는 원동력이기도 하지만, 다른 한편으로는 우리 생활의 안전과 건강을 빼앗아가는 파괴자가 되기도 한다. 과학기술은 이미 우리의 생활 깊숙이 파고들어와 있어 인간과 떼려야 뗄 수 없는 존재가 되었다. 그만큼 과학기술이 인간에 미치는 영향을 정확히 파악한 후 어떻게 수용할 것인지 판단해야 한다. 그것이 우리가 과학 토론을 해야 하는 이유다.

학문하는 즐거움을 만끽하자

각 초중고교에서는 매년 4월 과학의 달을 맞이하여 과학에 대한 흥미를 이끌어내고 다양한 과학탐구 활동을 통해 과학에 대한 학생들의 잠재 능력을 이끌어내기 위한 목적으로 교내 과학토론대회를 개최한다. 교내에서 이루어지는 대회에는 가능한 출전해보는 것이 좋다. 아이들이 대회 과정에서 자신의 부족한 점을 발견하게 되어 그 부분을 보강하면서 수상 여부에 상관없이 학문을 하는 즐거움을 느낄 수 있기 때문이다. 이런 아이들은 자신감이 생겨 그 이후에 이루어지는 도전에 적극적으로 참여하게 된다.

전국 과학토론대회는 한국과학창의재단에서 주관하고, 전국 대회 출전을 위한 예선대회는 각 시·도에서 주관한다. 일반적으로 교내 과학토론대회에서 뽑히는 한 팀(두 명)에게 시에서 주최하는 대회에 참가할 수 있는 자격이 주어진다. 대회 개최 진행 방식은 각 학교마다 차이가 있으므로, 각 학교의 대회 진행 방식에 따라 준비하면 된다. 일반적으로 과학토론대회의 논제는 사전에 공지되지 않고, 대회 당일 공개된다. 그러므로 철저한 준비와 연습을 해야만 당일 제시되는 논제에 당황하지 않고 대회에 임할 수 있다. 개요서를 작성하는 연습을 미리 해본 아이들의 논제 분석과 문제에 대한 장단점 제시는 크게 차이가 나지 않을 가능성이 높다.

따라서, 대회의 가장 중요한 포인트는 '문제 해결 방안'이다. 물론 대회를 주최하는 학교 측에서도 학생들에게 정말로 제대로된 문제 해결 방안을 제시하도록 하기 위해 대회를 개최하는 것은 아닐

것이다. 따라서 학생 수준에서 얼마나 창의적이고 과학적으로 문제 해결 방안을 탐색하려고 노력했는지가 중요하다.

토론대회의 핵심 비법

개요서를 작성하는 능력은 한두 번의 대회 준비로 만들어지지 않는다. 평소에 얼마나 과학과 주변 환경을 연결지어 생각해보았는지, 모든 사물에 호기심을 가지고 관찰해보았는지, 얼마나 다양한 과학 관련 책을 깊이 있게 읽고 고민해보았는지가 중요하다. 또 학생에게 원래부터 내재되어 있는 잠재력과 창의력 또한 무시할 수 없을 것이다. 어려서부터 다양한 분야의 책을 꾸준하고 깊이 있게 읽으면 이런 능력을 향상시킬 수 있다.

개요서를 작성할 때에는 정보 수집 처리 능력을 바탕으로 논제의 쟁점을 탐구하여 원인을 분석하고, 문제 해결 방안을 다양한 방면에서 과학적이고 창의적으로 모색하는 데 중점을 두어야 한다. 최근 이슈가 되고 있는 주제에 대한 과학적 배경 지식, 개요서 작성, 발표 연습 또한 사전에 충분히 이루어져야 한다. 최근에는 미세먼지, 자율주행, 신종 바이러스, 미래 식량, 인공지능 기술, 가상·증강현실, 생체 모방 기술, 원자력발전소 등의 문제가 출제되는 경향이 있다.

다양한 주제를 접해보아 문제 상황을 정확히 인식하고 창의적이고 과학적이며 논리적인 사고력을 기르는 일 그리고 협업을 통한 토론으로 문제의 원인을 찾고 해결 방안을 발전적으로 모색하여 바람직한 대안을 도출해내는 것이 무엇보다 과학토론대회에서 좋은 성적을 거둘 수 있는 핵심 비법이다. 기존에 출제되었던 과학토론대회의 논제를 보면 다양한 이슈가 얼마나 시의 적절하게 출제되는지 알 수 있다.

| 과학토론대회 논제 |

1	(식품 원료) 해외에서는 식량 문제에 대한 대안으로 곤충 원료 식품에 많은 관심을 기울이고 있다. 우리나라의 경우 곤충 원료 식품에 조금씩 발을 내딛는 상황이다. 곤충 원료 식품 관련 국내 · 외 활용 현황, 장점 등을 조사하고 곤충 원료 식품으로 가장 적합한 곤충을 찾아 활용 방법을 제안하시오.
2	현대인은 화석연료를 생활에 필요한 에너지로 이용하고 있다. 산업혁명 이전 사람들은 주변의 자연환경을 활용하여 생활에너지(냉 · 난방, 동력 등)를 어떻게 얻었는지 조사하고 환경 문제 개선에 도움이 될 수 있는 방안을 제시하시오.
3	당신이 자율주행 자동차의 설계자라면 어떤 첨단 기술을 활용하여 설계할지 사회적 · 윤리적으로 제시하시오.
4	한반도는 지진 안전지대인지 아니면 대지진 가능성을 안고 있는지 과학적으로 이를 분석하고 대지진에 대비하여 원자력발전소의 존폐 문제와 우리가 노력할 대안을 창의적으로 제시하시오.
5	드론이 가지고 있는 여러 가지 단점에도 불구하고 다수의 전문가들은 드론의 미래 산업 가치를 높게 여기고 있고 기업들도 앞 다투어 드론 산업에 뛰어들고 있다. 드론이 가지고 있는 여러 가지 단점이나 문제점을 분석하고 그러한 문제점들을 극복할 수 있는 방법과 우리나라에서 드론을 효율적으로 사용할 수 있는 여러 가지 방안을 제시하시오
6	우리의 건강을 위협하는 미세먼지의 주요 원인은 주변 국가에서 유입된 결과인지 아니면 국내에서 발생된 것이 주요 원인인지를 과학적으로 분석하고, 본인은 어떤 입장에 있는지 원인 분석에 따른 주장을 정리한 후 이러한 미세먼지를 해결할 수 있는 방안을 과학적이고 창의적으로 제시하시오.

나비의 날갯짓이 토네이도를 일으키듯

대회에서는 다른 자료나 IT 기기를 활용할 수 없고, 주어진 텍스트 안에서 개요서를 작성해야 한다. 따라서 기존에 출제되었던 기출 문제와 최근 이슈가 되고 있는 분야에 대한 과학 관련 책을 읽은 후, 논문이나 관련 뉴스를 검색하여 텍스트 형태로 출력한 다음 개요서를 작성하는 연습을 해보는 것이 중요하다.

토론대회에서는 일반적으로 개요서 작성이 배점에서 높은 비중을 차지하므로 이것이 당락을 결정한다고 보면 될 것이다. 토론대회의 심사는 과학적 탐구 능력 및 정보처리 역량에 대한 평가로 이루어진다. 따라서 개요서는 정보 수집·처리 능력을 바탕으로 논제의 쟁점을 과학적으로 탐구하여 원인을 분석하고, 문제 해결 방안을 과학적이고 창의적으로 다양한 측면에서 모색하여 작성했는지가 중요하다.

나는 아이들과 과학토론을 준비하는 과정에서 내가 가르치고 아이들이 배우는 관계가 아니라 마치 동아리에서 서로의 의견을 주고받으며 함께 해결 방안을 고민하고 있다는 느낌을 많이 받았다. 더 나은 방법을 찾고 더 나은 결과를 도출하기 위해 함께 협업하는 동료와 같은 심정을 아이들에게서 느꼈던 것이다. 대회 준비 과정에서 아이들과 나는 서로가 많이 성장했음을 알 수 있었다. 당시 아이들은 내게 이렇게 말했다.

"대회를 떠나서 너무 재미있고 유익한 시간인 것 같아요. 뭔가 진짜 공부를 하고 있는 것 같은 생각이 들어요, 선생님!"

나비의 작은 날갯짓이 태평양을 건너 토네이도를 일으키듯이, 아이들과 함께하는 이런 작은 시간들이 쌓이면, 언젠가 아이와 부모 모두에게 커다란 변화를 가져다줄 것이다. 우리는 살아가면서 모두 각자 자신의 인생 노트에 무엇인가를 채워 넣는다. 물론 노트에 적혀 있는 내용과 분량은 모두가 다를 것이다. 그곳에 무엇을 채워 넣을 것인가 하는 문제는 자신의 몫이다. 작은 경험들로 인해 우리 아이들의 인생 노트 한 장이 의미 있게 채워지기를 바란다.

영재란 누구인가?

특목고(과학고, 영재고, 외고, 국제고) 진학을 염두에 둔 학생이라면 초등학교 때부터 다양한 분야의 깊이 있는 독서를 수반하는 것이 좋다. 독서 과정에서 축적된 진화된 학습 능력을 기반으로 각종 교내 대회, 동아리 활동 등에 적극적으로 도전해보는 것도 특목고 진학 준비에 많은 도움이 된다.

초중학교 시절 과학영재원교육원에 지원해보는 경험은 아이 자신의 강점과 단점을 파악할 수 있는 계기가 되어 향후 자신이 보강해나가야 할 부분이 무엇인지 깨닫게 해준다. '공부'란 학교 공부를 포함하여 입시 그리고 이 세상을 스스로 살아가는 데 필요한 지식과 문제 해결 능력을 키우기 위한 활동이라고 할 수 있다. 도전하는 과정에서 아이들은 공부의 의미에 대해 깨닫게 되고, 자발적으로 공부할 수 있는 힘을 얻게 된다.

아이들 인생에서 과학영재교육원이 최종 목표는 아니므로, 이 같은 도전은 그 자체만으로도 값진 경험이 될 것이다. 인간이 목표를 추구하는 이유는 목표를 이루어가는 과정에서 겪게 되는 문제를 극복하면서 자기 자신에 대해 인식하고 내면 깊은 곳으로부터 성취감을 느낄 수 있기 때문이다. 따라서 도전 과정에서 얻는 성공의 경험은 자신감과 용기를 주어 힘겨운 세상을 살아가는 데 커다란 힘을 준다. 실패의 경험 또한 성공의 경험 못지않게 소중하다. 도전이 없다면 실패도 존재하지 않는다. '실행에 옮기지 못하고 마음속에만 간직해둔 도전'은 실패의 경험보다 더욱 쓰라리고 아픈 법이다. 실패를 '두 걸음 내딛기 위해 한 걸음 물러서는 과정'이라 생각하고 묵묵히 걸어간다면 언젠가는 환하게 웃는 날이 올 것이라 믿는다.

자신만의 스토리를 지닌 창의적인 인간

어려서부터 부모와 함께 하브루타와 디베이트를 꾸준히 진행한다면 아이 자신만의 스토리를 만들어나갈 수 있다. 초등학생 시절부터 기본적인 자기소개서를 작성해두고 최소한 6개월 단위로 업데이트를 시켜나가는 것이 중요하다. 6개월 단위로 자기소개서를 작성해 업데이트하다 보면 아이의 발전한 모습과 부족한 부분에 대해 정리가 되고 앞으로 지원하게 될 다른 영재교육원이나 중학교 생활 그리고 고입, 대입에도 유용하게 활용할 수 있다.

먼저 아이가 읽은 주요 도서(과학/수학, 역사, 경제, 정치, 법, 문학)와 활동 내용(대회 출전, 탐구활동, 동아리 활동)을 기록해두었다가 자기소개서에 하나씩 추가해나간다. 모든 면접에서 심사관들은 짧은 시간 안에 학생에 대해서 정확히 판단할 수 없으므로 아이가 읽은 책과 활동 내역으로 평가할 수밖에 없다. 읽은 책에서 깊이 감명받은 점, 그 책을 읽고 관련 지식을 쌓기 위해서 추가로 읽은 책이나 활동에 대해서 면접관들은 중요하게 생각한다. 단순히 '어떤 책을 읽었다'가 아니라 그 책을 읽고 나서 '추가적으로 어떤 고민과 활동을 했는지'에 대해 기록해두면 후에 많은 도움이 된다. 이를 위해서는 부모가 아이와 함께 끊임없이 고민해보는 작업이 필요하다.

미국 국립영재연구센터의 소장이자 코네티컷 대학교의 석좌교수인 조셉 렌줄리(Joseph Renzulli) 박사는 지난 2002년 우리나라를 방문했을 때 《침묵의 봄(Silent Spring)》(김은령 옮김, 에코리브르, 2011)으로 세계적인 베스트셀러 작가가 된 미국의 해양생물학자이자 작가인 레이첼 카슨(Rachel Carson)을 가장 이상적인 과학 영재로 꼽았다. 렌줄리 교수는 레이첼 카슨을 꼽은 이유로, 환경 문제를 지적할 줄 아는 '사회적 가치관'을 지닌 사람이기 때문이라고 말했다. 렌줄리 교수는 '학교 성적이 좋은 영재'에서 '창의적인 영재'로 영재의 개념을 바꾼 전설적인 인물이기도 하다. 그는 '창의적 영재'야말로 사회적 가치를 실현할 줄 하는 사람이어야 한다고 강조한다. 단순히 머리만 좋다고 해서 창의적 영재가 될 수는 없다는 이야기다.

우리 사회 역시 점점 새로운 지식을 창출할 수 있는 '창의적 영재'를 요구하고 있다. 그렇다면 창의성이란 무엇이고, 과연 어떤 사람이 창의적인 사람일까? '창의성'이란 '새롭고, 독창적이고 유용한 것을 만들어내는 능력'을 말한다. '창의적 인재'는 문제 해결에 대한 동기가 높고, 풍부한 지식을 기반으로 한 확산적 사고와 논리적이고 비판적인 사고를 통해 문제 해결 방안을 창출하는 인간이다. 즉, 과학적 분석력과 인문학적 감수성을 융합하여 사회적 가치관을 발현하는 사람을 의미한다.

렌줄리 교수의 '세 고리 모형'

영재 교육과 영재 선별에서 세계적으로 가장 많이 인용되고 있는 개념은 바로 렌줄리 교수의 '세 고리 모형' 개념이다.

렌줄리 교수는 실제로 사회에서 뛰어난 공헌을 한 사람들은 극단적으로 높을 필요 없는 '평균 이상의 지적 능력', '높은 창의성', '높

| 영재성의 세 고리 모형 |

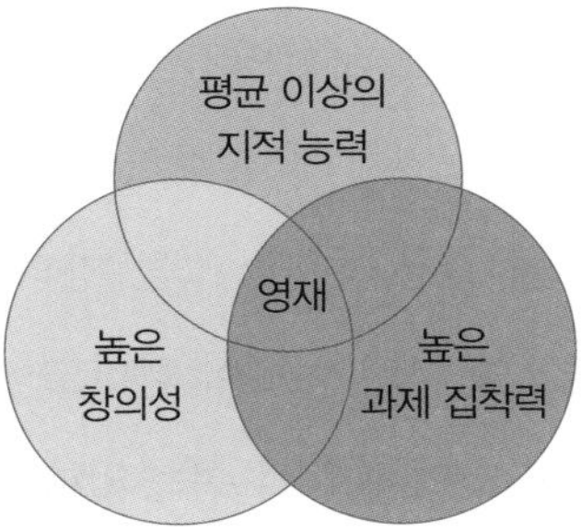

은 과제 집착력'을 갖추고 있다고 주장했다. 그는 이들 영재는 세 가지 특성에서 모두 뛰어나야 할 필요는 없다고 강조했고, 한 특성에서는 적어도 상위 2% 이내에 속해야 하며, 나머지 특성에서는 상위 15% 이내면 충분하다고 보았다. 실제로 토머스 에디슨(Thomas Edison)은 지능지수(IQ)가 그다지 높지 않았음에도 수많은 위대한 발명을 이루어냈다.

렌줄리의 세 고리 정의는 영재 교육과 선별에 관해서는 세계적으로 가장 많이 인용되고 있는 개념으로 심화학습 프로그램을 제공하는 대부분의 미국 교육청과 학교는 이 정의에 입각하여 영재를 판별하고 교육하고 있다. 다음은 우리나라 영재교육원에 들어가기 위해서 단계별로 준비해야 할 과정을 알아보겠다.

영재교육원에 들어가기 위한 단계별 준비 과정

첫째, 교사의 추천을 받아야 한다. 교사는 평소 학생들의 특성과 행동을 관찰하여 영재성을 진단하고 평가한다. 특히 창의성, 호기심, 자기주도성, 의사소통 능력, 과제 집착력 등을 평가한다. 따라서 교사 추천을 받기 위해서는 기본적인 성적 관리뿐만 아니라 수업시간에 주도적이고 능동적으로 참여하고, 과제는 정해진 방법 외에 새롭고 창의적인 방법으로 수행하도록 노력해야 한다. 또한 흥미를 느끼는 주제에 대해 탐구하고 결과물을 작성해두는 게 좋다.

둘째, 영재성 검사를 받는다. 영재성을 검사하는 검사지는 영재성을 이루는 요소인 창의성과 언어, 수리, 공간지각 능력 등에 대한 지적 능력을 측정하는 문항들이 포함된다. 따라서 학생들은 평소 꾸준하고 깊이 있는 독서를 통해 새로운 정보를 적용하고 응용하는 능력을 쌓고, 서술형 또는 개방형 질문들에 대해 논리적이고 창의적으로 표현하는 연습을 꾸준히 해야 한다.

셋째, 창의적 문제 해결력 검사를 받는다. 이 검사는 수학, 과학, 발명, 정보 과학으로 구성되어 있으며 사고 능력과 창의성을 측정하는 것을 기본으로, 개념의 창의적인 문제 해결력을 측정한다. 따라서 각 과목의 개념과 원리를 잘 이해하고, 심화 학습과 사고력 학습을 통해 사고의 깊이와 폭을 확장시켜나가며, 주변에서 일어나는 현상들을 개념과 연결시켜 생각해보는 연습이 필요하다.

넷째, 심층 면접을 받는다. 심층 면접은 앞서 진행한 검사에서 파악하지 못한 학생들의 특성을 역동적으로 파악할 수 있는 방법으로, 학생에 대한 기존 수집 정보를 재검증하고, 수학이나 과학에 대한 실험을 평가하는 등 각 기관 및 시도교육청에 따라 평가 방법에 다소 차이가 있다.

면접에서는 자기소개서와 창의적 문제에 대한 문제 해결 과정에 대해 질문할 가능성이 높다. 따라서 평소 자신의 생각을 논리적으로 표현하는 연습이 필요하다. 면접에서 자기주도성과 진정성이 드러나도록 자신 있게 대답해야 하며, 자신이 좋아하는 분야에 대한 관심과 열정이 드러나도록 이야기할 수 있어야 한다. 따라서 평소에 육하원칙에 따라 말하는 연습을 해보는 것이 좋다.

독서로 쌓은 내공으로 자기소개서 지필평가를 준비하자

과학영재교육원에 지원하면 1차로 자기소개서에 대한 지필평가에 응시해야 한다. 자기소개서 문제는 대개 다음과 같은 내용이 들어가므로, 아래 질문에 미리 답을 하면서 지필평가를 준비해두면 좋다.

- 지원자의 수학·과학적 재능, 융·복합적 사고력, 과제집착력 등을 보여줄 수 있는 구체적인 사례들을 작성하시오.
- 지원자의 인성적 특성, 리더십, 봉사정신, 도덕성 등을 보여줄 수 있는 구체적인 사례들을 제시하시오.
- 자신만이 가진 특별한 능력과 재능이 무엇인지 서술하시오.
- 이곳에 지원한 동기와 학습 목표를 구체적으로 서술하시오.
- 자신의 장래 희망에 대해 경험과 학업 계획 및 비전을 서술하시오.
- 자신의 학업적·인성적 장점과 단점은 무엇인지 쓰시오.
- 영재 학급에 합격한다면 해보고 싶은 연구와 이유는 무엇인지 서술하시오.
- 조별 과제에서 의견이 맞지 않는 친구와 같은 조가 되었을 경우 어떻게 대처할 것인지 서술하시오.
- 자신이 가장 힘들었던 경험과 그것을 어떻게 극복했는지, 극복 과정에서 자신에게 어떠한 발전이 이루어졌는지 서술하시오.
- 자신이 연구하고 싶은 분야가 훗날 사회에 어떤 기여를 할 수

있을 것이라고 생각하는지 서술하시오.

- 창의적 사고를 가진 사람이란 어떤 사람이라고 생각하는지 서술하시오.

실제로 2018년 동국대 과학영재교육원 1차 자기소개서 지필평가 문제는 다음과 같이 출제되었다.

- 참가자가 좋아하는 것과 싫어하는 것, 잘하는 것과 잘못하는 것을 서술하시오.
- 자신이 만든 것 중 가장 창의적인 것은 무엇인가요?
- 10년 후 미래에 핸드폰이 어떻게 변화될지 예측해보시오.
- 어떤 사물에 빗대어 작성자의 장래 희망에 대해 서술해보시오.

영재교육원 시험에 대비하는 완벽한 교재는 없다. 평소에 꾸준히 독서와 탐구 활동을 통해 자신만의 특화된 부분을 발견해나가는 과정이 필요하다. 하지만 통계라는 것을 무시할 수는 없다. 완벽하게는 아니어도, 많은 문제들이 기존에 출제되었던 문제들과 비슷하게 구성된다. 영재교육원 측에서도 교육과정을 뛰어넘지 않는 선에서 문제를 출제해야 하는 부담이 있다 보니, 출제할 수 있는 문제에 한계가 존재하는 것은 분명하다. 영재교육원에 대한 가장 확실한 준비는 평소에 많은 독서를 통해 쌓아올린 내공이라고 볼 수 있다.

도전!
특목고

대입 수시의 '학생부종합전형'은 내신 성적과 수능 점수만으로 평가하기 어려웠던 학생들의 잠재력과 발전 가능성을 학교생활기록부, 자기소개서, 면접 등을 통해 정성적으로 종합 평가하여 선발하는 방식을 말한다. 과학영재고, 국제고, 외고 등 특목고에서 학생들을 선발하는 자기주도학습 전형은 바로 대입의 학생부종합전형과 매우 흡사하다. 그래서 나는 가능하면 중학생들에게 특목고에 도전해보기를 권한다. 설령 특목고에 합격하지 못한다고 하더라도 준비 과정에서 많이 성장하는 기회가 될 뿐만 아니라, 일반고에 진학한 후 여러 가지 활동에서 앞서 나갈 가능성이 크기 때문이다.

특목고에 진학하기 위해서는 평소 다양한 분야에 관한 독서와 다양한 활동에 참가해보는 것이 중요하다. 이때 명심할 것은 학생 스스로 목표를 가져야 한다는 것이다. 당사자가 관심을 가져야만 학습, 독서, 동아리 활동, 교내 대회 참가 등의 활동을 적극적으로 수행해나갈 수 있다. 목표를 설정해두지 않으면 한창 예민하고 무기력증에 빠진 중학생들이 스스로 알아서 독서나 다양한 활동을 할 리 만무하다. 물론 아주 예외적으로 아이 스스로 어떤 활동이든 적극적으로 열심히 해내는 아이들이 있기는 하다. 하지만 자신의 아이가 그런 특별한 경우에 포함될 가능성은 매우 희박하다는 사실을 명심하자.

창의 융합형 인재로 맞춤 설계하자

우리 집 두 아이들은 국제고 진학을 위한 생활기록부 관리, 자기소개서, 면접까지 모두 나와 함께 준비했다. 처음에 아이들이 국제고 진학을 희망했을 때 어디서부터 어떻게 시작해야 할지 무척 막막했다. 또한 특목고 대비 학원들은 단기간 수업에 고비용이 드는 데 비해 아이 개개인의 특성을 반영한 자소서나 면접 준비를 제대로 하기 어려운 점이 있다고 생각하여 아이와 함께 처음부터 함께 공부하고 시작했다.

자기 아이의 특성이나 능력, 장단점에 대해서는 부모가 가장 잘 알고 있기 때문에 면접 대비 학원에 전적으로 의존하기보다는 아이와 부모가 많은 대화를 통해서 진로에 대한 고민을 풀어나가면서 준비해나갈 것을 권한다.

그러기 위해서는 평소에 자신의 진로에 관한 책뿐만 아니라 다양한 분야의 책을 많이 읽고 깊이 생각하며, 자신의 생각을 다른 사람 앞에서 조리 있게 말하는 습관을 길러두는 것이 중요하다. 학교 입장에서는 4차 산업혁명 시대에 부합하는 창의 융합형 인재를 선발하고 싶어 하기 때문에, 국제고 계열이라 하더라도 수학, 과학 쪽에 흥미를 가진 탐구 정신이 높은 학생들을 뽑고자 하는 경향이 있고, 과학영재고도 인문학적 소양을 갖춘 인재를 선발하려고 한다. 그러므로 외고, 국제고를 준비하는 학생이라 하더라도 수학, 과학과 관련된 책을 읽고, 과학고를 준비하는 학생들도 인문, 사회과학과 관련된 책을 읽은 후 깊이 있게 토론해보는 것이 합격 가능성을 높이는 중요한 요소가 된다.

부모와 함께 찾는 진로

아이의 진로에 대해서는 부모가 함께 고민하는 것이 좋다. 요즘 아이들은 초등 고학년만 되어도 학원 스케줄이 너무 바쁘게 진행되어, 뉴스를 접하거나 자신의 진로에 대해 깊이 있게 고민해볼 시간적·정신적 여유가 없다. 그러므로 아이가 어떤 분야에 관심이 있는지 하브루타와 디베이트 과정을 통해서 파악하고, 그 분야에 대한 신문을 스크랩하거나 뉴스를 보내주어 진로에 대해 서로 대화하고,

아이가 목표를 성취하기 위해 노력할 수 있도록 도와주어야 한다.

우리 집의 경우, 가족 카톡방을 개설해 아이들의 진로나 관심 분야에 대한 정보를 공유하는 방식으로 많은 대화를 나누었다. 물론 처음부터 아이들이 호의적으로 나온 것은 아니었다. 카톡에 뉴스를 링크해 보내면 아이들은 거의 거들떠보지도 않았다. 그래서 생각해낸 것이 기사를 대략적으로 요약해서 뉴스와 함께 보내주는 것이었다.

그렇게 하자 요약한 부분만큼은 아이들이 주의 깊게 읽었다. 날마다 요약해서 첨부하는 과정이 쉽지는 않았지만, 그것이 부모 스스로의 성장에도 많은 도움이 되었으니 이 세상에 쉽게 얻어지는 것은 아무것도 없는 모양이다. 이러한 과정을 거치면 아이와 함께 자소서와 면접을 준비해나가는 과정이 생각보다 어렵지 않게 느껴질 것이다. 따라서 아이가 어려서부터 가정에서 이루어지는 '하브루타와 디베이트'가 매우 중요하다.

국제고나 외고, 과학영재고 면접은 심층적인 질문들로 이루어진다. 그러므로 자신이 한 활동과 자기소개서, 학교생활기록부에 기재되어 있는 내용을 완벽하게 소화하는 것이 무엇보다 중요하다. 국제고는 독서 활동을 매우 중요시하며, 독서 활동과 진로를 연결한 문제가 자주 출제되는 것이 면접의 주요한 특징이다. 또한 과학고는 수학 및 과학에 대한 창의성, 자기주도학습 등을 종합적으로 평가할 수 있는 융합형 질문이 자주 출제되는 경향이 있다.

특목 · 자사고 면접을 말한다

2018년 H 과학고에서는 소집 면접 공통 문항으로, 앙투안 드 생텍쥐페리(Antoine de Saint-Exupéry)의 《어린 왕자(Le Petit Prince)》와 관련된 지문을 읽고 소행성의 반지름의 길이를 구하는 문항, 달에 관한 시 두 편과 기사 한 편을 읽은 뒤 각각의 지문에 등장한 달이 무엇이며 각각의 달을 관찰할 수 있는 순서를 묻는 문항, 나무와 돌로 만들어진 사우나 사진을 제시한 뒤 어느 것이 건식 사우나인지 선택하고 그 이유를 설명하는 문항 등이 제시되었다. 그런가 하면 2019학년도 D 외고의 면접 특징은 '압박'과 '구체성'이었다. 예를 들어, "최근 우리나라에서 난민 문제가 화두가 되고 있는데 어떻게 생각하는가?"라는 질문을 던진 다음 "난민들을 도와주는 비용은 다 우리나라 세금인데 여기에 드는 비용을 어떻게 충당할 것인가?", "난민들을 위하는 법을 만들게 되면 우리나라 사람들에게 차별이 아닌가?" 등으로 이어나가는 형식이었다.

H 자사고에서는 "발해의 대외 교류와 문화에 대해 조사했는데 발해의 위상에 대해 말해보라", "만약 발해가 우리나라를 통일했다면 지금의 우리나라 상황이 어떠했을 것으로 예상하나?"와 같은 질문이 출제되었다.

면접에 대한 답변은 모든 것을 완벽하게 암기하려고 하지 말고 준비한 내용을 키워드 위주로 정리하여 전체적인 스토리라인을 만들고 이를 토대로 답변해야 질문의 내용이 조금 변형되더라도 쉽게 대답할 수 있다. 또한 사전에 준비하지 못한 질문이라고 하더라도,

당황하지 않고 준비했던 내용들을 잘 조합하여 최대한 성실하게 답변하면 된다.

국제고 면접을 말하다

우리 아이들의 국제고 면접 문제는 다음과 같았다. 큰아이의 진로는 'UN 여성기구 국제공무원'이었고 면접 질문으로는 "여성 차별 문제에 관심을 갖게 된 계기와 해결 방안은 무엇인가?", "《Uncle Tom's Cabin(톰 아저씨의 오두막)》의 톰과 《나는 말라라》의 말랄라 유사프자이(Malala Yousafzai)의 공통점을 말하고 이들이 사회적 소수자에 속하는지, 속한다면 그 이유는 무엇인지를 말하라. 또한 우리나라 여성들은 사회적 소수자에 속한다고 생각하는지 답하라", "소년의 법적 처벌 허용에 관한 영어 토론에서 상대방의 주장은 무엇이었으며 지원자는 어떻게 반박하였는가?"가 출제되었다.

작은 아이의 진로는 '초등 교사'였고 면접 질문 중 공통 질문으로는, "○○ 중학교 2학년 학생들에게 진로와 관련된 문제에 대해 보고서를 작성하는 과제가 주어졌다. 제출 마감 기한은 11월 30일인데 자료 조사가 어렵고 보고서 작성이 힘들어 다수의 학생들이 제출 기한을 연장시켜 달라는 가운데 소수의 학생들이 제출 연장을 반대한다. 이때 학교가 취해야 할 입장은 무엇인가?"가 출제되었고, 개별 질문으로는 "지원자의 꿈인 교사가 되었을 때 지원자가 가르치는 학생들에게 하브루타 방법으로 '브렉시트(Brexit : 영국의 유럽 연합을 탈퇴)'에 대해 어떻게 가르칠 것인지 설명해보시오", "4차 산업혁명 시대에는 적절하게 대처하는 능력이 필요하다. 그러한 관점에서 어니스트 헤밍웨이(Ernest Miller Hemingway)의 《노인과 바다(The Old Man and the Sea)》의 노인에 대해 평가해보시오"가 출제되었다.

면접 기출 문제를 보면 일반적인 상식으로 답변하기에 매우 어려워 보이지만 이 문제들은 모두 본인이 제출한 자기소개서와 생활기록부의 교내 활동, 독서 활동에 기재되어 있는 내용을 바탕으로 출제된 것이기 때문에 본인의 자기소개서 내용과 생활기록부에 나와 있는 교내 활동과 독서 활동을 꼼꼼히 점검하여 예상 질의 내용을 뽑아내고 이에 대한 답변을 준비한다면 무난히 답변할 수 있는 내용이다.

점검 또 점검이 필수다

위 여러 사례에서 보듯 자기소개서와 생활기록부 내용에 대한 숙지는 필수다. 독서 활동에 대한 질문은 3학년에 국한되는 것은 아니기 때문에 1, 2학년에 읽은 책의 내용도 다시 한 번 점검하는 것이 좋다. 또한 본인의 진로와 연계된 책이라면 반드시 점검을 해두어야 한다. 면접은 자기소개서를 쓸 때부터 면접 질문을 생각하면서 자료를 찾아 진로에 관한 지식을 확장시켜나가야 한다. 나와 우리 아이들은 자기소개서를 완성한 후에 자기소개서와 생활기록부를 보고 면접 질문을 100개 넘게 뽑아 문제에 대한 답을 얻기 위해 책이나 뉴스 등에 나와 있는 관련 지식 자료를 찾아보았다. 이 과정에서 아이들의 사고력과 글쓰기 능력이 많이 향상되었다.

문제를 많이 뽑는 것이 중요한 이유는 그 많은 문제가 실전 면접에 다 나오진 않지만 답을 찾는 과정에서 자신의 진로와 관련된 문제들에 대해 깊이 있게 생각해볼 수 있다는 점과 실제 면접 시 자신이 예상했던 문제가 똑같이 나오지 않더라도 연습했던 문제 중에서 조합해서 답변을 할 수 있다는 장점이 있기 때문이다.

하브루타와 디베이트를 한 친구들은 질문 만드는 것에 그다지 어려움을 느끼지 않는다. 이러한 방법으로 준비를 한다면 예상에서 크게 벗어나는 문제는 별로 없을 것이다. 우리 집 두 아이 모두 많이 긴장하지 않고 비교적 수월하게 답변을 잘할 수 있었다고 이야기했다.

일취월장하는
영어 실력을 갖추려면

얼마 전, 큰아이가 초등학교 1학년 때 쓴 그림일기장을 발견했다며 보여주었다. 그러면서 하는 말이, "나 초딩 때 되게 이기적이었네~ 엄마는 목이 아픈데도 공부에 도움이 돼서 다행이래~"라며 웃는다.

생각해보니, 아이들 서너 살 무렵부터 책을 참 많이 읽어주었다. 또한 아이들과 함께 책을 읽으며 질문하고 대답하는 독서 활동을 진행했다. 그 당시에는 하브루타와 디베이트 개념을 알지 못했던 시기이므로 그러한 활동이 정확히 무엇이었는지는 알지 못했지만, 지금 생각해보면 난 아이와 함께 책을 읽고 질문하고 질문에 대한 답을 찾아보는 하브루타와 독서 후 주제에 대해 장점과 단점을 얘기해보는 디베이트를 진행한 것이다.

어려서부터 꾸준히 해온 독서 경험 때문인지 작은 아이는 중학생이 되어서도 책 읽는 것을 좋아하는 편이었다. 중학교 2학년 때 사춘기가 시작되면서 나와의 독서와 학습을 멈추었지만, 어려서부터 책을 많이 읽어 문해력이 생긴 까닭인지 학습도 잘 따라가는 편이었다. 엄청 뛰어나다고 볼 수 없지만, 공부를 그다지 열심히 하지 않는 것치곤 성적이 나쁘지도 않았다. 그건 지금 국제고에서도 마찬가지다. 본인 스스로도 "엄마, 공부를 거의 안 하는데 그거에 비해선 성적이 아주 나쁘지 않은 것 같아. 그것이 엄마가 어려서부터 한글책과 영어책을 많이 읽어준 덕분이라고 생각해"라고 말한다. 잘은 모르겠지만 나 역시 학습량에 비해 성적이 나쁘지 않은 것은 어렸을 때부터 쌓아온 '독서의 힘'이 아닐까 조심스럽게 추측해본다.

한글도, 영어도 오직 독서뿐

독서는 영어 학습에도 유용하다. 지금 자신이 서 있는 자리에서 자신이 원하는 목적지까지 갈 수 있는 방법은 여러 가지다. 하지만 여러 길을 동시에 가볼 수는 없기 때문에 그 누구도 자신이 간 길이 가장 쉽고 빠른 길이라고 단언하기는 어려울 것이다. 영어를 잘할 수 있는 방법도 여러 가지가 있을 것이다. 영어 학습 방법 중 '영어책 읽기'는 영어를 잘하기 위한 방법으로 아주 유용하다. 지문 해석을 위해서는 문장 구조가 머릿속에 들어 있어야 가능하다. 어려운 구문이 있을 때 머릿속에 문장 구조가 없으면 그 지문을 해석해내기 어렵다. 구문을 외우는 것은 문장 구조가 머릿속에 없기 때문이다.

그렇다면 이러한 문장 구조는 어떻게 형성되는 것일까? 고등학생이 되어 하루 이틀 공부해서 문장 구조를 익히고 문제를 푸는 것은 사실상 불가능하다. 대신 다른 방법은 있다. 단어와 문장을 많이 외우는 것이다. 하지만 이러한 공부 방법은 아이들에게 심각한 스트레스를 주고, 국어, 수학, 과학 등 여타의 과목을 학습할 시간도 많지 않은 상황에서 아이들을 많이 힘들게 한다. 그렇게 되면 결국 포기하는 과목이 나오기 마련이다.

이를 해결하기 위해서는 어려서부터 많은 문장을 머릿속에 집어넣어 문장 구조가 뇌에 자리 잡게 해야 한다. 이것이 '영어 공부를 위한 영어책 읽기'에 도전해보라고 권하는 이유다.

내가 엄마표 영어를 시작한 것은 아이들이 초등학교 1학년, 2학년 때였다. 영어 울렁증이 심해 대학 시절에도 영어 대신 일본어 공부를 했던 내가 그런 결심을 하게 된 건 한 인터넷 엄마표 영어 카페를 알게 된 것이 계기가 되었다. 그 후로 엄마표 영어와 관련된 수십 권의 책을 읽고 6개월 이상을 하루에 예닐곱 시간씩 엄마표 카페를 드나들었더니 뭔가 감이 오는 것 같았다.

알파벳도 모르던, 고집 센 작은 아이에게 '집중 듣기'라는 영어 공부 습관을 길러주는 데 1년이 넘는 시간이 걸렸다. 글은 거의 없고 그림으로만 채워진 그림책부터 시작하여 스토리 북까지 좋지도 않은 내 발음으로 매일 반복해서 읽어주었다. 함께 읽고 내용 파악이 된 책은 오디오를 통해 반복적으로 들려주는 것도 잊지 않았다. 아이들은 그 후로도 중학교를 졸업할 때까지 10년 가까운 시간을 거의 하루도 빠짐없이 학교 가기 전 한 시간씩 영어책 집중 듣기를 이어 나갔다. 어느 순간 눈을 뜨면 저절로 오디오의 플레이 버튼을 누르고 책을 집어드는 아이들을 보고, 습관이란 게 참 무섭고도 중요한 것이라는 생각이 들었다. 언어는 '매일 조금이라도 꾸준히'가 중요하다. 하루 10분이라도 매일 하는 것이 한 번에 많이 하고 자주 안 하는 것보다는 실력을 쌓기에 훨씬 낫다. 이렇게 해서 우리 아이들은 영어 학원을 중3 때까지 전혀 다니지 않았다. 큰아이는 고등학교 때까지도 영어 사교육을 받지 않았고, 작은 아이는 고등학교 1학년 때만 영어 학원을 다녔다. 그런데 국제고에서도 영어 성적은 좋은 편이다. 모의고사는 1등급을 놓친 적이 없고, 큰아이는 국제고에서 진행되는 영어 디베이트 대회에 친구들과 함께 출전해서 최우수상을 받은 적도 있다.

문해력이 전부다

영어책을 어려서부터 많이 읽게 되면, 우선 긴 지문에 대한 두려움이 없어진다. 모르는 단어가 나오는 책들을 수없이 읽어왔으므로 모르는 지문이 나와도 당황하지 않는다. 또한 단어의 뜻을 정확히 알지 못해도 앞뒤 문장을 보고 그 단어의 뜻을 유추할 수 있는 힘이 생긴다. 그런데 영어 학습을 위한 영어책 읽기에서도 잊지 말아야 할 것은 한글 독서와 꼭 병행해야 한다는 것이다. 한국에서 나고 자란 사람이 한국어로 이해할 수 없는 내용을 영어로 이해할 확률은 제로이기 때문이다.

《공부머리 독서법》(책그루, 2018)의 최승필 저자는 "수능 영어 지문은 영어로 되어 있는 국어 시험이라고 보면 된다. 한글을 읽을 줄 알면서도 수능 국어 시험 문제를 틀리듯이, 영어를 읽고 해석하고도 영어 문제를 틀리게 되는 상황이 발생한다. 이를 보완하기 위해서는 높은 수준의 사고력, 즉 언어 능력이 뒷받침되어야 한다"라고 말한다.

초등 고학년이 되면 다독보다는 정독이 중요하다. 한 권의 책을 읽더라도 깊이 생각하고 질문하고 고민하면서 하는 독서. 그것이 아이들과 하브루타와 디베이트를 해야 하는 이유다. 그렇지 않고서는 수박 겉핥기식의 독서가 된다. 한글 독서력이 바탕이 되어 있으면 배경지식을 알고 있게 되므로 영어 자체를 완전히 해석하지 못한다 하더라도 독해가 어느 정도는 가능하다.

국어 영역과 마찬가지로, 총 여덟 장으로 이루어진 수능 영어 영역의 난이도 역시 점점 높아지는 추세이고 지문의 길이도 상당히 길다. 또한 영어가 절대평가로 바뀌었다고는 하나, 2019년 수능에서 영어 1등급 비율은 5.3%에 불과했다.

가족 간
수평적인 관계 맺기

몇 년 전 MBC의 한 예능 프로그램에 초등학교 2학년 학생이 지은 동시가 방영되어 많은 화제를 불러일으킨 일이 있었다. 시의 내용은 가히 충격적(?)이었다.

"엄마가 있어 좋다. 나를 예뻐해 주셔서.
냉장고가 있어 좋다. 나에게 먹을 것을 주어서.
강아지가 있어 좋다. 나랑 놀아주어서.
아빠는 왜 있는지 모르겠다."

– 〈아빠는 왜?〉 전문

남편도 직장 동료들과의 술자리에서 자조적으로 이 동시 이야기를 했다는 말을 들은 기억이 난다. 아빠의 존재에 대해 아무런 감정을 느끼지 못하는 아홉 살 아이의 시각에 많은 아버지들은 무한한 슬픔을 느끼겠지만, 이런 상황이 벌어지게 된 원인에 대해서 스스로도 한 번쯤은 되돌아보아야 한다고 생각한다.

이름 없는 존재 아버지?

어느 순간부터 가족 구성원 중 '아버지'는 딱히 무엇이라고 규정하기 힘든 존재가 되고 말았다. 오랫동안 가부장적 제도 안에서 우리의 머릿속을 지배했던 굳건한 믿음은 짧은 시간 내에 많은 변화를 맞았다. 자신들에 대한 굳건한 믿음이 흔들리고 있는 것에 대해 불평하는 아버지들의 고충을 모르는 것은 아니나, 이를 현실에서 대처하는 모습을 볼 때면 좀 안이하다는 생각이 든다.

최근 여성들의 사회 참여가 많아지고 경제활동이 늘었다 하더라도 한 가정경제의 일차적 책임은 남자에게 있다고 보는 시각이 아직은 우세하다. 대한민국에서 가장으로 살아가는 일은 여전히, 아버지의 어깨에 얹힌 짐이자 의무인 것이다. 이와 같은 선상에서, 육아에 대한 일차적 책임은 여성이 져야 한다는 시각 역시 여전히 팽배한 게 사실이다. 이런 사회적 분위기가 남성과 여성을 그리고 전업주부와 워킹맘을 경쟁 관계로 바라보게 만드는 원인이 되는 것이라고 생각한다. 아버지들이 회사 일 하느라 정신없이 바쁘고 매일

과도한 업무와 잦은 술자리에 시달리다 보면, 어느새 아이들은 훌쩍 자라 사춘기에 접어들어 있다. 십대에 접어든 아이들이 부모에게서 정신적으로 독립하는 이 시기, 아이들과 보낸 시간이 턱없이 부족했던 아버지들은 까딱 잘못하면 가정에서 '왕따'를 당하는 처지에 놓이기 쉽다. 엄마와 아이들이 즐겁게 대화하다 아빠가 집에 들어오면 각자 방으로 뿔뿔이 흩어져 들어가는 가정의 모습은 이제 우리 주변에서 흔히 볼 수 있는 풍경이 되었다.

캠핑과 토론으로 두 마리 토끼를 잡다

우리 집은 이러한 문제를 가족 캠핑으로 해결했다. 캠핑의 가장 큰 장점은 아이들이 아빠의 존재 이유를 뚜렷하게 인식한다는 점이다. 캠핑은 아늑한 생활환경을 단번에 제거할 수 있는 가장 손쉬운 방법이다. 아이들을 자연 속 원초적인 상태에 쉽게 노출시킬 수 있다. 아이들은 자연에 내던져졌을 때 기본적인 의식주에서부터 자연에 노출된 환경에 대해 본능적으로 불안감을 느끼게 된다. 이때 텐트를 쳐서 쉴 공간을 마련하고 장작을 피워 온기를 만들고 여러 도구와 기구를 이용해 숙식의 기본 조건을 다지는 아빠의 모습은 아이들에게 든든한 보호자의 느낌을 주기 충분하다. 요즘은 캠핑장 시설이 워낙 잘 되어 있어서 극한의 상황을 맞닥뜨리기는 힘들지만, 그래도 아빠의 역할은 평소보다 훨씬 빛을 발한다. 엄마와 달리 아빠의 삶을 가까운 거리에서 살펴볼 기회가 없는 요즘 아이들에게 자연 속의 숙박은 아빠라는 존재의 소중함을 비로소 깨닫는 계기가 되는 것이다.

이런 원초적인 본능을 자극하는 방법뿐 아니라 최근에는 아버지들을 위한 하브루타 모임도 활발해지는 추세다. 30, 40대의 젊은 아빠들 사이에서, 가정의 수직적인 부자 관계를 깨고 무서움 대신 친근함으로 다가가려고 노력하는 이들이 많아지고 있는 것이다. 이런 흐름에 발맞추어 '하브루타 아빠 모임'도 점점 늘어나고 있다. 그만큼 육아와 교육에 관심이 많은 아버지들이 많아졌다는 의미다.

전업 주부들의 경우 집안 살림과 아이들 돌봄에만 몰두하다 보면 아무래도 사회가 어떻게 변화되고 있는지에 대해 판단을 내리기가 쉽지 않다. 독서와 신문 등을 통해 사회를 접한다고는 해도 활자에 나와 있는 세상과 실제의 세상은 큰 차이가 있다. 또한 워킹맘의 경우에도 대한민국 현실에서 아빠가 사회를 바라보는 시선과 엄마의 그것은 확연히 다를 것이다.

아빠들은 전쟁터와도 같은 사회생활을 경험하며 체득하게 되는 것들이 있어 사회를 내다보는 방향이 엄마와 다를 수 있다. 또한 엄마 한 사람하고 나누던 대화의 장에 아빠가 참여하면 다방면으로 이야기가 펼쳐질 수 있어 대화가 훨씬 풍부해진다. 어떤 대화든 대화 상대가 하나일 때보다는 둘이, 둘일 때보다는 셋이 더 다채로운 게 당연한 까닭이다.

어떤 사안에 대해 아빠가 바라보는 관점은 어떠한지 이해하고 받아들이며 다양한 의견과 사고를 도출해 활기찬 시간을 이어간다면 가족 간의 화합과 소통은 자연스럽게 가능해진다. 그리고 이야기를 나누는 과정에서 알지 못했던 상대방의 상황과 입장을 이전보다 훨씬 잘 이해하게 될 수 있다.

최고의 물리학자 리제 마이트너를 만든 아버지

토론은 사물이나 상대의 의견에 대해 의문 또는 반박할 부분이 생기는 것에서부터 출발한다. 또한 토론은 자신의 논리를 상대에게 일방적으로 강요하는 것이 아니라 의견을 주고받는 과정에서 사고를 깊게 하고 타인의 생각을 받아들임으로써 통합하는 능력을 쌓는 것이다. 그러므로 토론 능력은 일상생활에서 기르는 것이 효과가 훨씬 크다. 기술적인 기교보다는 토론의 내용과 질이 훨씬 중요한 까닭이다. 그래서 토론에서만큼은 부모의 역할이 크다고 할 수 있다.

이제 아버지와의 관계를 재정립할 때다. 오스트리아의 위대한 물리학자 리제 마이트너(Lise Meitner)는 알베르트 아인슈타인(Albert Einstein)의 $E=mc^2$의 원리에 기초해서 핵이 분열할 때 발생하는 에너지의 양을 계산하는 데 성공했다. 이는 물리학계에서 매우 위대한 성취였다.

리제 마이트너가 살았던 시대에 여성은 초등학교까지밖에 공부할 수 없었다. 마이트너는 검정고시와 같은 형태로 공부를 하여 빈 대학교에 입학한 후 평생을 물리학과 함께했다. 당시의 사회적 분위기와 마이트너가 걸어간 길은 너무도 어울리지 않는 길이었다.

하지만 마이트너의 부모는 한 번도 딸의 선택에 반대를 한 적이 없었다고 한다. 오히려 항상 그녀의 선택을 응원하고 지지해주었다.

특히, 마이트너의 아버지는 딸의 능력을 믿고 딸에게 자신의 일에 대한 확신과 자신감을 심어주었다. 훗날 조건이 불리한 상황에서도 마이트너는 아버지가 심어준 자신감을 결코 잃지 않았다고 한다. 깊은 내면에서부터 자신은 무엇인가를 할 수 있고 또 그런 능력을 가지고 있다고 스스로 확신하고 또 자신했다고 한다.

마이트너가 스스로를 자랑스러운 존재로 인식하며 어려움을 극복해나간 원동력 중의 하나는 아버지의 믿음과 사랑이었다. 이것이 바로 한국 사회에서도 아버지를 가정 안으로 다시 불러와야 하는 이유다.

3장

어떻게 시작할까?

읽을 책을 선택하고 함께 읽는다

책을 선정할 때 제일 중요한 것은 독서에 대한 흥미를 끌어낼 수 있고, 성장 단계에 적합한 책인가 하는 점이다. 너무 어려운 책을 어린아이들에게 강요하는 것은 처음 운동을 시작하는 사람에게 고난이도의 무리한 운동을 시키는 것과 같다. 시작부터 과도한 운동을 하게 되면 신체에 무리가 오고 근육에 손상이 가듯이, 아무리 좋은 책이라 하더라도 유치원생 또는 초등 저학년 아이들에게 초등 고학년, 중학생이 읽을 법한 책을 주면 책에 대한 흥미를 떨어뜨려 책에서 멀어지게 하는 결과를 가져올 수 있다.

책을 선정할 때는 다음의 일곱 가지 사항을 염두에 두고 고른다.

첫째, 문장이 이해하기 쉽고 간결하게 표현되어 있는지 살핀다.

둘째, 삽화가 내용과 부합되어 이해를 도울 수 있는지 살핀다.

셋째, 번역서의 경우 우리말 표현이 자연스럽게 번역되었는지 살핀다.

넷째, 아이들에게 상상력과 창의력을 줄 수 있는지 살핀다.

다섯째, 아이들에게 꿈을 키워줄 수 있는 내용인지 살핀다.

여섯째, 과학적 사고를 키워주고 자연환경을 아끼는 시민으로 자라게 해줄 수 있는지 살핀다.

일곱째, 자아와 인간에 대한 이해를 돕고 이웃과 사회를 이해하는 데 도움이 되는지 살핀다.

책을 고르는 일부터가 시작이다

처음 하브루타와 디베이트를 시작하는 단계에서부터 아이에게 맞는 책 선정을 제대로 한다는 것은 결코 쉬운 일이 아니다. 따라서 초기에는 도서협회나 학교 등 단체에서 추천해주는 책을 구입해 엄마가 먼저 읽어보고 아이에게 추천해주는 것이 좋다. 그다음 고른 책들 중에서 하브루타와 디베이트가 가능한지를 판단해서 결정하면 된다.

하브루타는 어떤 책으로도 가능하지만, 디베이트를 위해서는 책의 주제가 찬성과 반대로 나뉘어 생각해볼 수 있는 여지가 있어야 한다.

처음 하브루타와 디베이트를 시작할 때는 연령과 관계없이 그림책으로 시작하는 것이 좋다. 그림책에 관한 가장 흔한 오해 중 하나는 바로 그림책을 아동용 도서라고 생각하는 것이다. 그림책은 내용이 쉽고 분량도 적으며 글과 그림으로 이루어져 있어, 문자를 읽을 수 없는 미취학 아동도 쉽게 접할 수 있다. 하지만 이런 이유로 그림책을 아동용 도서라고 생각하는 것은 편견이다. 그림책은 철학적 주제를 담고 있는 경우가 아주 많아 남녀노소 모든 연령대가 함께 즐겨보기에 충분히 좋은 책이다. 글이 적고 그림이 주제를 강하게 드러내고 있어 상상력과 사고력을 기르는 데도 매우 적합하다.

그림책을 활용한 토론은 읽는 사람의 관점과 문화적 배경, 연령대에 따라 다양한 경험이 연결되고, 서로의 관점을 공유할 수 있다.

이 수업의 장점은 첫째, 책의 내용이 어렵지 않아 처음 토론을 접하는 아이들도 편안하게 토론에 참여할 수 있다. 둘째, 배움의 주체가 바로 학생 자신이 된다. 스스로 질문을 만들고 대화하는 과정에서 토론할 수 있는 논제를 찾아가는 능동적인 학습 활동이 되어 효과가 좋다. 셋째, 학생들 자신의 가치관을 재정립할 수 있는 기회가 된다. 대부분의 그림책은 자유, 가정, 사랑, 우정, 평화 등 중요한 가치를 이야기한다. 다른 친구들과 생각을 공유함으로써 스스로 잘못 형성된 가치관을 수정하거나 사고를 전환시켜주는 계기가 된다.

소원을 이루고 나면 무엇이 남을까? : 《슈퍼 거북》의 속마음

유설화, 《슈퍼 거북》(책읽는곰, 2014)

다음은 유설화 작가의 그림책 《슈퍼 거북》을 읽고 각각 3학년, 4학년, 5학년 아이들이 질문을 만들고 대화한 내용이다. 같은 책을 읽더라도 읽는 사람이 살아오면서 겪게 되는 경험과 삶에 대한 관점, 연령대에 따라 수업의 내용과 깊이는 달라진다.

모두가 잘 알고 있는 유명한 이야기인 《토끼와 거북》의 뒷이야기를 상상하며 쓴 그림책 《슈퍼 거북》은 '뭔가를 열심히 해서 이루고 난 다음엔 무엇이 있을까?'라는 작가의 질문에서 탄생되었다고 한다. 내가 아닌 다른 사람의 시선을 의식하고 그 기대에 부응하며 살아가는 삶에 대해 진지하게 고민해볼 수 있는 책이다.

3학년의 질문 만들기

- 토끼는 왜 다시 경주를 하자고 했을까요?
- 꾸물이는 왜 잠을 이루지 못했을까요?
- 꾸물이는 왜 책을 많이 읽었을까요?
- 두 번째 대결에서도 꾸물이가 이겼다면 어떻게 되었을까요?
- 내가 거북이라면 저렇게까지 노력했을까요?
- 간판에는 왜 거북이가 다 들어가 있나요?
- 내가 아기돼지 삼형제를 보고 있는 돼지라면 어떤 음식을 먹을까요?
- 거북이가 정정당당하게 토끼를 이길 수 있는 경기로는 어떤 것이 있을까요?
- 슈퍼 거북 때문에 마을이 어떻게 변했을까요?

아이들이 선택한 질문

Q : 내가 거북이라면 저렇게까지 노력했을까요?

- 나라면 저렇게까지는 연습하지 않았을 것이다. 무리하면 너무 힘들기 때문이다. 일주일에 4일은 연습하고 3일은 쉬면서 친구들과 놀아가며 연습할 것이다.
- 못했을 것 같다. 토끼를 한 번 이긴 걸로 됐다고 생각한다. 꾸물이는 다른 친구들이 실망할까 봐 '슈퍼 거북'이 되기로 결심했지만, 토끼가 잠을 자는 바람에 토끼에게 이긴 것이다. 더

이상은 열심히 하지 못할 것 같다. 그리고 혹시 토끼에게 졌다고 놀리는 친구가 있다면 "나에게 느리다고 놀리지 마!", "나에게 신경 쓰지 말고 너의 일을 열심히 해!"라고 말할 것이다.

- 내가 꾸물이라면 토끼가 잠든 바람에 이긴 것이라고 다른 사람들에게 당당하게 밝힐 것이다. "토끼가 나보다 원래 빠르다. 다음에 또 토끼와 경기를 한다면 분명히 토끼가 이길 것이다"라고 말하고, "거북이는 원래 느린 동물이니까 나를 놀려도 상관없어. 만약에 바다에서 경주를 한다면 내가 더 빠를 테니까"라고 말해줄 것이다.

Q : 거북이가 정정당당하게 토끼를 이길 수 있는 경기로는 어떤 것이 있을까요?

바다에서 헤엄치기, 숨 쉬는 거 참기, 등딱지 닦기, 땅에서 느리게 걷기, 컵라면 빨리 먹기, 꽃에 물주기, '자기 이름 들어간 간판이 누가 더 많을까' 겨루기, 바다에서 숨바꼭질하기, 술래잡기, 아기 낳기(거북은 알을 많이 낳는다. 토끼는 포유류라 새끼를 많이 낳지 못한다), 느리게 살기 등.

4학년의 질문 만들기

- 꾸물이는 왜 늙어 보였을까요?
- 거북이가 경주에서 이기자 마을 사람들은 왜 거북이의 동상을

세우고 간판 이름을 전부 거북이로 바꾸었을까요?

- 내가 꾸물이라면 빨라지기 위해 어떻게 연습을 했을까요?
- 토끼가 꾸물이에게 재도전장을 내민 시간은 몇 시일까요?
- 거북이는 빠르게 사는 것을 좋아했을까요, 느리게 사는 것을 좋아했을까요?
- 거북이는 부자일까요?
- 꾸물이는 왜 빠르게 살려고 했을까요?
- 동물 세계에도 스타가 있을까요?
- 그림에서 동물 경찰은 왜 너구리를 잡아가려고 했을까요?

아이들이 선택한 질문

Q : 토끼가 꾸물이에게 재도전장을 내민 시간은 몇 시일까요?

- 1시 30분에서 2시 사이였을 거 같아요. 친구들이 많이 모여 있잖아요. 점심을 먹은 후 친구들이 나와서 놀고 있을 시간이에요.
- 그림을 보면 아주 밝아요. 바로 지금처럼요. 지금과 같은 시간이었을 것 같아요. (시계를 바라보며) 오전 11시 35분이네요.
- 오후 3~4시 정도예요. 낮에 해가 가운데 있으면 그림자가 거의 없는데, 그림자의 폭이 넓은 것을 보면 오후 시간인 것 같아요.
- 오후 3시예요. 책을 보면 애들이 무척 많은 것을 알 수 있어

요. 이렇게 많이 모여 있는 시간은 오후 3시 정도예요.

- 아침 7시 30분이에요. 그림을 보면, 모두 반팔을 입고 있어요. 여름이라는 얘기죠. 여름이라 아침에도 해가 빨리 떠요. 그리고 그림자의 방향이 서쪽인 걸 보면 동쪽에서 해가 떠오르는 아침일 가능성이 높아요.

Q : 꾸물이는 왜 빠르게 살려고 했을까요?

- 그동안 동물들이 거북을 느림보라고 놀려서 속상했을 것 같다.
- 토끼가 잠을 자서 그런 것이긴 하지만, 한 번 이겼으니까 계속 다른 사람들에게 훌륭한 거북으로 남고 싶었을 것 같다.
- 원래 토끼보다 빠르지 않았고 어쩌다 이기게 되었지만, 앞으로는 토끼보다 느리게 되고 싶지 않았을 것 같다.
- 주변 사람들의 관심이 부담이 돼서 실제로 빨라지려고 했던 것 같다.

Q : 그림에서 동물 경찰은 왜 너구리를 잡아가려고 했을까요?

- 다들 슈퍼 거북을 응원하는데 너구리만 토끼를 응원했기 때문이다.
- 이 세상은 유행을 따라가지 않는 것을 좋아하지 않는다.
- 모두가 떠받드는 신성한 슈퍼 거북을 놀리는 것은 슈퍼 거북에 대한 모독이라고 생각했다.

5학년의 질문 만들기

- 이 책에서 토끼와 거북이의 달리기 속도는 어느 정도일까요?
- 왜 꾸물이는 남의 시선을 의식하게 되었을까요?
- 토끼가 잠든 바람에 거북이가 이겼다는 사실을 다른 동물들은 알고 있을까요?
- 슈퍼 거북은 왜 다른 동물들만 의식하고 자신의 입장은 적극적으로 내세우지 않았을까요?
- 내가 만약에 꾸물이였다면 토끼와의 경주 중에 잠을 잤을까요?
- 슈퍼 거북의 지은이는 누구이며, 왜 이런 책을 썼을까요?
- 왜 고릴라와 얼룩말 등은 계속 꾸물이를 응원했을까요?
- 왜 꾸물이는 쉬지도 않고 지칠 정도로 노력했을까요?

아이들이 선택한 질문

Q : 왜 꾸물이는 남의 시선을 의식하게 되었을까요?

- 현대사회에 살고 있는 사람들에 빗대어 얘기하자면, 인터넷이 발달했기 때문에 남들의 시선을 한 몸에 받게 되었다. 그래서 만약 실수나 작은 잘못이라도 하게 되면 금방 소문이 나고 악플이 달릴 위험이 있기 때문에 꾸물이는 어쩔 수 없이 다른 사람을 신경 쓸 수밖에 없었을 것이다.
- 꾸물이는 이미 유명해졌기 때문에 다른 이들의 입방아에 오르내릴 가능성이 아주 많다. 다른 이들의 입방아에 오르내리는

걸 좋아하는 사람은 아무도 없다.

- 거북은 느리다고 무시당하다 토끼와의 경주에서 이겨 기대를 받게 되었다. 만약에 또 느린 생활로 돌아간다면 주변에 있는 동물들에게 다시 무시를 당하게 될 것이다. 그러고 싶지는 않았을 것이다.

Q : 내가 만약에 꾸물이였다면 토끼와의 경주 중에 잠을 잤을까요?

- 한순간의 잘못된 선택으로 그동안의 힘든 노력이 물거품이 되게 하지는 않을 것 같다. 우선 경주에서는 끝까지 최선을 다하고 그 후에 다시 결정을 할 것이다.
- 다른 동물들의 기대에 맞추어 만약 토끼를 또 이긴다면, 토끼는 또다시 도전장을 내밀 것이다. 그럼 꾸물이는 계속 힘든 삶을 살아야 한다. 다른 동물들이 무시하든 말든 내가 편안한 삶을 살 것이다. 동물들 모두가 무시하지는 않을 테니까.
- 우선 도착 지점까지 간 다음에 너무 피곤하면 그곳에서 잘 것이다. 내가 빠르다는 것을 보여준 다음에 만약 토끼가 또 도전장을 내밀면 그때는 거부할 것이다.

함께 하브루타와 디베이트를 하기 위한 책을 선정했다면, 그림책의 경우 번갈아가며 책을 읽는다. 함께 읽으면 읽는 사람이 자신의 발음과 목소리를 정확하고 크게 하게 되어 점점 자신감이 생기게 되고, 듣는 사람들의 경청 능력도 향상된다. 한 사람이 책을 읽을 때 나머지 다른 사람들은 그림을 자세히 보도록 한다. 그림책의 경우 글뿐만 아니라 그림에 많은 내용을 내포하고 있으므로 상상력과 창의력을 발달시킬 수 있다. 아이들이 독서의 참맛을 알아갈 수 있도록 하기 위해서는 '혼자 읽는 것'보다 '함께 읽는 것'이 중요하다. 한 공간과 시간 안에서 같은 책을 공유하고 질문과 대답을 통해 함께 고민해보는 것은 혼자 읽는 것보다 사고의 확장과 함께 깊이 있는 독서를 가능케 하고, 서로에 대한 이해와 믿음을 만들어내는 힘이 있다.

각자 질문을 만들어 함께 이야기를 나눈다

하브루타에서 가장 강조하는 부분은 바로 질문 만들기다. 짝을 지어 질문하고 대화하고 토론하고 논쟁하는 것이 하브루타의 중요한 방법이기 때문이다. 좋은 질문이 나와야 좋은 대답을 끌어낼 수 있고, 이것은 곧 서로의 사고의 넓이와 깊이를 확장시켜준다.

질문에는 폐쇄형 질문과 개방형 질문이 있다. 짧은 답을 요하는 폐쇄형 질문과 깊이 있는 생각을 요하는 개방형 질문 중 어떤 질문이 필요한지 판단해야 한다. 폐쇄형 질문이라고 해서 반드시 잘못된 것은 아니다. 아이들이 주제와 완전히 동떨어지거나 잘못된 생각을 하고 있을 때는 '예', '아니요'로 대답할 수 있는 간단한 질문으로 방향을 틀어주는 것도 필요하다. 그에 비해 개방형 질문은 사고를 확장시키기 위해 필요하다. 질문을 통해 책 밖의 세상과 연결해주고 어떤 일이 발생하는 원인과 영향 등에 대해 생각해볼 수도 있다.

많은 장점을 가진 질문 수업에서 '질문하고 대화하는 주체'는 아이가 되어야 하지만, 그것을 연결하고 배움으로 확장시켜주는 역할을 하는 이는 바로 부모다. 질문은 바로 '사고의 출발점'이다. 하브루타의 대화, 토론, 논쟁은 질문에서 시작하고, 질문을 지속적으로 도출해야 두뇌가 빠르게 반응하는 하브루타가 가능하다. 그래서 독특하고 다양한 질문을 많이 만드는 것이 중요하다. 질문하는 능력은 이해하는 것만으로는 길러지지 않고 충분한 연습을 통해야 한다. 질문 만들기가 어려운 부모와 아이는 다음과 같은 단계를 거쳐 질문 만드는 연습을 해보면 좋다.

질문을 만드는 3단계 방법

첫째, 텍스트를 읽고 생각나는 대로 질문을 만들어 적는다. 나는 이 단계를 '생각대로 질문'이라고 부른다. 이 단계에서는 아이들에게 생각나는 대로 마음껏 질문을 적게 한다. 그래도 아이들이 어려워하면 손가락으로 문장을 짚어가며 핵심 단어의 뜻, 특별한 문장의 의미, 특별한 표현 방식에 대해 질문을 만들어보라고 한다. 손가락으로 짚어가며 읽으면 손, 입, 귀, 뇌가 유기적으로 활성화되어 집중력, 기억력, 분석력을 극대화시키는 효과가 있다. 그래도 아이들이 여전히 질문 만들기를 어려워한다면 텍스트에 나오는 평서문의 문장을 의문문의 형태로 바꾸어보는 것도 좋다. 예를 들면, "나는 사과가 먹고 싶다"라는 문장이 있다면, "내가 사과를 먹고 싶은 이유는 무엇일까?"와 같이 바꾸는 것이다.

둘째, 육하원칙에 의해서 '사실 질문'과 '상상 질문'을 만들게 한다. '누가, 언제, 어디서, 무엇을, 어떻게, 왜'로 시작하는 육하원칙에 입각하여 '사실 관계를 확인하는 질문'을 만든다. 사실 확인 질문은 책 속에 답이 있는 질문을 말한다. 이러한 질문을 통해 아이들은 이야기의 3요소인 인물, 사건, 배경을 이해하게 된다. 또한 육하원칙의 요소에 가정과 유추 및 추론을 더해 '상상 질문'을 만든다. 예를 들면, "만약 내가 ~라면?", "만약 그 사람이 아니라 ~였다면 어떤 행동을 했을까?", "만약 ~한다면 어떠한 상황이 벌어질까?", "그때가 아니라 ~였다면?", "그 방법이 아니라 ~방법을 택했다면?" 등으로 질문을 만들도록 한다.

셋째, '나' 또는 '우리'와의 관련성을 찾아 질문을 만든다. "주인공 ~와 비슷한 경험이 있나?", "내가 비슷한 상황에 처했다면 어떻게 할 것인가?", "이러한 상황에 대처하기 위해 우리는 무엇을 준비해야 할까?"의 관점에서 질문을 만들면 실천적 방안을 찾을 수 있는 다양한 질문이 만들어진다.

질문을 만든 후에는 상대방이 만든 질문을 듣고 자신의 질문과 비교해보는 과정이 필요하다. 같은 텍스트를 읽고도 그 사람의 경험, 관점, 정서, 관심 방향에 따라 서로 다른 질문이 나올 수 있기 때문이다. 이러한 과정을 거치면서 고정관념에서 벗어나 다양한 관점에서 사고할 수 있는 질문 능력이 형성된다.

이와 같은 과정을 몇 번만 반복하면 '질문을 만드는 사고의 틀'이 형성되어 텍스트를 읽는 단계에서부터 머릿속에서는 질문의 틀이 형성되고, 더욱 차원 높은 질문을 만들 수 있게 된다.

예를 들어, 《개미와 베짱이》를 읽고 하브루타를 진행할 때 질문을 통해 '개미와 베짱이의 생물학적 부분'에 대해서도 찾아볼 수 있다. 한 아이는 "왜 베짱이는 일하지 않고 노래만 할까요?"라는 질문을 했고, 이 질문에 대한 답을 찾아가는 과정에서 우리는 베짱이의 수명은 6개월로 짧아 겨울을 넘기지 못한다는 사실과 베짱이의 노래는 여름에 종족 번식을 위해 우는 것이라는 사실을 알 수 있었다. 또한 개미의 수명은 여왕개미가 5~10년, 수개미는 6개월, 일개미는 1년 정도라는 사실도 알게 되었다.

이미지 카드를 이용하라

질문을 만드는 또 다른 방법은 '이미지프리즘 씨앗 카드'를 활용하는 것이다. 여러 카드 중에서 선택하여 함께 질문을 만들어본다.

- 저 아이들은 왜 입으로 그림을 그리고 있는 것일까?
- 노란 색연필로 그림을 그리는 친구는 어떤 그림을 그리고 있는 것일까?

• 양손이 있는데도 입으로 그림을 그리는 이유는 무엇일까?
• 나는 입으로 그림을 그려본 적이 있나?
• 입으로 그림을 그리려면 얼마나 많은 어려움이 따를까?
• 정말 손이 없는 사람은 입으로 그림을 그릴까?
• 난 손을 사용할 수 있다는 사실에 감사한 적이 있나?
• 저 사람들은 누구에게 박수를 치고 있는 것일까?

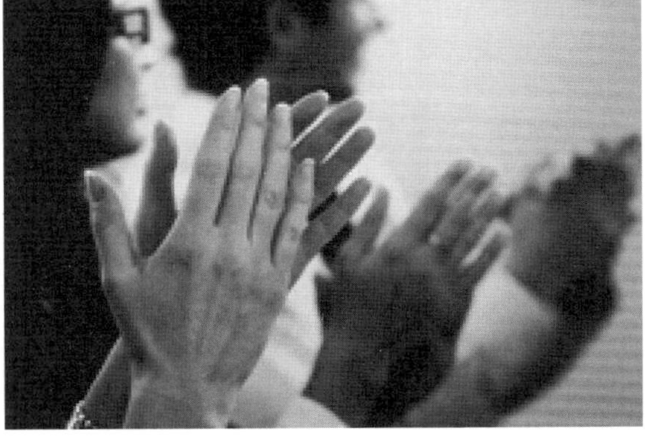

• 박수를 치는 사람들의 표정이 밝은 이유는 무엇일까?
• 나는 박수를 받아본 적이 있나?
• 나는 다른 사람을 진심으로 응원해준 적이 있나?
• 나는 박수를 받을 만큼 훌륭하거나 칭찬 받을 만한 일을 한 적이 있나?
• 인간은 존재 자체만으로도 박수 받아 마땅한가?
• 박수를 받기 위해 내가 더 노력해야 할 부분은 무엇인가?

이러한 방법으로 질문 만드는 연습을 지속적으로 반복하면, 질문 만들기에 조금씩 익숙해질 수 있다. 뇌에 '질문을 만드는 사고의 틀'이 형성되면, 주변의 모든 사물과 상황에 대해 호기심을 갖게 되어 질문을 던지게 된다.

뉴턴은 떨어지는 사과를 보고 '사과는 떨어지는데 왜 하늘의 달은 떨어지지 않을까?'라는 질문을 생각해냈다. 그때까지 수많은 사람이 보았을 그 흔한 장면에서 뉴턴만이 특별한 질문을 떠올린 것이다. 이는 곧 '만유인력의 법칙'과 '뉴턴의 물리학'을 탄생시키는 원동력이 되었다. 과학의 역사에서 위대한 발견과 발명을 비롯해 크고 작은 성취들은 하나같이 호기심 어린 질문에서 비롯되었다. 아인슈타인은 사람들이 천재성의 특징과 비결을 물어볼 때면 늘 "나는 별다른 재능이 없다. 다만 호기심이 왕성할 따름이다"라고 답변했다고 한다. 이러한 호기심은 인류가 지구상의 나머지 생명체와 확연하게 다른 진화 과정을 거쳐서 오늘에 이르게 한 결정적인 요인이기도 하다.

하브루타 내용을 토대로 디베이트의 논제를 정한다

논제란 토론의 주제가 잘 드러나도록 토론할 내용을 다듬은 문장을 말한다. 따라서 토론에서 다루어야 할 가장 중요한 쟁점이 잘 드러나도록 선정해야 한다. 특히 '독서 디베이트'의 논제는 책을 전체적으로 이해하는 데 도움이 되어야 하며 주제 의식을 담고 있어야 한다. 책의 핵심 내용과 관련되면서도 쟁점이 드러나도록 논제를 정하는 것이 무엇보다 중요하다.

논제를 선정할 때 충족되어야 할 구성 요소는 다음과 같다.

첫째, '논제로서의 타당성'을 확보해야 한다. 찬반 의견을 제시할 수 있는 쟁점이 각각 세 개 정도는 나와야 찬성과 반대의 입장에서 논쟁할 거리가 생긴다.

둘째, '가치중립적인 용어'를 사용해야 한다. 예를 들어, '교실에서 키 큰 친구는 뒷자리에 앉는 것이 바람직하다'라는 논제에서 '바람직하다'라는 단어는 이미 긍정에 가까운 심리적 복선을 깔고 있는 것이다. 그러므로 '교실에서 키 큰 친구는 뒷자리에 앉아야 한다'가 더 가치 중립적인 논제다.

셋째, '긍정적인 언어'로 이루어져야 한다. '초등학생이 스마트폰을 사용하는 것을 허용해서는 안 된다'와 같은 부정적인 논제는 논제에 대해 찬성하는 입장과 반대하는 입장을 헷갈리게 만든다. 이보다는 '초등학생이 스마트폰을 사용하는 것을 제한해야 한다'와 같은 긍정적인 언어로 논제를 정하는 것이 좋다.

논제 선정도 연습이 필요하다

토론 논제 중에는 '~해야 하나?' 또는 '~한가?'와 같은 의문문 형태로 되어 있는 논제도 있다. 토론전문가협회에서 정한 규정에 따르면, 논제는 긍정평서문으로 기술하는 것을 원칙으로 하고 있다. 그러나 초등학생이나 토론에 막 입문한 사람들에게는 의문문 형태로 기술하는 것도 허용한다. 그러므로 '초등학생이 스마트폰을 사용해도 될까?'와 같은 논제도 무방하다.

디베이트를 처음 시작하는 아이들은 논제를 정할 때 많은 어려움을 겪는다. 따라서 처음에는 부모나 교사가 미리 정해놓은 논제로 토론을 진행하고, 어느 정도 디베이트를 진행한 후에는 아이들과 함께 논제를 찾아보는 것이 좋다. 스스로 논제를 찾아보는 과정에서 책의 주제에 좀 더 다가가기 위해 고민할 수 있기 때문이다. 이러한 과정에서 책의 내용을 자세히 이해할 수 있고 핵심 주제에도 근접하게 된다.

또한 독서 토론 시 아이들이 쟁점에서 벗어난 주제를 놓고 토론하게 될 수도 있으므로 부모는 논제와 쟁점을 형성할 때 아이들이 의견을 제대로 낼 수 있도록 이끌어주어야 한다. 디베이트 초기에는 이러한 과정을 수행하는 것이 쉽지 않지만, 반복해서 연습하다 보면 부모와 아이 모두 점점 발전해나가는 것을 느낄 수 있을 것이다. 조금 부족하더라도 아이들이 제시한 논제가 찬반 각각 세 가지 쟁점이 드러나 논제로서의 타당성을 확보했는지, 책의 주제에 접근했는지 되묻고 이 과정을 확인하면서 논제를 성립시키는 연습을 시키면 좋다.

적극적인 참여로 토론의 재미를 살린다

황선미 작가의 《초대받은 아이들》(웅진주니어, 2001)은 초등 중학년(3~4학년) 아이들과 함께 토론하기 좋은 책이다. 이 책은 초등학생 아이들의 큰 고민거리 중 하나인 '진정한 친구'에 대해 깊이 생각해볼 수 있어 토론 시 아이들의 관심과 흥미를 증폭시켜 적극적인 참여를 유도할 수 있다.

4학년 아이들이 제시한 논제는 다음과 같다.

- 민서가 준 그림 공책에 낙서한 성모의 행동은 옳다.
- 성모가 자기가 좋아하는 친구들에게만 생일 초대장을 준 행동은 옳다.
- 민서 몰래 초대장을 만들어서 가방에 넣어놓은 엄마의 행동은 옳다.

아이들이 제시한 논제가 논제로서의 성립 요건을 충족하는지 되물어보는 과정을 통해 우리는 최종적으로 다음과 같은 논제를 만들어냈다.

"성모와 민서는 친한 친구가 될 수 있을까?"

이런 과정을 거쳐 입론서를 작성한 후, 주장에 대해 질문하고 답변하는 과정에서 아이들은 자신과 다른 관점을 이해하게 되고, 다른 사람의 마음에 공감하게 된다. 또한 이해하지 못했던 상대방을 이해할 수 있게 되고 자신이 미처 몰랐던 부분을 깨닫게 된다. 이렇게 아이들은 한 걸음씩 성장해나간다.

본격적으로 디베이트에 돌입한다

가정에서 디베이트를 시작할 때는 부모 중 한 명이 사회를 맡아 진행하는 것이 좋다. 가정 안에서 디베이트를 진행한다는 것은 쉬운 일이 아니다. 평소 부모와 자녀의 소통이 원활한 가정이라 하더라도 룰을 정해놓지 않으면, '내가 옳고 너는 틀렸다'는 식의 말싸움으로 끝날 가능성이 높다.

탁구 경기를 치르다 보면 서브와 리시브를 주고받다가 양측의 공이 치열하게 네트를 계속 넘나드는 랠리 상황이 연출되듯이, 디베이트에서도 찬성과 반대의 의견이 팽팽하게 접전을 펼치는 상황이 얼마든지 펼쳐진다. 디베이트는 논리로 승패를 가르는 지식 스포츠이므로, 엄격한 규칙과 원칙을 따라야 한다. 토론의 과정은 대체적으로 입론, 반론, 최종 발언으로 이어지며, 토론의 성격에 따라 중간에 확인 질문과 대답이 들어간다. 이 같은 디베이트 방식에 어느 정도 익숙해지면 아이들에게 사회를 맡기는 것도 좋다. 디베이트는 사회자가 다음과 같이 논제와 규칙을 설명하는 것으로 시작한다.

"지금부터 오늘 토론의 논제인 '○○○○'로 디베이트를 시작하겠습니다. 디베이트 순서에 맞게 가능한 정해진 시간 내에 발언을 해주시기 바랍니다. 먼저 디베이트를 진행하기에 앞서 디베이트에 임하는 자세에 대해 간단히 말씀해주시기 바랍니다."

디베이트에 임하는 자세를 모두 함께 소리 내어 읽어본 후, 디베이트를 시작한다.

"디베이트는 혼자 하는 활동이 아니므로 팀워크가 매우 중요합니다. 서로 존중하고 배려하는 자세를 가져야 합니다. 사전 공지된 주제와 관련한 도서를 읽어오지 않으면 수업을 진행하기 어렵습니다. 경청하는 자세는 매우 중요합니다. 쿠션언어의 사용이 필요합니다. 디베이트에서 가지게 되는 찬성 또는 반대의 입장은 주어진 역할임을 꼭 기억해야 합니다."

'쿠션언어'란 "찬성 측 의견 잘 들었습니다. 하지만 제 생각에는 ~"과 같이 먼저 상대를 인정하고 난 뒤에 반론을 펼치는 논법을 말한다. 직설적으로 표현하기보다는 부드러운 표현으로 말하고, 본론을 말하기 전에 앞에 완충장치가 될 만한 말을 붙이는 것이 대표적인 쿠션언어의 방식이다.

입론

입론이란 교차 질의와 반박에 앞서 상대측에 대비하기 위해 자신의 주장과 근거를 제시함으로써 방어벽을 쌓는 일이라고 볼 수 있다. 토론자는 입론을 전략적으로 펼침으로써 상대편에서 질문하거나 반론할 수 있는 부분에 대해 논거와 입증 자료를 충분히 제시해야 한다. 보통 입론은 토론을 진행하는 의미가 무엇인지 설명하는 것에서 시작하는 것이 좋다. 즉, 이러한 논제로 토론을 하게 된 사회적 배경과 함께 핵심 용어의 개념을 정의하면서 시작하면 된다.

입론은 세 가지 주장으로 나누어 그에 따른 근거를 구체적으로 제시해야 한다. 일반적으로 독서 디베이트는 책을 전체적으로 이해하는 데 도움이 되고 주제 의식을 담고 있어야 한다. 따라서 핵심 내용과 관련되도록 필독 도서에서 명확한 주장과 주장을 뒷받침하는 근거를 찾는 것이 좋다. 책에서 근거를 찾을 수 없을 경우나 필독 도서에 나오는 근거를 더 보강하고 싶을 때는 통계 자료나 전문가의 의견 및 사례 등을 제시한다.

반론 및 확인 질문과 대답

반론은 상대 팀이 제시한 주장이나 근거에 대해서 문제점과 반대의 의견을 짚어가는 과정이다. 상대 팀의 주장에서 허점과 오류, 부족한 점은 없는지 밝히는 것으로, 토론에서 가장 핵심적인 단계다.

입론이 일반적으로 미리 준비해서 말하는 것이라면 반론은 상대방의 주장과 근거를 듣고 이에 반대 논거를 제시하는 것이므로 그 자리에서 듣고 바로 문제점을 찾아내는 기민함과 예리함이 필요하다. 따라서 경청하는 능력이 매우 중요할 뿐만 아니라 순발력이 요구되는 과정이다. 반론을 할 때는 상대가 내세운 논점이 논제에서 벗어나지는 않았는지, 상대방의 근거가 타당한지를 철저히 검토해야 한다.

반론을 질문의 형태로 하는 것도 무방하다. 질문에 반론 내용을 집어넣어 질문하면 상대방이 다시 반박하면서 대답하고, 다시 질문을 하기도 한다. 이 경우 질문과 대답에 시간을 좀 길게 할애하는 것이 좋다. 규칙을 준수하기 위해 지나치게 시간을 지키려다 보면, 정작 꼭 필요한 의견과 반론을 할 수 없게 되기 때문이다.

디베이트 형식은 도구이지 목적이 되어서는 안 된다. 가정에서 이루어지는 디베이트에서는 지나치게 형식을 지키려고 하기보다는 좀 더 자유롭게 의견을 제시하고 책의 내용을 이해하고 사고를 확장하는 도구로 활용하는 것이 좋다.

최종 발언

최종 발언은 토론한 내용을 요약·정리하고 논제에 대한 자신의 입장을 다시 한 번 각인시키는 과정이다. 반론 중에서 부족했던 부분을 보충하고 상대측보다 본인들의 주장과 반론이 더 효과적이었다는 것을 드러내는 것이 중요하다. 특히 토론의 내용을 압축적으로 담은 예화나 비유, 인용문을 통해 자기의 의견을 효율적으로 설득할 수 있도록 한다. 입론과 반론이 논리적인 발언으로 이루어진 로고스(logos)가 중요하다면, 최종 발언은 감정이나 정서와 관련이 있는 파토스(pathos)로 설득의 효과를 극대화하는 단계다.

"인공지능의 발전은 인간의 삶을 행복하게 할 것이다"라는 논제로 이루어진 디베이트에서 반대 측 첫 번째 주장과 그에 대한 반론 사례를 예로 살펴보자.

"우리 팀은 '인공지능의 발전은 인간의 삶을 행복하게 할 것이다'라는 논제에 반대합니다. 첫 번째 이유는 로봇이 노동을 대체함으로써 인간의 일자리를 빼앗게 될 것이기 때문입니다. 로봇이라는 단어 자체가 '인간의 노동을 대체한다'는 뜻을 담고 있듯이, 인공지능이 대중화되면 많은 사람들의 일자리가 감소하게 될 것입니다. 18세기 산업혁명이 일어난 제1의 기계 시대에는 저임금 육체노동이 기계에 의해 대체됐지만, 제2의 기계 시대에는 자동화 속에서 상대적으로 안전하리라 여겨지던 지식 기반 업무 역시 컴퓨터 알고리즘과 소프트웨어에 의해 대체될 것입니다. 이것은 인간의 영역으로만 여겨지던 인지적 판단이나 고도의 정신적인 업무를 기계가 넘보기 시작했다는 뜻입니다. 따라서 미숙련 노동자뿐만 아니라 변호사, 의사, 세무사 등과 같은 고소득 전문직도 안전하지 못한 상황입니다. 특히, 한국은 앞으로 10년 이내에 로봇에 의해 인건비를 33% 절감시킬 예정에 있는 로봇 채택 국가에 속합니다. 이런 이유로 우리 팀은 '인공지능은 인간의 삶을 행복하게 한다'에 반대합니다."

이에 대한 반론은 다음과 같다.

"우리 팀은 상대 팀의 첫 번째 주장에 동의할 수 없습니다. 일자리의 미래는 기술 발전 외에도 정부, 법규, 기업, 교육기관, 경제 상황 등에 의해 영향을 받습니다. 로봇이 일자리를 빼앗아갈 것이라는 전망과 우려는 역사상 신기술이 도입될 때마다 어김없이 등장했으나, 신기술로 인한 생산성 증가는 장기적으로 일자리에 영향이 없거나 긍정적인 기여를 했습니다. 일시적으로는 노동이 대체되었지만 결국에는 수익 창출 효과가 더욱 커져 노동자가 더 많은 임금을 받게 되고, 이는 구매력 상승과 소비 확대를 가져와 일자리 창출의 선순환으로 이어졌습니다. 2014년 퓨리서치 센터가 2025년경 로봇과 인공지능이 사람들의 일자리를 얼마나 빼앗을지 각계 전문가 1,896명에게 물은 결과, 사람의 일자리를 빼앗을 것이라는 의견이 48%, 그렇지 않을 것이라는 의견 52%로 나왔습니다."

디베이트 시간을 대회로 생각해서는 안 된다. 대회가 상대 팀과 경쟁해서 이기는 것이 목적이라면 디베이트 수업은 '나'와 '타인'의 생각을 받아들임으로써 자신의 생각, 행동의 변화를 가져와 서로 성장하는 것이 목적이 되어야 한다. 이 사실을 잊지 않는 한 디베이트는 자신의 지식과 생각을 성장시키는 데 가장 훌륭한 수단이 될 것이다.

하브루타와 디베이트 후가 더 중요하다

디베이트에서 가장 중요한 것은 바로 '듣기'다. 듣기란 '경청', 즉 온몸을 기울여 진심을 듣는 행위다. 우리가 성인이라 일컫는 예수, 공자, 석가, 소크라테스의 공통점은 바로 '잘 듣는다'는 점이다. 질문을 던지고 마음속에 있는 이야기를 하다 보면 사람은 어느새 자유로움과 평안함을 얻는다. 현란한 말솜씨를 자랑하기보다는 자기를 낮추고 다른 사람의 이야기에 귀 기울일 때 그 사람이 더 빛을 발하는 이유도 여기에 있다.

'서번트 리더십(Servant Leadership)'은 다른 사람을 섬기는 사람이 진정한 리더가 될 수 있음을 강조한다. 우리말로 직역하면 '하인의 리더십'쯤 되겠지만 '섬기는 리더십' 정도로 보면 적당할 것이다.

이 이론은 1970년대 AT&T에서 경영 관련 교육과 연구를 담당했던 로버트 그린리프(Robert K. Greenleaf)가 처음으로 주창한 것으로, '다른 사람의 요구에 귀를 기울이는 하인이 결국은 모두를 이끄는 리더가 된다'는 것이 핵심이다. 즉, 서번트 리더십은 인간 존중을 바탕으로 조직 구성원들이 잠재력을 발휘할 수 있도록 앞에서 이끌어주는 리더십이다.

일을 처리하는 과정에서 문제가 발생했을 때 조직원들에게 분노를 표출하고 조직원들을 자기 마음대로 이끌어가려고 하는 리더는 강력해 보이지만, 이런 지도력은 오래 지속되기 힘들다. 억압형 방식은 가장 원초적이고 쉬운 방법으로 문제를 빠르게 해결할 수 있는 것처럼 보이나 표면적으로만 그렇게 보일 뿐 내실은 빈약하기 때문이다. 결국 조직원들이 스스로 움직이기를 거부하여 조직 개발에 헌신적이지 않게 되어 개인의 능력도 극대화시키지 못한다.

하브루타와 디베이트는 질문과 토론을 통해서 조직 구성원들의 잠재된 능력을 끌어내주고 극대화시킴으로써 리더가 될 수 있는 자질을 길러준다. 이러한 능력 향상을 위해서 필요한 것이 토론 후의 피드백과 변화된 점을 서로 이야기하는 것이다.

충분한 피드백을 나눈다

피드백은 토론 과정에서 학생들의 발언 태도나 속도, 성량, 반응 등을 언급하고, 주장에 대한 근거가 타당하게 이루어졌는지, 정확하고 전문적인 자료를 제시하며 질문에 대답했는지, 질문은 예리하게 이루어졌는지, 질문에 대답하는 과정에서 어떠한 부분을 도출할 수 있었는지 학생들에게 이야기해주는 일이다.

아이들은 자신들이 진행한 디베이트의 결과에 대해 이야기 듣는 것을 매우 좋아한다. 따라서 그 어느 때보다 집중해서 경청한다. 자신이 잘한 점은 더욱 발전시켜나가며, 부족한 부분에 대해서는 보강하기 위해 노력한다.

피드백을 통한 적당한 칭찬과 격려 그리고 부족한 점을 진심을 다해 이야기해줄 때, 당사자는 진심으로 고마운 마음을 갖게 된다. 그리고 이런 피드백 과정이 쌓이면서 디베이트를 함께하는 사람들을 더욱 친근하게 맺어준다. 피드백은 처음에는 부모나 선생님이 주도하는 것이 좋지만, 일정 시간이 흐르면 아이들에게 서로에 대한 피드백을 맡기는 것이 좋다.

자신의 변화된 부분을 이야기한다

피드백과 함께 빼놓지 말아야 할 것은, 하브루타를 거쳐 논제를 정한 뒤 디베이트를 한 다음에 스스로 이전과 비교하여 변화된 점을 밖으로 꺼내놓는 일이다. 아이들은 이 과정에서 자신이 전에 미처 깨닫지 못했던 부분을 자세히 이해하게 되고, 새롭게 알게 된 점, 사고가 변화된 점을 다른 사람 앞에 털어놓음으로써 자신의 생각을 정리하며, 타인의 이야기에 귀 기울일 줄 아는 사람으로 거듭난다.

변화된 이야기를 들려줄 때에는 먼저 디베이트한 내용을 간추려 말하고, 디베이트 과정에서 느꼈던 전반적인 느낌과 감상을 덧붙이면 좋다. 다만 여기에서 개별 디베이트에 대한 느낌을 하나씩 일일이 언급하기는 어렵고 전체적인 디베이트의 느낌과 감상평 그리고 디베이트를 한 뒤 자신이 변화된 부분에 초점을 맞추어 아이들이 이야기한 것을 소개하도록 한다.

준상 : 그림책은 유아만 보는 것으로 알았는데, 그림책으로도 이렇게 토론할 내용이 많을 줄은 몰랐다. 토론을 통해 그림을 더 자세히 볼 수 있었고, 그림책은 글뿐만 아니라 그림이 이야기하는 부분이 많다는 것을 알게 되었다. 그리고 책을 더 깊이 있게 이해하고 다양한 생각을 끄집어낼 수 있었다. 디베이트가 재미없고 어려울 줄로만 알았는데, 친구들과 함께 질문을 만들고 나의 생각을 발표하다 보니 너무 재미있었다. 다음 시간이 기다려진다.

나영 : 같은 책을 읽고도 사람마다 생각이 다를 수 있고, 내가 생각하지 못하는 부분까지 깨닫게 해주어 신기했다. 혼자서 책을 읽고 독서록을 쓰는 것보다 다른 사람의 의견을 듣고 나의 생각을 말하니 생각이 깊어지고 사고의 범위가 넓어지는 것 같다.

진유 : 나 자신에 대해 생각해보는 계기가 되었다. 독서 디베이트를 통해 나의 가치관도 생기고, 내가 진정으로 좋아하는 것은 무엇인지 끊임없이 고민하게 되었다. 난 영화감독이 되어 여기 있는 친구들의 직업과 관련된 영화를 이 친구들과 함께 만들고 싶어졌

다. 너무 재미있을 것 같다.

보람 : 학교에서는 발표하기도 더 어렵고 일부 아이들만 발표할 기회가 주어지는데, 여기에서는 모두 다 이야기할 수 있는 기회가 주어져 자신감을 갖게 되었다. 학교의 많은 친구들 앞에서도 전보다 더 이야기를 잘하게 되었다.

영수: 다양한 독서 디베이트 활동을 통해 나의 꿈에 대해 좀 더 깊숙하게 생각해볼 수 있는 기회가 되었다. 꿈을 이루기 위해서는 노력을 해야 한다는 사실도 깨달았다. 그리고 책의 내용에 대한 나의 생각을 이야기하는 것이 전보다 좀 더 쉬워졌다.

효림 : 나는 친구들 앞에서 쑥스러워 이야기를 잘 못 한다. 독서 디베이트를 통해 친구들과 이야기하면서 친구들과 이야기하는 것이 재미있다는 것을 알게 되어 좋았다. 그리고 친구들과도 더 친해진 것 같다.

이처럼 아이들은 하브루타와 디베이트로 책에 대한 깊은 이해 및 추론 능력, 논리적인 사고력, 창의력 등을 기를 뿐만 아니라 자유, 평등, 사랑, 다름의 존중 등 자신의 가치관을 재정립하는 계기로 삼기도 한다. 타인과 생각을 공유함으로써 자신의 가치관은 무엇인지, 왜 그런 가치관을 형성하게 되었는지 생각해보고 잘못 형성된 가치관을 수정하거나 사고를 전환하는 데 하브루타와 디베이트만큼 좋은 디딤돌은 없다.

부모의 '열두 과업'을 위한 제언

하브루타와 디베이트를 통해 부모와 아이 모두가 성장하는 즐거움을 맛보려면 부모와 아이 사이에 약속이 필요하다. 또한 이 과정에서 자기 의견만 주장할 것이 아니라 상대의 의견도 소중하다는 사실을 인정하고, 타인과 더불어 살기 위해서는 토론의 힘이 아주 중요하다는 사실을 아이 스스로 깨닫게 해야 한다. 부모는 아이가 이러한 사실을 깨우쳐나가는 과정에서 훌륭한 동반자 또는 밑거름이 되어주어야 한다. 물론 이 일은 1~2년 내에 금방 이루어질 수 있는 것은 아니다. 아이를 성장시키려면 부모가 그만큼 뼈를 깎는 노력을 기울여야만 가능하다.

우리는 가급적 많은 것을 부모로부터 물려받고 또 자식에게 물려주기를 희망한다. 그렇지만 물질적인 부분을 풍요롭게 물려받아 오히려 불행한 삶을 이어가는 사람들도 많다. 풍요로운 물질에서 새로운 것을 얻기보다 거기서 벗어나기가 더 어렵기 때문이다. 결국 물질의 노예가 되는 것이다. 그렇다면 누가 그들을 노예로 만들었을까? 왜 그들은 제 무덤을 파며 살아가는 것일까? 왜 자기 앞에 놓인 모든 짐을 미루면서 인생을 꾸려가는 것일까?

부모로부터 많은 물질을 물려받지 못해 한탄하는 사람들을 만날 때마다 난 1장에서 소개한 소로의 《월든》에 나오는 '헤라클레스의 열두 과업 구절'을 자주 이야기하곤 한다. 소로는 "헤라클레스는 열두 과업을 마치는 것으로 고역이 끝났지만 이웃들의 고역은 죽을 때까지 끝나지 않는다"라고 말하지 않았던가.

아이를 가장 잘 아는 엄마가 되자

그렇다면 우리가 자녀에게 물려주어야 하는 자산은 무엇일까? 그건 바로 '함께 쌓아가는 시간'이라고 생각한다. 아이들과 함께하는 시간들은 당장 어렵고 고통스러울 때가 많지만, 결국 우리 몸속에 켜켜이 쌓여 추억을 만들고 서로를 이해하게 하는 연결 고리가 된다.

"도마뱀은 꼬리를 끊고 도망간다. 바위틈으로 몸을 숨겨 손바닥 위에 꼬리만 남아 있을 때가 있다. 시간도 그렇다. 우리가 맞닥뜨린 사건은 도마뱀의 몸뚱이가 되어 사라지고, 꼬리 같은 기억과 흔적은 고스

란히 남아 현재의 우리에게 영향을 준다."

– 김선영, 《시간을 파는 상점》(자음과모음, 2012), 268쪽

같은 시간과 공간에서 함께하지 않으면 서로를 이해하기 더 힘들다. 엄마들은 아이들을 학원에 보내고 나면 자기 할 일은 다 했다고 생각하는 경우가 의외로 많다. 그것도 아주 틀린 생각은 아니다. 사교육비를 대느라 부모도 안팎으로 많이 애를 쓰고 있기 때문이다. 하지만 아이들이 그 부분을 고마워할 거라고 생각해서는 안 된다. 또 아이들이 얼마나 힘들게 공부하는지 엄마들이 정확하게 알지는 못한다는 사실도 받아들여야 한다. 그러나 아이와 엄마가 함께 책을 읽고 공부한다면 이런 불상사(?)를 막을 수 있다. 공부를 함께할 당시에는 힘들고 고된 시간을 견뎌야 하겠지만, 오랜 시간 한 가지라도 꾸준히 공들여 함께하면 자신의 아이가 얼마나 노력했는지 알 수 있고, 아이의 실력 역시 객관적으로 파악할 수 있게 된다.

학원에만 맡길 경우 엄마들은 아이의 실력 파악을 대부분 학원 선생님의 말에 의존해야 한다. 또 예상보다 학습 결과가 좋지 않았을 때 아이를 나무라게 된다. "너 공부 안 하고 놀았지? 내가 학원에 얼마나 많은 돈을 지불했는지 알아?"라며 본전 생각을 당연히 하게 된다. 하지만 아이와 함께하다 보면 아이가 이룬 성과가 만족스럽지 못하더라도, 어느 순간 '이것이 이 아이의 능력치구나! 나름 열심히 한 거구나'라는 생각이 든다. 결과는 좋지 않으나 그동안 열심히 노력한 모습을 보아왔기에 엄마도 점점 아이를 인정하게 된다.

이렇듯 아이의 성향에 대한 파악이 가능해져 '이 아이는 공부보다는 다른 길이 더 맞겠구나'라고 생각할 수도 있고, 그것이 어떤 길이든 아이가 원하고 좋아하는 것을 할 수 있도록 응원하는 마음을 가질 수도 있게 된다. 이런 마음가짐은 엄마가 본인의 아이에 대해서 잘 파악하고 있을 때만 가능하다.

무엇을 하느냐보다 어떻게 하느냐를 가르치자

나도 아이들이 어렸을 때는 내 아이들이 열심히 공부해서 좋은 대학에 가고 좋은 곳에 취업해서 안정적으로 살기를 바라며, 나의 가치관에 따라 아이들이 행동해주기를 바랐었다. 하지만 지금은 내 아이들이 원하는 길을 진심으로 응원하게 되었다. '무엇을 하느냐'보다 '어떻게 하느냐'가 더 중요하다는 사실을 나 자신이 체험을 통해 인지하게 되었기 때문이다. 남들 보기에 훌륭한 직업을 가졌다 하더라도 일에 대한 책임감과 문제 해결 능력이 떨어지면 그곳에서 계속 살아남기는 어렵다. 하지만 현재의 일반적 기준으로 볼 때 조금 보잘 것 없는 일을 하고 있다고 하더라도 그 분야에서 성실하게 창의적으로 문제 해결을 위해 지속적으로 노력한다면 그 사람은 분명히 발전할 것이고 더 나은 기회가 찾아올 것이다. 그러므로 우리가 아이들에게 물려주어야 할 것은 자신의 인생을 '어떻게' 꾸려나갈 것인가에 대한 생각이다. 이것은 하루아침에 이루어지는 것이 아니며, 서툴더라도 스스로 많은 고민과 방황 그리고 실패 후에 얻어지는 것이다. 자기 아이를 너무 꽃길로만 가게 하려 노력할 필요는 없다. 어차피 그 어떤 인생이라도 꽃길만 이어지지는 않는다. 가다 보면 바람과 비도 맞게 되고, 심지어 폭우가 내리는 가파른 산을 올라야 할 때도 있다. 그때는 어떻게 하겠는가?

부모가 자녀의 길을 대신 가주지는 못한다. 지금 당장 가시밭길처럼 보이는 그 길이 언젠가는 아이의 꽃길을 위한 훈련 과정이 되어줄 수 있다. 부모는 바다의 마음으로 자식을 끌어안아야 한다. 물론 나 자신도 지나온 길을 보았을 때 썩 훌륭하게 해냈다고 생각하지는 않는다. 노력했으나 부족한 부분이 더 많았다. 인간이기에 어쩔 수 없는 부분이라고 생각한다. 그러나 마음을 기울인다면, 아무런 노력을 하지 않는 것보다는 조금이라도 성숙해질 수 있는 기회가 반드시 온다. 계곡으로 흘러내린 빗물은 시냇물로 가고 또 강물로 흘러들어간다. 강물이 된 계곡물은 아직 바다의 모습은 갖추지 못했다고 하더라도 이미 계곡의 좁은 모습은 아니니다. 더 넓은 마음으로 성장하여 더 커다란 장애물도 묵묵히 품고 흘러간다. 그렇게 흘러가다 보면 어느 순간 강물은 넓고 푸근한 바다가 그리워진다. 바다에 도착한 강물은 바다와 하나로 합쳐진다. 바다는 깊고 넓지만 더 낮은 자세로 강물을 받아준다. 강물의 아픔이나 험난한 여정을 묻지 않고 가리지도 않는다.

부모의 역할은 그 무엇보다 바다의 마음으로 강물을 품어주는 헌신의 마음, 바로 그뿐이라고 생각한다. 그래서 강물이 바다를 지향하는 그 마음을 잃지 않도록 도와주는 것이다.

4장

테마별
경험 쌓기

용서 : 가젤은 사자를 용서해야 할까?

우리는 타인과의 사이에서 수없이 상처를 주고받으며 산다. 부부, 부모, 자식, 친구 등 모든 인간관계가 서로에게 영향을 주고 영향을 받으며 이루어진다. 상처를 받는 경우, 의도가 있기보다는 본인도 모르는 사이 서로의 입장과 상황이 다른 데서 오해가 비롯되는 경우가 많으며 선의가 악의로 둔갑해서 일이 꼬이는 일도 다반사로 벌어진다.

세상 사람들은 저마다 자기만의 상처를 안고 살아가며, 자기의 아픔을 가장 크게 생각한다. 아무리 가깝고 서로 사랑하는 사이라 하더라도 본인이 아닌 타인의 마음을 100% 이해하고 공감한다는 것은 사실 어려운 일이다. 우리는 자신과 가장 가까운 사람만큼은 자기 마음을 이해해주리라 생각하지만, 서로 대화하고 소통하지 않는다면 서로의 마음을 이해하기란 매우 어렵다. 자기의 마음을 솔직히 이야기하지 않고 상대방이 자신의 마음을 알아주기만 바란다면, 서로 오해만 쌓이고 관계는 돌이킬 수 없게 된다. 자신에게 상처를 준 서툴고 부족한 사람들을 용서하려면 우선 자기 자신부터 용서해야 한다. 진정한 용서는 얽매이지 않는 자유를 뜻한다. 부족하고 서툰 자신을 받아들이고 용서해야만 타인도 용서할 수 있다.

역할을 바꾸어보니 어때?

정성훈, 《사자가 작아졌어!》(비룡소, 2015)

귀엽고 아름다운 그림으로 독자의 마음을 더욱 사로잡는 정성훈 작가의 《사자가 작아졌어!》는 '용서, 공감, 진정한 소통'에 대해 깊이 생각해볼 수 있게 해준다. 대부분의 그림책이 그러하듯, 이 책 역시 어른이 읽어도 생각할 거리를 많이 던져준다.

어느 날 사자가 여느 때처럼 점심을 먹은 후 늘어지게 낮잠을 자고 일어나는데 이상한 일이 벌어진다. 몸집이 작아진 것이다. 개울을 건너려던 사자는 이내 개울에 빠지고, 가젤은 그 사자가 어제 자신의 엄마를 잡아먹은 사자인지도 모른 채 사자를 구해준다.

먹이사슬 관계에 있는 사자와 가젤의 역할을 바꾸어봄으로써 다른 이의 감정을 이해하고 공감하는 것이 무엇인지 보여주는 이 책을 읽고 나면, 사자와 가젤의 관계가 다르게 보일 수 있다. 다른 이에게 상처를 주었을 때 어떻게 해야 하는지를 잘 보여주는 책이다.

독서 전 활동

아이들과 하브루타를 진행하기 전에 먼저 '겉표지를 보고 책의 내용을 예측해보는 활동'을 한다. 겉표지만 언뜻 보면 제목과 저자, 출판사와 그림으로만 이루어져 있어 정보가 그리 많지 않아 보인다. 하지만 이야기를 상상해보기 위해 표지 구석구석을 자세히 살펴보면, 그림의 색상이나 느낌으로도 생각보다 많은 정보를 얻을 수 있다. 이러한 '독서 전 활동'은 책에 대한 궁금증을 증폭시키는 역할을 하여 아이들로 하여금 수업에 더욱 집중하게 만든다. 책의 겉표지만 보고 아이들이 예측한 책의 내용은 다음과 같다.

- 사자가 다른 동물들을 너무 잡아먹으니까 신이 화가 나서 너무 많이 잡아먹지 못하게 작게 만들어버렸다. 그래서 사자는 반성을 하고 결국 동물들을 조금씩 잡아먹게 되었다.
- 사자가 병에 걸린 동물을 잡아먹은 후 사자도 병에 걸려 작아진 것이다. 그래서 이번에는 싱싱한 고기를 먹었더니 사자가 다시 커졌다. 이런 경험을 한 사자는 앞으로는 먹이를 먹을 때 조심해야겠다고 다짐하게 된다는 내용이다.
- 사자가 친구들에게 놀림을 당해 너무 웅크리고 앉아 몸이 작아진 것처럼 보이는 것일 뿐이다. 진짜 작아진 것이 아니다.
- 사자가 어미의 뱃속에 있을 때 타임머신을 타고 다른 곳으로 가서 작아진 상태로 있는 것이다. 사자가 있는 곳은 현실에 우리가 있는 우주가 아니라, 수많은 우주 가운데 다른 곳이다.
- 사자가 꿈을 꾸고 있는 것이다. 꿈에서 사자가 너무 작아져서 기린에게 밟혀 죽었다. 그동안 초식동물들을 많이 잡아먹어서 초식동물들이 화가 났기 때문이다. 사자는 꿈에서 깨어난 이후 반성하고 앞으로는 동물들을 좀 덜 잡아먹기로 다짐했다.
- 사자의 엄마가 죽었다. 엄마가 너무 보고 싶어서 작아지면 어릴 때로 돌아가 엄마를 볼 수 있을 거라고 생각해서 계속 기도를 했다. 그랬더니 하느님이 기도를 들어주셔서 실제로 작아진 것이다.

아이들은 이렇듯 겉표지만 보고도 많은 이야기를 상상해낸다.

처음에는 "겉표지만 보고는 별로 생각나는 것이 없어요"라고 말하던 아이들도 막상 이야기를 시작하면 많은 이야기보따리를 풀어낸다. 그림책을 읽을 때마다 매번 이런 활동을 하기는 어렵지만, 한 번씩 아이와 함께 해볼 것을 권한다.

아이들에게 호기심을 불러일으킬 수 있는 첫 관문은 바로 책의 겉표지다. 겉표지의 제목과 그림을 보는 순간, 뇌 속 '생각 저장소'에 저장된 다양한 생각들이 자신도 모르게 고개를 들기 시작한다. 그러므로 겉표지를 보고 마음껏 상상해보는 활동은 아이들의 호기심을 자극하고 책에 대한 기대감을 형성하기에 아주 좋은 방법이다. 그 뒤 책을 함께 읽고, 하브루타를 위한 질문을 만들어보았다.

질문 만들기

1. 사자는 왜 작아졌을까요?
2. 사자와 가젤은 서로 말이 통할까요?
3. 가젤은 사자를 구해준 후 왜 다시 빠뜨리려고 했나요?
4. 사자는 가젤을 왜 구해주었나요?
5. 사자는 왜 가젤 머리 위에서 커졌을까요?
6. 사자가 "내가 네 마음을 달래줄게. 어떻게 하면 될까?"라고 물었을 때 가젤은 왜 아무런 대답도 하지 않았을까요?
7. 사자가 만약 자다가 커지지도 않고 작아지지도 않고 사람으로 되었다면 어떻게 되었을까요?

8. 만약 내가 사자였다면 가젤한테 어떻게 사과했을까요? 그리고 무엇을 해줬을까요?
9. 가젤은 사자를 용서했을까요? 만약 용서했다면 언제 했을까요?
10. 가젤에게 "나를 먹어"라고 말하면서 사자는 속으로 무슨 생각을 했을까요?

아이들이 선택한 질문

1. 가젤은 사자를 용서했을까요? 만약 용서했다면 언제 했을까요?

위의 질문에 아이들은 사자가 가젤의 콧잔등에서 미안하다고 사과하며 가젤의 눈물을 닦아주는 장면을 펼쳐서 보여주었다.

미라 : 사자가 진심을 다해 꼭 안아줬을 때 가젤은 사자를 용서했다.

영석 : 사자가 눈물을 흘렸다는 것은 상처받은 마음을 풀어냈다는 의미다.

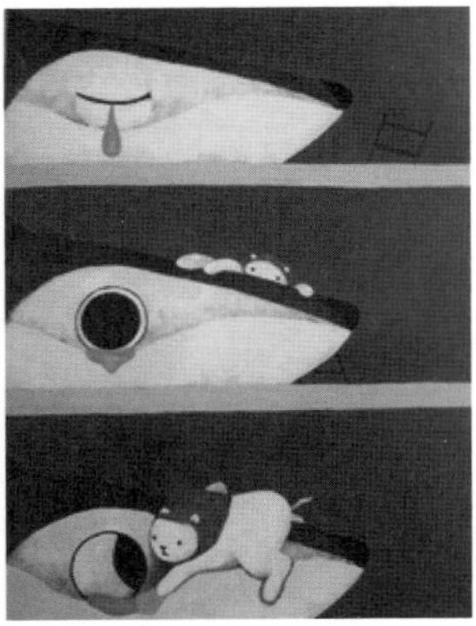

나영: 접시 위에 올라가서 “나를 먹어”라고 말했을 때 용서해주었다. 사자는 자기의 목숨까지 내줄 정도로 가젤에게 용서를 구했기 때문에 가젤의 마음이 풀렸다.

2. 가젤에게 “나를 먹어”라고 말하면서 사자는 속으로 무슨 생각을 했을까요?

서연 : 사자로 사는 것도 힘든데, 다음에는 동물을 잡아먹는 육식동물 말고 초식동물로 태어나서 다른 동물들을 고통스럽게 하지 않았으면 좋겠다고 생각했다.

영주 : 그래서 초식동물로 태어났는데, 매일 쫓겨 다니느라 너무 힘들고 지쳐 다시 사자로 태어나게 해달라고 했다.

미라 : 그렇게 반복하다 ‘동물은 안 되겠다’ 싶어 다음에는 인간으로 태어났다.

영석 : 인간으로 태어나 보니 공부도 해야 하고 숙제도 해야 해서 너무 힘들어 이번에는 강아지로 태어나기로 했다.

나영 : 강아지로 태어났더니 목줄을 매야 해서 자유롭지도 않고, 대부분 집에 갇혀 지내야 해서 너무 힘들었다.

주영 : 그래서 이번엔 지구로 한번 태어나 보고 싶었다. 그런데 지구도 힘들었다. 쉬지 않고 계속해서 태양 주위를 빙빙 돌려니 너무 따분하고 힘들었다.

아이들은 마지막에 “세상에 쉬운 일이 하나도 없네요. 그냥 나 자신의 모습으로 최선을 다하며 살아야겠어요"라고 이야기하며 하브루타를 끝맺었다. 아이들 스스로 질문하고 대화하다 보면 스스로 결론에 이른다. 이것을 하브루타에서는 '쉬우르'라고 한다.

'쉬우르'란 텍스트를 정리하는 단계를 말한다. 일반적으로 하브루타 수업의 마지막 단계에서 사용되며 학생과 교사 사이에 이루어지는 상호작용을 말한다. 학생들이 질문으로 다루지 못한 내용 등에 대해 정리해주고 확장시킬 수 있는 중요한 역할을 한다.

찬성과 반대로 논제 파헤치기

논제 : 가젤은 사자를 용서해야 한다.

찬성

사자는 그냥 한 끼의 식사를 한 것이다.

사자는 그냥 보통 때와 마찬가지로 점심 한 끼를 먹고 잠을 잤을 뿐, 사자가 잘못한 것은 없다. 사자가 가젤을 잡아먹는 것은 자연스러운 현상이다. 생태계의 먹이사슬은 생물 종 간의 포식자와 피식자의 관계를 나타내는 말이다. 즉, 동물과 식물, 동물과 동물의 먹고 먹히는 관계를 확인할 수 있는 표시라고 볼 수 있다. 이러한 관계는 생태계의 균형을 위해 매우 중요하다. 이것은 인간이 소나 닭, 돼지를 먹는 것과 마찬가지의 일이다.

사자는 가젤에게 진심을 다해 사과했다.

사자 입장에서는 그다지 잘못한 것이 없음에도 진심을 다해서 사과를 했다. 가젤의 머리에 꽃도 꽂아주고 노래도 불러주고 뿔에 그림도 그려주고 발도 닦아주었다. 그리고 나중에는 자기를 먹으라고까지 이야기했다. 사자가 아무 뜻 없이 했던 행동이 가젤에게 상처를 주었기 때문에 사자는 사과를 한 것이다. 우리도 가족 사이에서나 친구 사이에서 별 뜻 없이 한 말로 상처를 주기도 하고, 또 상처를 받기도 한다. 그런데 상대방이 사과를 했음에도 받아주지 않는다면, 오히려 사과한 사람의 마음도 상처를 받을 것이다. 그럼 이 세상에 사이좋게 지낼 수 있는 사람은 거의 없게 될 것이다.

용서를 해야 가젤의 마음도 편해진다.

가젤의 엄마는 어차피 이 세상에 없다. 가젤이 사자를 용서해주지 않고 마음속에 계속 묻어두고 있으면, 더 괴로운 것은 바로 가젤 자신이다. 사자가 사과를 하지 않았다면 몰라도, 사자는 진심을 다해 사과했으므로 용서해주고 가젤 마음에 남아 있는 상처도 털어버리는 것이 좋다. 그래야 가젤의 마음도 편하고, 하늘나라에 있는 가젤의 엄마도 마음 편히 쉴 수 있을 것이다. 가젤의 엄마도 가젤이 계속 사자를 용서하지 못하고 괴로워하고 있는 것을 바라지는 않을 것이다. 가젤이 마음 편히 행복하게 사는 것을 누구보다 원할 것이다.

반대

가젤에게 너무 심한 상처를 주었다.

사자는 가젤의 엄마를 이 세상에서 사라지게 만들었다. 아마 가젤이 이 세상에서 가장 사랑하고 소중하게 생각하는 존재는 엄마일 것이다. 누구라도 자신에게 가장 소중한 존재를 빼앗아가면 상처가 평생 마음에 남아 쉽게 잊히지 않는다. 가젤에게 가장 소중한 존재를 빼앗아간 사자를 쉽게 용서하기는 힘들 것이다. 사자가 가젤 앞에 자꾸 나타나면 가젤은 엄마 생각이 더 많이 날 것이다. 사자가 여러 번 사과를 했지만, 가젤은 사자를 보고 더 슬퍼져 가슴이 막히고 숨 쉬기기도 힘들 만큼 사자를 보는 것을 힘들어했다. 큰 상처를 받아 힘들어하는 가젤 앞에 자꾸 나타나는 것은 가젤을 더욱 힘들게 하는 것이다. 상처받은 당사자가 원하지 않는다면 나타나지 말아야 한다.

사자의 사과는 진심이 아닐 수도 있다.

사자는 육식동물이기 때문에 원래 상태로 크기가 커지고 힘이 세지면 다른 동물들을 또 잡아먹을 것이다. 지금은 크기가 너무 작고 힘이 없어서 어차피 잡아먹을 수 없기 때문에 사과하는 것처럼 보이지만, 나중에 상황이 달라지면 사자의 마음은 얼마든지 바뀔 수 있다. 그러면 가젤처럼 소중한 존재를 잃는 친구가 또 생길 수 있다. 그러한 상황을 막으려면 사자를 용서해서는 안 된다. 원래 인간도 힘이 있고 권력이 있으면 약한 사람을 괴롭히는 경우가 많다. 그러므로 사자의 지금 마음은 언제든지 바뀔 수 있는 믿을 수 없는 마음이다.

본인도 고통을 당해봐야 한다.

사자는 '동물의 왕'으로 불릴 만큼 동물들 중에서 가장 힘이 세다. 그만큼 다른 동물들을 잡아먹는 경우가 많고, 본인의 가족이 당하는 경우는 별로 없었을 것이다. 그러므로 가젤의 고통을 사자는 알지 못한다. 말로는 사과하는 것 같지만, 본인이 당해보지 못한 고통을 이해하기는 어렵다. 그러므로 그 사과는 진심으로 보기 어렵다. 그렇다고 가젤이 사자를 죽이는 것 역시 가젤의 마음을 편하게 하지는 않을 테니 간단히 복수를 해줄 필요는 있다. 예를 들면 사자를 우리에 가두어두고 몇 끼 굶기는 등의 고통을 주어야 한다.

상대에게 용서를 구한다는 것은 바로 자기 자신을 내려놓는다는 뜻이다. 서투르더라도 진심으로 용서를 구한다면 그 진심은 상대에게 가 닿을 것이고, 결국은 상대도 잘못을 용서함으로써 힘든 마음을 내려놓고 자유로워지게 된다. 타인의 실수나 잘못에 나쁜 감정을 계속 쌓아가면 결국 더 고통받는 것은 자기 자신이다.

하지만 진정한 사과가 없다면 상처는 쉽게 없어지지 않는다. 이 책에서 사자는 최선을 다해 진심으로 사과했다는 생각이 든다. 저렇게 사과한다면 상처받은 마음도 조금은 풀리지 않을까?

행복의 조건 : 청소부 아저씨가 교수직을 거절한 것은 잘한 일일까?

우리가 살아가는 이유는 행복을 만들고 가꾸기 위함이다. 행복은 우리 삶에서 그 무엇과도 바꿀 수 없는 소중한 것이다. 우리는 물질적인 부분에서 행복을 느끼기도 하지만, 그런 행복은 우리 마음에 그리 오랜 시간 머물러 있지 않는다. 하지만 넉넉한 마음으로 채워진 행복은 어떤 상황에서도 타자에 의해 자신이 정의되도록 허락하지 않는다. 타인으로부터 사랑받고 있다고 느끼는 것, 어려움과 고통을 가족, 친구와 함께 이겨내는 것, 자신이 진정으로 좋아하는 일을 하는 것은 사람의 마음을 넉넉하게 만들어 우리를 행복에 이르게 한다. 특히나 자신이 좋아하는 일을 직업으로 갖게 된다면, 그보다 더 행복한 일은 없을 것이다.

자기 일을 사랑하며 사는 것이 진정한 행복

모니카 페트 글 · 안토니 보라틴스키 그림, 《행복한 청소부》(김경연 옮김, 풀빛, 2000)

《행복한 청소부》는 독일 작가 모니카 페트(Monika Feth)가 쓰고 안토니 보라틴스키(Antoni Boratynski)가 그림을 그린 작품으로, 독일의 유명한 거리(바흐 거리, 모차르트 거리, 쇼팽 광장, 괴테 거리 등)의 표지판을 닦는 일을 하는 청소부 아저씨에 관한 이야기다.

자기 직업을 사랑하고, 맡은 일을 열심히 하면서 행복을 느끼는 청소부 아저씨는 어느 날, 한 아이와 엄마의 대화를 듣고 충격을 받는다. 아이와 엄마의 대화를 들은 아저씨는 그동안 자신이 그토록 열심히 닦고 있었던 길거리의 표지판에 새겨진 이름들에 대해 아무것도 모르고 있었다는 사실을 깨닫게 된다. 그날 이후, 집으로 돌아가 표지판에 등장하는 독일의 음악가, 문학가 등에 대해 열심히 공부하게 된다. 그리고 어느 날, 대학으로부터 강연을 해달라는 부탁을 받지만, 아저씨는 결국 교수직을 거절하고 자기가 사랑하는 청소부 일을 계속한다. 책에 나오는 청소부 아저씨는 마음이 넉넉하고 자기 일과 자기 자신을 진정으로 사랑하는 사람이다. 그러므로 그의 표정은 항상 당당하고 얼굴에는 미소를 지니고 있다. 보통 사람들이라면 꺼리는 청소부 일이지만 자신의 일을 사랑하고 일에 대한 만족감 또한 매우 높다. 이 책을 통해 아이들은 자신이 진정으로 원하는 일을 할 때 행복하다는 사실을 깨닫게 되고, 자신이 원하는 삶을 선택한 청소부의 가치관을 돌아보게 된다.

질문 만들기

1. 다른 청소부들이 아저씨를 인정한 이유는 무엇인가요?
2. 청소부 아저씨가 공부하기로 결심한 이유는 무엇인가요?
3. 다른 청소부들은 왜 음악가와 시인에 대해 공부하지 않았을까요?
4. 청소부 아저씨의 월급은 얼마나 될까요?
5. 내가 가장 행복할 때는 언제인가요?
6. 행복이란 무엇이라고 생각하나요?
7. 행복한 삶을 위해 내가 해야 하는 것은 무엇인가요?
8. 그림에서 아저씨가 음악을 듣고, 책을 읽을 때 나타나는 '날개 달린 말'은 무엇을 의미할까요?
9. 성공해서 유명해지면 과연 행복할까요?
10. 내가 만약 청소부 아저씨라면 대학 강연을 거절했을까요?

아이들이 선택한 질문

1. 다른 청소부들은 왜 음악가와 시인에 대해 공부하지 않았을까요?

나영 : 이 책에 나오는 청소부 아저씨는 예술가들의 이름이 적힌 간판을 닦고 있었지만, 다른 아저씨들은 작가 이름이 있는 거리가 아닌 다른 구역을 청소하고 있었기 때문이다.

영석 : 청소하는 것 자체로도 매우 힘들고 스트레스를 받기 때문에 다른 것을 돌아볼 여유가 없었을 것이다. 청소부 일로 받는 스트레스를 다른 것으로 풀었을 것 같다.

미라 : 사람들에게는 '청소부는 청소를 열심히 해야 한다'라는 고정관념이 있기 때문에, 청소부가 만약 음악을 듣거나 책을 본다면, 이상한 시선으로 바라볼 것이고, 그것이 두려웠을 것 같다.

2. 그림에서 아저씨가 음악을 듣고, 책을 읽을 때 나타나는 '날개 달린 말'은 무엇을 의미할까요?

지우 : 책을 읽고 음악을 들을 때 매우 행복하다는 의미다.

정석 : 책을 읽고 음악을 들을 때는 혼자 있어도 외롭지 않고 항상 누군가가 옆에 있다는 느낌을 아저씨가 받고 있다는 것을 의미한다.

시연 : 말에 날개가 달려 있는 것을 보면, 음악을 듣고, 책을 읽으며 꿈을 펼쳐나간다는 것을 의미하는 것 같다.

3. 내가 만약 청소부 아저씨라면 대학 강연을 거절했을까요?

하은 : 거절했을 것 같다. 청소부 일에 만족하고 행복해하며 작곡가와 작가들에 대해 혼자서 열심히 공부를 하고 있는데, 거기서 더 뭘 바란다는 것은 욕심이다. 욕심을 과하게 부리면 잘못될 수도 있다.

한성 : 승낙했을 것이다. 더 많은 사람들에게 자신의 풍부한 지식을 전달할 수 있어 아저씨가 더 행복해질 것 같다.

준서 : 조건을 듣고 결정할 것이다. 돈을 많이 준다고 하면 승낙을 하고, 돈을 적게 주면 거절할 것이다. 지금도 충분히 행복한데 굳이 돈도 많이 주지 않는데 직업을 바꿀 필요는 없을 것이다.

하브루타를 마치고 자신의 삶을 풍성하게 가꾸어나가려면 어떠한 것이 필요한지, 진로 선택에서 중요한 부분은 무엇인지 좀 더 깊이 있게 고민해보기 위해 "청소부 아저씨가 교수직을 거절한 것은 잘한 일이다"를 논제로 디베이트를 진행했다.

찬성과 반대로 논제 파헤치기

논제 : 청소부 아저씨가 교수직을 거절한 것은 잘한 일이다.

찬성

아저씨는 자신의 일을 진정으로 사랑했다.

몇 년 전부터 음악가 거리를 청소했던 아저씨는 거리를 열심히 청소했고 다른 청소부들로부터도 최고로 인정을 받았다. 현재 자기가 하고 있는 일을 사랑하고 그로 인해 행복한 상황인데, 굳이 교수가 될 필요는 없다고 생각한다. 교수라는 직업이 청소부라는 직업보다 꼭 훌륭하다고 볼 수는 없다. 거리를 깨끗하게 청소하고 사람들에게 쾌적함을 주는 청소부라는 직업도 우리 사회에 꼭 필요하고 훌륭한 일이다. 또한 아저씨는 청소부 일을 하면서도 본인이 좋아하는 공연을 보러 다니고 음악 등 예술에 관한 공부를 하고 책을 읽으며 자기 나름대로 사색을 즐기면서 작가 및 음악가들과 친구가 된 것처럼 느꼈다. 청소부 일을 하면서 얼마든지 여가 시간을 이용하여 자기가 좋아하는 일을 하며 행복한 삶을 살아가고 있다.

교수 일을 하게 되면 스트레스를 받을 수 있다.

청소부 아저씨는 다른 사람들 앞에서 강연하는 일에 부담을 느끼고 있다. 책에서도 사람들이 아저씨를 따라다니며 강연을 듣자, "그런 시간이 거북이처럼 지나갔고 퇴근하는 시간인 5시가 되자 안

도의 한숨을 쉬었다"는 내용과 "너무 놀라 딸꾹질이 나왔다"는 내용이 나온다. 이러한 것을 볼 때 아저씨는 사람들 앞에 나서는 일을 좋아하지 않는 성격 같다. 그런 성격의 소유자가 교수가 되면 많은 학생들 앞에서 강의를 해야 하기 때문에 부담을 갖게 되고, 부담감이 심화되면 결국 교수직을 그만두게 될 수도 있다.

스스로 좋아서 하는 취미 활동과 직업은 엄연히 다르다.

아저씨가 공부를 하고 강연을 했던 것은 그것을 직업으로 생각했기 때문이 아니라, 단지 그것 자체가 좋아서 즐기고 싶었기 때문이다. 사람은 공부나 일을 하고 난 후 시간적 여유가 생기면 독서, 여행, 문화생활 등 자신이 원하고 좋아하는 일을 한다. 하지만 즐거운 일이라도 생계를 유지해야 하는 직업이 된다면 마음 편하게 즐길 수만은 없게 된다. 취미 생활은 자신이 하고 싶을 때 하면서 일로 인한 스트레스를 푸는 것이다. 그런데 대학에서 강의하는 직업을 갖는다면 자기가 원하는 분야를 하고 싶을 때만 할 수 있는 것이 아니다. 강연을 위한 자료를 열심히 준비해야 하고 그 과정에서 힘들어지면 아저씨는 더 이상 강연하는 일을 즐길 수 없게 된다.

⊗ 반대

학생들을 가르치면서 아저씨가 더 행복해질 수도 있다.

책에서 보면, 아저씨는 공부하는 것을 매우 좋아하는 성격임을 알 수 있다. 아저씨는 한 엄마와 소년의 이야기를 듣고 청소를 하는 동안 한 번도 거리와 표지판에 대해 생각해보지 않았던 자신에 대해 충격을 받았다. 그 후 도서관에서 책을 빌려와 음악가와 작가에 대해 공부하고 알아가면서 좀 더 일찍 공부하지 않은 일을 아쉬워했다. 그리고 도서관에 매일 가서 수많은 책을 읽었다. 처음에는 책에 쓰인 내용이 어떤 의미인지 잘 몰랐지만 그것을 이해할 수 있을 때까지 아저씨는 되풀이해서 읽는 열정을 보였다. 성실하고 자기가 원하는 분야에 깊이 있게 파고드는 성격을 가진 아저씨가 교수가 된다면 학생들과 수업하기 위해 훨씬 더 열심히 공부할 것이다. 그러면 아저씨는 좋아하는 공부를 하면서 더욱 행복해질 수 있다.

사회적으로 더 성공할 수 있는 기회를 버렸다.

교수가 되면 많은 사람들에게 존경을 받고, 그에 따른 명예와 경제적인 부도 얻을 수 있다. 청소부 아저씨는 지금껏 청소부의 삶만을 살아왔다. 다른 직업은 가져본 적이 없으므로 돈과 명예를 가져본 적도 없을 것이다. 청소부 일을 사랑한다고 해서 계속 그 일만을 사랑하게 되리라는 법은 없다. 다른 일을 해보면, 청소부 일보다 더 본인에게 맞는 직업을 찾을 수도 있고, 사회적으로 성공한 삶을 살아갈 수도 있다. 우리나라에서는 돈과 명예를 추구하는 것을 안 좋게 보는 경향이 있다. 돈과 명예 자체가 나쁜 것이 아니라, 그것을 나쁘게 활용하는 사람들이 문제인 것이다. 인간은 많은 사람들의 존경을 받게 되면 스스로 더 좋은 사람이 되기 위해 노력한다. 돈과 명예가 생기면 어렵고 가난한 사람에게 도움의 손길을 줄 수도 있으므로 보람된 삶을 살아갈 수도 있다.

학문적으로 한 단계 더 발전하는 기회가 될 수도 있다.

처음에 청소부 아저씨는 청소만 열심히 했고, 청소하는 일만으로도 행복해하고 만족했다. 하지만 청소 도중 한 엄마와 아이가 '글루크 거리'라는 표지판에 대해 이야기 나누는 것을 듣고 충격을 받아 공부를 시작하게 되었다. 이처럼 인생은 뜻하지 않은 계기로 성장하고 발전하게 되는 경우가 많다. 청소부 아저씨 자신에게 공부에 대한 열정이 있는 것이라 볼 수 있다. 그런 이야기를 들었다고 해서 모든 청소부들이 아저씨처럼 음악을 듣고, 책을 읽고, 공부를 하지는 않을 것이다. 만약 아저씨가 교수가 된다면 더 넓은 세상에서 다양한 경험을 하게 되고 아저씨는 더 발전하게 될 수도 있다. 그러한 기회를 사전에 차단한 아저씨의 행동은 어리석다.

아이들은 '하브루타의 질문에 디베이트가 대답하다' 과정을 통해 자연스럽게 '행복의 의미'에 대해 생각해보게 된다. 또한 자신이 어떤 일을 할 때 가장 행복해질 수 있는지에 대해서도 생각한다. 자신이 좋아하는 일을 할 때 최선을 다하게 되고, 어떤 난관에 부딪히더라도 극복해낼 수 있는 힘이 생긴다는 사실을 알게 된다. 그러기 위해서 지금부터 자신이 추구하는 가치가 무엇인지 끊임없이 고민해보는 것이 중요하다.

자유와 책임 : 산으로 간 블랑께뜨의 행동은 옳을까?

우리에게 《별》과 《마지막 수업》으로 익숙한 알퐁스 도데(Alphonse Daudet)는 자연주의 일파에 속했으나 민감한 감수성과 시정 넘치는 유연한 문체로 불행한 사람들에 대한 연민과 고향 프로방스 지방에 대한 애착심을 주제로 하여 인상주의적인 작풍을 세운 19세기 후반의 프랑스 소설가다. 《스갱 아저씨의 염소》는 알퐁스 도데의 글에 에릭 바튀(Eric Battut)의 강렬한 색채가 돋보이는 그림이 더해져 완성된 그림책이다. 에릭 바튀는 1968년 프랑스에서 태어나 어릴 때부터 그림 그리기를 좋아했다. 크레르몽-페랑 대학에서 법학과 경제학을 공부하고, 리옹에서 디자인을 공부한 바튀는 《스갱 아저씨의 염소》가 1996년 볼로냐국제아동도서전에 전시되면서 일러스트레이터로 주목받기 시작했다. 유화의 맛을 잘 살려 표현한 바튀의 그림들은 단순한 삽화가 아니라 하나의 예술 작품을 보듯 강렬하고 개성 넘치는 아름다움을 보여준다. 더욱이 절제된 표현과 뚜렷한 색감으로, 아이들이 그림책을 보며 감성과 창의력을 키울 수 있도록 오감을 자극한다.

자유를 찾아서

알퐁스 도데 글 · 에릭 바튀 그림, 《스갱 아저씨의 염소》(강희진 옮김, 파랑새어린이, 2013)

알퐁스 도데의 단편소설이 에릭 바튀에 의해 그림책으로 재탄생된 것은 알퐁스 도데가 죽은 지 100년이 지난 후였다. 완전히 다른 시대를 살아간 사람의 소설을 보고 삽화를 그려 그림책으로 재탄생시켰다는 사실에서 에릭 바튀가 이 소설에 얼마나 강하게 매료되었는지 짐작해볼 수 있다.

“파리에 계신 피에르 그랭그와르 시인 아저씨께”로 시작하는 이 그림책은 어느 아이가 시인 아저씨에게 들려주는 이야기다. 시인 아저씨는 시를 쓰기 위해 번듯한 직업도 마다한 채 가난한 생활을 하고 있다. 이 아이는 염소 블랑께뜨가 스갱 아저씨의 말을 듣지 않고 자신이 하고 싶은 대로 산으로 도망갔다가 결국 늑대에게 잡아먹힌 이야기를 들려준다. 이야기는 시인 아저씨에게 지금 당신이 바로 염소와 똑같은 상황이라고 이야기하며 끝을 맺는다. 자유를 찾아 산으로 갔다가 죽음을 맞은 블랑께뜨 이야기는 작가 알퐁스 도데가 자기 자신에게 하는 소리일 수도 있고, 만약 그 시인이 실존 인물이라면 시인 당사자에게 하는 이야기일 수도 있을 것이다. 그러나 어느 상황이든, 독자는 이 책을 읽고 신문사 기자보다는 시인의 길을 택한 그랭그와르의 의지가 더욱 강력하게 피력되어 있음을 알게 된다.

이 책은 그림책이긴 하지만 철학적 주제를 담고 있어 초등학생뿐만 아니라 어른들까지 모든 연령대가 감상하기에 좋다. 각자 자신이 놓인 상황에 맞게 깊이 생각할 거리를 던져주는 그림책이다. 이 책을 읽고 아이들이 생각해낸 질문은 다음과 같다.

질문 만들기

1. 블랑께뜨는 늑대가 있다는 걸 알았으면서도 왜 마지막에 아

저씨의 나팔 소리를 듣고도 집으로 가지 않았을까요? 정말 스갱 아저씨의 집이 그렇게 싫었던 걸까요?

2. 블랑께뜨가 산으로 가고 싶다고 했을 때, 스갱 아저씨는 왜 더욱 강압적으로 제지했을까요?
3. 스갱 아저씨의 집에는 무슨 문제가 있었던 걸까요?
4. 염소들은 자기 스스로 생존해야 하고 먹이도 구해야 하는 산을 왜 더 좋아한 것일까요?
5. 스갱 아저씨가 염소를 키우지 않겠다고 다짐해놓고는 다시 염소를 데리고 온 이유는 무엇일까요?
6. 블랑께뜨가 끝까지 늑대와 맞서 싸운 이유는 무엇이었을까요?
7. 블랑께뜨는 "산으로 가면 안 된다"라는 아저씨의 말을 왜 무시했을까요?
8. 검은 영양은 왜 블랑께뜨가 늑대와 싸울 때 도와주지 않았을까요?
9. 자신이 하고 싶은 일을 위해 죽음도 두려워하지 않았던 사람이 있나요?
10. 상대방이 원하지 않는 사랑을 진정한 사랑이라고 할 수 있을까요?
11. 자유에 따르는 위험에 대비하기 위해 우리가 해야 하는 것은 무엇일까요?

아이들이 선택한 질문

1. 블랑께뜨가 산으로 가고 싶다고 했을 때, 스갱 아저씨는 왜 더욱 강압적으로 제지했을까요?

한나 : 이미 여섯 마리나 염소를 잃어놓고도 해결 방법을 찾지 않고 강압적으로 대응하여 염소를 도망치게 만든 아저씨는 깨달음이 없는 사람이다.

미나 : 우리 인간은 어쩔 수 없이 자신의 욕망을 자제한 채 세상에 맞추어 살아가야 한다. 현실을 고려하지 않은 채 자유롭게 살아가려는 삶은 결국 비참한 결말을 초래한다. 이 책에서도 염소는 결국 아저씨 말을 듣지 않고 산으로 가서 죽음을 맞이했다.

은후 : 모든 생명에게는 안전이 가장 중요하다. 아저씨는 이미 여섯 마리의 염소가 산으로 가 목숨을 잃었기 때문에 블랑께뜨도 그렇게 될까 봐 제지한 것이다. 어떤 자유도 자신의 목숨을 유지하는 것보다 더 중요하지는 않다고 아저씨는 생각한 것이다.

2. 검은 영양은 왜 블랑께뜨가 늑대와 싸울 때 도와주지 않았을까요?

미영 : 세상은 무서운 곳인 것 같다. 산에서 처음에 블랑께뜨를 보고 잘해주었던 친구들, 서로 사랑했던 영양마저도 블랑께뜨가 힘들 때 도와주지 않았다. 의리가 없는 친구들이다.

윤민 : 좋을 때는 함께 웃고 즐겁게 놀아도 막상 다른 사람이 어려움에 처했을 때 도움의 손길을 주는 사람은 많지 않다. 아무리 친

한 친구라 하더라도 가족보다 더 나 자신을 생각해주는 사람은 없다. 블랑께뜨는 아저씨의 말을 들었어야 했다.

3. 블랑께뜨는 “산으로 가면 안 된다”라는 아저씨의 말을 왜 무시했을까요?

지섭 : 인간(염소)은 자유롭게 살기 위해 태어났으므로 자유는 인간의 본성이다. 자유롭지 못한 채 살아가는 것은 살아도 진정으로 사는 것이 아니다. 우리는 편안함이 보장된 무료한 삶보다 위험한 자유에서 더 큰 행복을 느낄 수 있다.

예진 : 블랑께뜨는 죽더라도 아저씨에게서 벗어나고 싶은 욕구가 있었던 것 같다. 답답하게 사느니 잡아먹히더라도 자유를 누리고 싶었던 것이다.

소라 : 블랑께뜨는 산에서 싱싱하고 맛있는 풀을 마음껏 뜯어먹고, 예쁜 꽃 사이를 마음껏 뛰어다니고 싶었다. 좁은 울타리는 염소에게는 맞지 않는 것이다. 그래서 블랑께뜨는 목에 감긴 줄을 당기며 산을 향해 구슬프게 울기만 했던 것이다.

이러한 하브루타 과정이 끝나고 아이들과 함께 찾아본 논제는 “아저씨의 말을 듣지 않고 산으로 간 블랑께뜨의 행동은 옳다”였다.

찬성과 반대로 논제 파헤치기

논제 : 아저씨의 말을 듣지 않고 산으로 간 블랑께뜨의 행동은 옳다.

찬성

누구에게나 자유를 누릴 권리가 있다.

스갱 아저씨는 산으로 보내달라는 블랑께뜨의 부탁을 거절하고 어두운 외양간에 가두고 문을 열쇠로 두 번이나 잠갔다. 이것은 사랑한다는 이유로 블랑께뜨의 자유를 구속한 것이다. 자유를 원했던 블랑게뜨는 산으로 가 친구들도 만났고, 말뚝에서 벗어나 이곳저곳 뛰어다니며 마음껏 행복을 누렸다. 그리고 검은 영양을 만나 사랑도 했다. 아저씨가 블랑께뜨를 진심으로 사랑한다면 블랑께뜨가 원하는 것이 무엇인지 들어주고 문제를 해결하도록 함께 고민했어야 한다.

자신의 선택을 후회하지 않고 끝까지 책임지려 했다.

산에서 만난 늑대에게 용감히 덤벼들었고, 늑대가 잠시 숨을 돌리는 사이 새순을 뜯어먹으며 늑대와의 전투를 준비했다. 새벽이 될 때까지만이라도 버티게 해달라고 간절히 바랐던 만큼 블랑께뜨는 자신의 선택에 최선을 다했다. 따라서 설령 목숨을 잃었다 하더라도 그 죽음이 무의미하지는 않다. 블랑께뜨는 답답하게 갇혀 사는 것보다 자유를 얻는 선택을 했으므로 용기 있는 죽음이라고 볼 수 있다.

블랑께뜨의 선택을 존중해주어야 하므로, 그의 선택을 지지한다.

블랑께뜨는 이미 여섯 마리의 염소들이 늑대와 싸우다 잡아먹힌 얘기를 들었지만, 산으로 가는 것이 블랑께뜨의 간절한 소망이었다. 모든 상황을 예측했음에도 산으로 가는 선택을 한 것은 블랑께뜨 자신이다. 산으로 간 이후에도 스갱 아저씨의 나팔소리를 듣고 다시 돌아갈 기회가 있었지만 블랑께뜨는 스스로 산에 남기로 결정했다. 따라서 블랑께뜨 자신의 선택을 존중해주어야 한다.

반대

자신의 욕구에 사로잡혀 현실을 제대로 직시하지 못했다.

블랑께뜨는 너무 자유롭게 살고 싶은 나머지 자신에게 다가올 위험을 감지하지 못했다. 집을 나온 블랑께뜨는 아무것도 두려워하지 않았다. 빠르게 흐르는 물줄기도, 털이 물에 젖어도 개의치 않았다. 또한 언덕 아래에 있는 스갱 아저씨의 작은 집을 보고 웃으며 그동안 어떻게 저런 곳에서 살았을까 하며 우쭐해했다. 높은 곳에서 아래를 내려다보면 무엇이든 작게 보이기 마련이다. 인간도 한 가지 욕구에 몰입해서 그것만 생각하다 보면, 다른 부분을 객관적으로 바라볼 수 있는 균형 감각을 잃게 된다.

스갱 아저씨 마음에 상처를 주었다.

스갱 아저씨는 새로 데려온 블랑께뜨를 무척이나 사랑했다. 풀밭에 산사나무로 둘러싸인 울타리를 치고 새 보금자리도 만들어주고 예쁜 이름도 지어주었다. 그리고 아저씨는 염소가 답답해할까 봐 경치 좋은 곳에 말뚝을 박아주었다. 아저씨가 블랑께뜨를 산에 가지 못하게 한 것은 이미 산으로 간 다른 염소들이 모두 잡아먹혔기 때문이다. 곧 이것은 블랑께뜨를 위해서 한 행동이다. 아저씨는 저녁이 되자 나팔을 불며 블랑께뜨를 애타게 찾아 나섰다. 블랑께뜨가 죽은 사실을 안다면 아저씨는 매우 괴로워할 것이 분명하다.

결국 늑대에게 잡아먹혔으므로 블랑께뜨의 행동을 옳다고 볼 수 없다.

이 세상에 자기 목숨보다 소중한 것은 없다. 블랑께뜨는 산에 무시무시한 늑대가 살고 있다는 걸 알고 있었고, 자기보다 더 크고 단단한 뿔을 가진 염소들도 모두 늑대에게 잡아먹혔다는 아저씨의 말을 듣고도 무시해버렸다. 그러고는 산으로 도망쳐서 결국은 죽음을 맞았다. 생명이 유지되어야 무엇이든 도전하고 이루어낼 수 있다. 블랑께뜨는 욕망에 사로잡혀 무모한 선택을 했고, 결국 어린 나이에 허무하게 죽고 말았다. 결코 의로운 죽음이라 할 수 없다.

우리가 살아가는 인생 여정은 매 순간 선택의 연속이다. 어린 시절 사소한 문제들에 대한 잘못된 선택은 그에 따른 책임이 그다지 크지는 않다. 하지만 학년이 점점 올라가고 어른이 되어갈수록 잘못된 선택에 대한 책임의 무게는 점점 무거워진다. 우리의 선택은 자신의 가치관과 맞물려 있으므로, 자신의 선택에 책임을 지고 최선을 다하는 것이 삶을 대하는 바람직한 태도가 될 것이다.

알퐁스 도데는 이 책에서 우리에게 어떤 이야기를 하고 싶었던 것일까? 죽음도 뛰어넘을 만한 가치가 있는 자유, 자신의 선택에 대해 후회하지 않을 만큼 최선을 다하는 것, 마음이 이끄는 대로 했을 때의 위험성, 도전하며 사는 삶의 중요성 등 여러 가지 의견이 있을 수 있다. 이 책을 읽고 디베이트를 하고 나면, 아이들은 자신의 가치관, 인생에서 선택과 책임의 의미에 대해 좀 더 진진하게 고민하게 된다.

삶의 의미 : 100만 번을 사는 것이 행복한 일일까?

100만 번을 죽고 100만 번이나 살았던 얼룩 고양이가 있었다. 100만 명의 사람들은 얼룩 고양이를 사랑했고, 고양이가 죽었을 때 모두 슬프게 울었다. 하지만 고양이는 한 번도 울지 않았다. 수많은 주인들을 좋아하지 않았고 그때까지의 삶과 죽음에 행복과 만족을 느끼지 못했기 때문이다. 이 세상에서 자기 자신을 가장 사랑했던 얼룩 고양이는 어느 날, 자신보다 더 사랑하는 하얀 고양이를 만나게 되고 가족을 만들어 행복한 삶을 살아간다. 그리고 하얀 고양이가 죽는 순간 처음으로 울고 또 운다. 그 후 얼룩 고양이는 두 번 다시 살아나지 않았다.

100만 번을 산 얼룩 고양이의 이야기를 통해 우리는 삶의 가치와 소중함, 진실한 사랑과 죽음에 대해 생각해볼 수 있다. 현재 자기 곁에 있는 소중한 사람들이 언제까지나 그 자리에 있을 것 같지만, 우리는 모두 죽음의 결말을 향해 가는 미약한 존재에 불과하다. 사노 요코(佐野洋子)가 글을 쓰고 그림을 그린 《100만 번 산 고양이》는 역설적으로 유한한 삶을 우리가 어떻게 살아가야 할지 생각해보게 한다. 어쩌면 어린아이들에게는 조금 어렵고 무거운 주제일 수도 있지만, 어린 연령대라 하더라도 각자가 경험한 만큼의 느낌, 감동과 교훈, 깨달음이 있을 것이라 생각한다.

살아가야 하는 이유

사노 요코, 《100만 번 산 고양이》(김난주 옮김, 비룡소, 2002)

사노 요코의 또 다른 그림책 《태어난 아이》(황진희 옮김, 거북이북스,

2016) 역시 우리들에게 위로와 공감을 주는 그림책이다. 인간은 태어난 이상 어렵고 피곤하고 상처받는 것들로 둘러싸인 세상으로 나가야 한다. 그 세상으로 나가게 하는 원동력은 바로 '반창고를 붙여 주는 엄마', 즉 '공감과 위로'다. 이 그림책은 이런 가슴 따뜻한 깨달음을 아이의 담담한 표정으로 독자에게 전달한다. 아이들과 하브루타를 진행하기 아주 좋은 그림책이다.

디베이트를 어느 정도 진행한 고학년 아이들이라면 나탈리 배비트(Natalie Babbitt)가 쓰고 윤미숙이 그린 《트리갭의 샘물》(최순희 옮김, 대교북스주니어, 2018)을 읽고 하브루타와 디베이트를 진행하는 것도 좋다. 《100만 번 산 고양이》를 읽고 아이들이 생각해낸 질문은 다음과 같다.

질문 만들기

1. 왜 얼룩 고양이는 두 번 다시 살아나지 않았을까요?
2. 왜 사람들은 마술 고양이가 죽었을 때 박수를 치지 않았을까요?
3. 얼룩 고양이는 왜 죽는 것이 아무렇지도 않았을까요?
4. 얼룩 고양이는 어떻게 100만 번을 살 수 있었을까요?
5. 얼룩 고양이는 왜 하얀 고양이와 새끼 고양이만 좋아하고, 다른 고양이들은 다 싫어했을까요?
6. 내가 얼룩 고양이라면 죽는 것이 무서웠을까요?
7. 영원히 산다는 것은 어떤 느낌일까요?
8. 여자아이는 왜 얼룩 고양이에게 그렇게 많이 집착했을까요?

9. 내가 고양이라면 다시 살아나고 싶었을까요?

10. 이 그림책을 읽고 드는 생각은 무엇인가요?

아이들이 선택한 질문

1. 왜 얼룩 고양이는 두 번 다시 살아나지 않았을까요?

보민 : 하얀 고양이가 천국으로 갔기 때문에 천국에서 하얀 고양이와 함께 있고 싶었다.

소라 : 하얀 고양이를 만나기 위해 100만 번을 태어난 것인데 이미 하얀 고양이가 죽었으므로 살아날 필요가 없었다.

민영 : 이전의 주인들은 다 싫었고 진짜 자신만의 고양이가 되어 원하는 대로 살았기 때문에 다시 태어날 필요가 없었다.

2. 얼룩 고양이는 어떻게 100만 번을 살 수 있었을까요?

민혜 : 고양이는 동물이라 천국에 갈 수 없어 땅속에 묻혔는데 땅속에서 인터넷을 찾아보며 100만 번 다시 사는 법을 열심히 찾아보았기 때문이다.

의진 : 사실 고양이는 100만 번을 죽은 것이 아니다. 100만 번 다쳤던 것이고, 그때마다 주변의 도움으로 치료를 받은 것뿐이다. 그래서 결국 고양이는 마지막에 딱 한 번만 죽은 것이다.

세빈 : 고양이의 얼룩무늬가 100만 개라 100만 번을 다시 살아난 것이다.

3. 이 그림책을 읽고 드는 생각은 무엇인가요?

미나 : 인간은 언젠가는 죽게 되는데, 살아 있는 동안 최선을 다해 살아야겠다는 생각이 든다.

민선 : 100만 번을 산다는 것은 영원히 산다는 것을 의미하는 것이라고 생각한다. 이렇게 되면 죽는 사람은 줄어들고 인구가 계속 늘어나게 되니 먹을거리가 점점 부족해져 생태계가 파괴되고, 결국 지구는 멸망하고 말 것이다.

유나 : 지금도 식량 부족에 시달리는데 나중에는 먹을 것이 없어져 사람이 사람을 먹는 끔찍한 일이 발생할 수도 있을 것 같다.

하브루타 후 아이들이 정한 논제는 "100만 번을 사는 것이 행복한 일일까?"였다. 여기서 '100만 번을 사는'이라는 것은 '무한한 삶'을 의미한다고 볼 수 있다.

찬성과 반대로 논제 파헤치기 논제 : 100만 번을 사는 것이 행복한 일일까?

찬성

오래 사는 것은 모든 사람들의 소망이다.

대부분의 사람들은 자신의 생명이 오랫동안 지속되기를 바란다.

오래 살고 싶은 이유에는 여러 가지가 있겠으나, 미래에 어떤 세상이 펼쳐질지 보고 싶은 마음도 있고, 죽는 것 자체가 두렵기도 하기 때문일 것이다. 만약 자신이 20대, 30대에 불운한 사고나 병으로 인해 죽게 된다면 본인이나 가족에게 정말 슬픈 일이다. 인간에게 주는 고통의 많은 부분은 죽음으로 인한 공포에서 온다. 죽음에 대한 두려움과 걱정이 없어진다면 편안하게 삶을 살 수 있을 뿐만 아니라, 사랑하는 사람과 함께 소중한 추억을 만들어가며 오랫동안 행복하게 살 수 있다.

다양한 경험을 하며 원하는 삶을 살 수 있다.

보통 사람들은 다양한 경험을 하길 바라고 그것을 꼭 이루고 싶어 한다. 하지만 한 번뿐인 삶에서는 자신이 하고 싶은 것을 제대로 하지 못한다. 특히, 자신에게 맞지 않는 직업을 선택하면 바꾸기도 쉽지 않고, 괴로워하며 평생을 보내게 된다. 하지만 또 다른 삶이 주어진다면 현재의 생애에서 하지 못한 일을 다음번 생에서 할 수 있다. 자기가 원하는 삶을 마음껏 누릴 수 있기 때문에 이번 생을 떠날 때도 그리 아쉽지는 않을 것이다. 예를 들어, 세계의 모든 나라를 여행할 수도 있고, 자기가 원하는 것들을 이뤄가면서 행복을 느낄 수도 있을 것이다. 다양한 직업을 경험함으로써 세상을 바라보는 눈이 넓어지고 사람들의 마음도 더 잘 이해할 수 있게 된다. 그러면 인간관계가 더 좋아지고 많은 사람들에게 사랑받는 삶을 살 수 있다.

뛰어난 능력을 가진 사람이 되어 다른 사람에게 도움을 줄 수 있다.

수많은 생을 살아가다 보면 아는 것도 많아지고, 다양한 경험을 하게 되어 뛰어난 능력을 가질 수 있다. 그러면 아인슈타인과 같은 천재가 되어 세상을 바꿀 만한 과학적 연구 성과를 이루어낼 수도 있고, 방탄소년단과 같은 슈퍼스타가 되어 많은 사람들에게 행복과 즐거움을 줄 수도 있다. 또한 훌륭한 의사가 되어 난치병을 치료한다면, 인류에게 커다란 행복을 가져다줄 수 있다. 그러면 이 세상은 더 좋아질 것이고 의미 있는 삶을 살아갈 수 있다.

⊗ 반대

사랑하는 사람을 계속 떠나보내는 것은 너무나 고통스러운 일이다.

사랑하는 사람들과 행복하게 살다가 그 가족을 먼저 떠나보내면 너무 슬퍼 인생을 살기 힘들다. 이 책에서도 얼룩 고양이가 떠날 때마다 사람들은 많은 눈물을 흘리고 슬퍼했다. 만약 이번 생을 살다가 죽으면 다시 태어날 때마다 매번 다른 가족을 만나야 한다. 이런 일은 견디기 쉽지 않을 것이다. 또 가족을 먼저 떠나보낼 수도 있고, 내가 먼저 떠날 수도 있다. 이런 일을 한 번 겪기도 힘들고 슬픈데 영원히 사랑하는 이들과 헤어지는 일을 반복하는 것은 가혹하다. 너무 고통스러울 것이다.

지구가 멸망하는 모습을 지켜보아야 해서 싫다.

무한하게 죽었다 살았다를 반복한다면 지구가 멸망할 때까지 살게 될 수 있다. 지금도 지구온난화, 미세먼지 등으로 환경이 오염되고, 플라스틱, 핵폐기물 등의 여러 가지 쓰레기들로 생태계가 심각하게 파괴되고 있는 상황이다. 과학기술이 점점 발달할수록 지구는 점점 죽어가고 있다. 우리가 무한한 삶을 살게 되면 죽어가는 지구를 목격하게 될 테고 점점 안 좋아지는 환경에서 고통스러운 삶을 살아야 할 것이다.

'100만 번을 사는', 즉 '무한한 삶'을 주제로 디베이트를 하는 이유는 우리에게 주어진 삶은 유한하고 그 유한한 삶을 얼마나 소중하고 값지게 살아야 하는지 생각해보기 위해서다. 이에 대한 하브루타와 디베이트를 진행하고 나서 토론 소감을 물으면, 아이들은 자신에게 주어진 삶을 다시 한 번 생각하고 어떻게 살아야 할지 고민하는 시간을 가졌다고 이야기한다.

우리는 사랑하는 사람을 소중히 생각하고, 마치 현재가 마지막인 것처럼 그들에게 최선을 다해야 한다. 곁에 있는 이들이 언제까지나 자신 곁에 있을 것으로 착각하지만 확실한 것은 없다. 사랑하는 사람이 내일 당장 바로 옆에서 사라질 수도 있다는 사실을 염두에 둔다면 지금 곁에 있는 남편, 아내, 아이들에게 다소 마음에 들지 않는 부분이 있더라도 오늘 최선을 다해 그들을 사랑할 수 있을 것이다.

가족 간의 사랑 : 부모님의 잔소리는 필요할까?

가정이라는 울타리는 알에서 부화하기 전 병아리를 세상의 온갖 위험으로부터 지키고 있는 달걀 껍데기와도 같은 존재다. 그러나 병아리가 부화해서 세상 밖으로 나오기 위해서는 반드시 이 알을 깨고 나와야 한다. 아이들이 가정이라는 울타리를 벗어나 당당한 사회의 일원이 되도록 도와주는 것이 우리 부모들이 해야 할 '줄탁동시(啐啄同時 : 병아리가 안에서 껍데기를 쪼는 줄과 어미 닭이 밖에서 껍데기를 쪼는 탁이 동시에 이루어지는 것. 병아리가 알에서 나오기 위해서는 새끼와 어미 닭이 안팎에서 협력하여 서로 쪼아야 한다는 뜻)'의 역할인 것이다.

그런 의미에서 부모는 아이와의 사이에 일정한 거리를 유지하여 아이를 살펴보고 이해할 수 있는 여유를 가져야 한다. 이 아이들이 자라 어른이 되면 또 새로운 가정을 만들어가야 하기 때문이다.

잔소리꾼의 탄생

안네마리 노르센 글 · 원유미 그림, 《잔소리 없는 날》(배정희 옮김, 보물창고, 2015)

안네마리 노르덴(Annemarie Norden) 글, 원유미 그림의 《잔소리 없는 날》에 나오는 푸셀의 부모는 아슬아슬한 줄타기와 같은 아이의 행동을 보면서도 잠자코 지켜봐준다. 이러한 '지켜보기'가 부모 입장에서 얼마나 커다란 인내를 요구하는 것인지 우리는 잘 알고 있다. 이것의 가장 큰 의미는 아이와의 약속을 끝까지 지키고자 노력하는 부모의 마음일 것이다. 어린아이라고 해서 함부로 대하지 않고, 비록 서투르지만 아이 나름대로 생각하고 행동하고 있다는 것을 알아주고 존중해주는 일을 푸셀의 부모는 묵묵히 해낸다. 이 책을 읽고 아이들이 생각한 질문은 다음과 같다.

질문 만들기

1. 푸셀의 엄마, 아빠는 왜 '잔소리 없는 날'을 허락했을까요?
2. 푸셀은 왜 오디오 조작 버튼을 마구 눌러보았을까요?
3. 푸셀은 왜 술주정뱅이인 아우구스트 씨를 초대했을까요?
4. 만약 술주정뱅이가 우리 집에 온다면 무슨 생각이 들까요?
5. 아우구스트 씨는 왜 술주정뱅이가 되었을까요?
6. 푸셀은 왜 엄마가 잔소리만 한다고 생각할까요?
7. 나에게 '잔소리 없는 날'이 주어진다면 난 무엇을 할까요?
8. 만약 내가 푸셀이었다면 부모님이 잔소리를 할 때 무엇이라고 말했을까요?
9. 푸셀처럼 양치를 하지 않는다면 어떤 느낌이 들까요?
10. 푸셀은 왜 공부 시간 내내 부모님을 어떻게 테스트할지에 대해 고민했을까요?
11. 푸셀은 왜 공동묘지 앞에 텐트를 쳤을까요?
12. 부모님은 왜 푸셀에게 수업을 듣지 않으면 멍청해진다고 했을까요?

아이들이 선택한 질문

1. 푸셀은 왜 오디오 조작 버튼을 마구 눌러보았을까요?

재빈 : 오디오 성능이 좋은지 미리 들어보고 사려고 눌러본 것이다.

진우 : 오디오 버튼에 파리가 붙어 있어서 파리를 잡으려고 버튼을 누른 것인데, 파리가 자꾸 옮겨 다녔다. 그래서 어쩔 수 없이 버튼을 계속 누르게 됐다.

영준 : 전자제품 판매원으로부터 오디오의 가격을 듣고 너무 비싸다고 생각한 푸셀의 뇌가 순간적으로 얼어붙어 그런 행동을 하게 되었다.

2. 아우구스트 씨는 왜 술주정뱅이가 되었을까요?

나영 : 원래부터 술을 너무 사랑해서 그렇게 되었다.

서연 : 군인이라 전쟁터에 가게 되었는데, 전쟁터에서 돌아왔더니 가족이 모두 떠나버리고 없었다. 그래서 속상한 마음에 술을 마시다가 술주정뱅이가 되었다.

재빈 : 아우구스트 씨는 원래 사업을 했는데 사업이 너무 바빠서 결혼 후 아내에게 이혼을 당했다. 그래서 속상해서 일을 제대로 못했고 사업은 망하게 되었다. 그러다 보니 술주정뱅이가 된 것이다.

3. 만약 내가 푸셀이었다면 부모님이 잔소리를 할 때 무엇이라고 말했을까요?

재빈 : "네. 알겠습니다"라고 바로 얘기한다.

서연 : 나에게도 인권이 있으니까 나의 일은 내가 알아서 한다고 말한다.

영주 : 엄마가 만약 공부에 대해서 잔소리한다면, 엄마 아빠는 이미 어른이기 때문에 무엇이든 능숙하게 잘할 수 있지만 난 아직 어려서 배우는 중이라 제대로 못하는 것이 당연하다고 말할 것이다.

나영 : "할머니, 할아버지가 그러시는데 엄마는 더 심했다던데, 윗물이 맑아야 아랫물도 맑은 거 아니야?"라고 말한다.

영석 : 방에 들어가서 공부하는 척하면서 놀 것이다.

미라 : "이따가 할게요"라고 얘기한다.

이런 주제에 관한 이야기를 나눌 때면 아이들은 봇물 터지듯 이야기를 꺼내놓는다. 한번은 내가 아이들과 이야기를 나누다가 이런 질문을 던진 적이 있다.

"엄마가 만약 '넌 아까부터 공부한다고 말만 해놓고선 아직까지 그대로이고 방도 안 치우고 있으니 너의 말을 더 이상 못 믿겠어!'라고 말씀하시면 어떻게 할 거예요?"

그러자 아이들은 "선생님, 잔소리를 한두 번 해보신 솜씨가 아닌데요? 완전 리얼해요. 수백 번은 해보신 것 같아요. 하하하!"라고 대답하며 웃는 것이 아닌가. 아이들의 이야기를 듣고 있자니 재미있으면서도 나도 몰랐던 나 자신의 정체(?)를 들킨 것 같아 한편으로는 씁쓸했다. 한 사람의 엄마로서, 한 사람의 잔소리꾼으로 나 자신에 대해 많은 반성을 하게 되었다.

자연의 모든 생명체가 스스로 자정 능력을 가지고 있고, 자연의 구성 요소인 우리 인간들도 그럴진대, '난 엄마로서 아이들의 자정 능력을 얼마만큼 믿고 아이들을 기다려 주었는가?', '내가 원하는 방향으로 아이들이 움직여주지 않는다고 조급한 마음에 아이들을 닦달하진 않았는가?'라는 생각이 들었다. 아이에 대한 기준을 자기 자신에 두지 말고 아이들의 입장에서 행복해지는 방향으로 환경을 조성해주려고 노력하는 자세가 필요함을 절실히 느꼈다.

즐거운 하브루타 시간이 끝나고, 아이들과 디베이트를 진행했다. 아이들이 정한 논제는 "부모님의 잔소리는 아이들에게 필요한 것이다"였다.

찬성과 반대로 논제 파헤치기
논제 : 부모님의 잔소리는 아이들에게 필요한 것이다.

찬성

아이들에게 바른 생활 습관을 길러준다.

아이들은 대부분 씻거나 공부하는 것 등을 그다지 좋아하지 않는다. 부모님이 아무런 말도 하지 않는다면, 아이들은 제멋대로 할 것이다. 《잔소리 없는 날》의 푸셀도 '잔소리 없는 날'이 시작되자마자 아침에 세수를 하지 않았고, 자두잼을 세 숟가락이나 퍼먹었으며, 버터 바른 빵을 두 개 더 먹었다. 아마도 부모님이 잔소리를 하지 않으면 양치도, 세수도 안 하고 몸에 좋지 않은 음식을 마구 먹을 가능성이 높다. 그런 안 좋은 생활습관이 지속되면 건강에도 해롭고 올바른 생활습관을 가진 어른으로 성장하기 어렵다.

잔소리에는 부모님의 사랑이 담겨 있다.

부모님은 남의 집 아이들에게는 절대 잔소리를 하지 않는다. 남의 아이에게는 무조건 칭찬만 한다. 부모님이 잔소리를 하는 이유는 자기 아이를 그만큼 사랑하여 아이가 잘되기를 바라는 마음에서다. 다른 아이에게는 그다지 관심이 많지 않기 때문에 듣기 좋은 말만 늘어놓는 것이다. 부모가 다른 아이를 더 사랑하여 그 아이를 칭찬하는 것이 아니다. 그러니 부모님이 하는 말을 잘 새겨듣고 자신이 어떤 부분에서 더욱 노력해야 하는지 고민할 필요가 있다.

아이들의 판단력은 어른에 비해 부족하다.

아이들은 어른에 비해 세상에 대한 경험이 별로 없다. 어른들이 경험했던 것들을 바탕으로 아이들에게 좋은 것과 나쁜 것을 알려주면, 아이들은 시행착오를 줄이고 세상을 좀 더 현명하게 살아갈 수 있다. 부모님의 말을 듣고 아이들은 자신에게 좋은 것과 좋지 않은 것을 판단하게 되고 가치관을 형성하며 자신만의 원칙을 만들 수 있다. 영양가 있는 잔소리를 듣고 자랄수록 올바른 판단력을 가진 어른으로 성장하게 될 것이다.

⊗ 반대

스트레스를 받아 가족 간에 갈등이 생긴다.

부모님의 잔소리를 자꾸 듣게 되면 스트레스가 쌓인다. 스트레스를 받으면 짜증이 나고 하려고 했던 일도 더 하기 싫어진다. 그러면 부모님께 좋은 말로 이야기하지 않게 되고, 부모님도 더 화가 난다. 결국 가족 사이에 불화가 생기게 된다. 잔소리보다는 부모님 스스로 책을 열심히 읽고 바른 생활 습관을 가지고 열심히 살면 결국 아이들도 부모님을 따라 열심히 살 것이다.

잔소리를 들으면 자신감이 없어진다.

할 일을 자기 스스로 하지 않고 부모님의 잔소리에 따라 억지로 하다 보면, 재미도 없고 의욕도 떨어진다. 그러면 살아가면서 자신감을 잃게 되는 경우가 많다. 엄마의 눈치를 살피며 엄마가 원하는 것만 하게 될 가능성이 높다. 그렇게 되면 스스로 생각하는 힘도 없어져, 어른이 되어서도 자신의 생각을 당당하게 말할 수 없다. 인생을 계속 다른 사람이 시키는 대로 하면서 살게 될 가능성이 높아진다.

잔소리 대신 직접 경험해야 세상을 더 잘 이해할 수 있다.

부모님이 정해준 대로 살아가는 것보다는 아이 스스로 직접 부딪히면서 경험하는 것이 세상을 이해하는 데 더 많은 도움이 된다고 생각한다. 《잔소리 없는 날》의 푸셀도 잔소리 없는 날로 자기가 원하는 대로 행동하다가 어른들의 세상이 생각보다 복잡하고 이해하기 힘든 곳이라는 사실을 조금씩 알아갔다. 부모님이 계속 말로 했다면 잔소리라고 무시해버릴 수도 있었지만, 푸셀은 직접 경험함으로써 비싼 물건은 아이 혼자서 살 수 없다는 사실과 세상에는 알코올중독자도 존재하는 곳임을 알게 된다. 또 밤에 친구와 단둘이 공원에 가는 것은 위험한 행동이라는 사실도 깨달으면서 더 이상은 '잔소리 없는 날'을 만들고 싶지 않다는 생각을 하게 되었다.

이렇게 부모와 아이가 서로의 입장에서 생각해봄으로써 굳건한 신뢰가 쌓이고, 아이는 스스로 올바른 판단을 내리기 위해 노력할 줄 아는 건강한 생각을 가진 아이로 성장한다. 또한 이 책을 통해 '듣기 싫은 잔소리라고만 생각했던 부모의 말들'에는 자식을 향한 걱정과 사랑이 담겨 있다는 사실을 아이들은 다시 한 번 생각해보게 된다. 아이들이 토론 과정에서 했던 말이 귓가에 맴돈다.

"부모님이 잔소리를 하는 것은 수십 번을 참고 참은 후에 하는 것입니다. 잘못해서 인생이 한번 삐끗 어긋나면 매우 위험해지고 돌이킬 수 없는 상황이 될 수도 있습니다. 그것을 방지하기 위해 부모님이 계시는 것입니다."

교육 현실 : 자기 그림이 아니라는 사실을 처음부터 밝혀야 했을까?

2018년 우리나라 전국 18세 미만의 아동이 스스로 매긴 삶의 만족도는 6.6점으로, OECD 회원국 평균인 7.6점보다도 1점이나 낮은 가장 낮은 수준이었다. 또 부모와 보내는 시간도 48분으로 OECD 평균 2시간 30분의 3분의 1 수준에 불과했다. 한참 뛰어 놀아야 할 어린 나이에 학원 순례에 지치고 신체적·사회적 활동이 줄어들면서 아동들의 비만율, 스트레스, 우울감 지수도 심각한 수준에 이르는 것으로 나타났다[〈놀지 못하는 한국 아이들… '아동 행복지수' OECD 최저 수준〉, 《EBS 뉴스》(2019. 5. 23.)].

엄마는 왜 그렇게 상을 좋아할까

오승희 글 · 최정인 그림, 《그림 도둑 준모》(낮은산, 2003)

《그림 도둑 준모》의 주인공 준모는 3학년으로 공부, 미술 그 어느 분야에서도 특출 난 것이 없는 평범한 아이이다. 같은 아파트에 사는 예린이와 항상 비교하는 엄마 때문에 힘들지만, 엄마가 원하는 대로 학교와 학원을 오가는 성실한 친구다. 그런 준모에게는 소원이 딱 하나 있는데, 그것은 어떤 분야라도 좋으니 상을 한 번 타서 엄마를 기쁘게 해드리는 것이다. 오승희 작가는 평범한 아이 준모가 난생처음 받은 상을 둘러싼 사건들을 통해, 감당할 수 없는 상황으로 몰려 고통받는 어린아이의 심리를 자세하고 실감나게 그려내고 있다. 또한 자신의 아이가 다른 아이들보다 조금이라도 특별하길 바라는 부모의 마음도 생생하게 잘 표현하고 있다. 이 책은 아이가 읽어도 좋지만 부모들이 아이와 함께 꼭 읽었으면 하는 책이다.

아이들의 현실적인 고민을 이해하지 못하는 상황에서 부모가 억지로 교훈만을 강요하는 경우, 부모와 아이 모두 불행에 빠질 수밖에 없음을 작가는 세심하게 들려주고 있다.

질문 만들기

1. 책에서는 왜 상을 타는 사람은 정해져 있다고 얘기했을까요?
2. 노벨 수학상은 왜 없는 것일까요?
3. 상을 받았을 때 기분은 어떠한가요?
4. 준모는 왜 상을 받지 못하는 것일까요?
5. 상은 도대체 왜 있는 것일까요?
6. 왜 준모는 예린이 그림과 자기 그림이 바뀐 걸 말하지 않았을까요?
7. 왜 선생님은 준모의 말을 끝까지 들어주지 않았을까요?
8. 준모가 예린이의 그림으로 상을 받았다는 사실을 알게 된다면 예린이의 마음은 어떨까요?
9. 하늘나무에 올라간 준모는 어떠한 기분이 들었을까요?
10. 솔직하게 말하지 않아서 감당하기 어려운 일이 벌어진 적은 없었나요?
11. 준모는 자신의 그림을 왜 구겨버렸을까요?

아이들이 선택한 질문

1. 책에서는 왜 상을 타는 사람은 정해져 있다고 얘기했을까요?

진서 : 열심히 하는 아이들은 무엇이든 열심히 하기 때문이다. 그렇기 때문에 소질이 생기는 것이다.

승우 : 우리 학교는 상 타는 아이들이 정해져 있지 않다.

준희 : 나는 올해 들어 상을 세 번 넘게 타봤다. 미술상, 달리기 상, 바둑상, 태권도와 관련해서도 상을 탔다.

2. 상을 받았을 때 기분은 어떠한가요?

하은 : 대회에 나가는 것만으로도 나는 나 자신이 자랑스럽다. 참여하는 것 자체도 용기가 필요한 일이다. 상을 받으면 물론 기분이 좋지만, 꼭 상을 받지 못하더라도 대회를 준비하는 과정만으로도 행복하다.

영주 : 콩쿠르 대회 피아노 부분에 참가한 적이 있었는데, 열 명 안에 뽑힌 적이 있다. 중학생들도 참여하는 대회에서 열 명 안에 드니 자신감도 생기고 너무 좋았다.

준희 : 상장을 바라보고 있으면, 내 후손들에게도 보여줄 수 있다는 생각에 기분이 좋아진다. 우리 할아버지가 화가셨는데, 우리 할아버지의 그림을 보고 있으면 존경스러운 마음이 생긴다.

3. 준모는 왜 상을 받지 못하는 것일까요?

나라 : 수업이 끝나면 친구들과 노는 것만 좋아한다. 노력을 많

이 하지 않기 때문에 타지 못하는 것이다.

정아 : 상을 타기 위해 조바심을 너무 내다 보니 상을 더 못 타는 것이다. 대회에 나가서 편하게 해야 실력 발휘를 할 수 있는데 상을 받기 위해 너무 긴장하고 잘하려다 보니 더 못하게 되는 것이다.

민수 : 예린이가 계속 상을 받는 것은 예린이 아버지가 심사위원일 수도 있기 때문이다.

윤진 : 예린이네는 권력과 돈이 많은 집안이다. 예린이가 상을 받는 것도 부모님의 권력이 작용한 덕이다.

건우 : 예린이는 거의 환웅과 같은 존재다. 신적인 존재이므로 무엇을 하든 상을 받을 것이다.

4. 상은 도대체 왜 있는 것일까요?

준모 : 대회를 열어 보상을 해주지 않으면 열심히 하지 않는다. 상을 주지 않는다면 아이들은 대회에 참여하지 않을 것이다.

나미 : 상을 처음 만든 사람이 본인이 상을 너무 받고 싶어서 상을 만든 후에 본인이 제일 먼저 받고 그 후에 다른 사람들에게도 상을 주기 시작한 것이다.

승우 : 예린이가 환웅으로 내려올 때 구름, 비, 바람신과 함께 상과 관련된 신을 데려온 것이다. 그 당시에는 농경사회였으므로 상과 관련된 신이 할 일이 크게 없었는데, 세월이 흐르고 사람들이 교육에 관심이 많아지면서 상 신의 할 일이 많아졌다.

하은 : 원래 수행을 하는 사람은 상에 욕심이 없다. 이 사람의 지

인이 시험해보려고 상을 만들었다. 수행을 하는 사람이 상을 거부하자 다른 많은 사람들이 상을 서로 차지하려고 경쟁하게 되면서 상이 생겨난 것이다.

예린이를 고조선을 세운 단군왕검의 아버지인 환웅에 비유한 아이들의 사고가 재미있고도 놀랍다. 하브루타는 이렇듯 자연스럽게 다른 분야로의 적용이 가능하여 다양한 분야와 통합하는 능력이 향상된다. 하브루타가 끝난 후, 아이들과 "준모는 자기 그림이 아니라는 사실을 미리 밝혔어야 했다"라는 논제로 토론해보기로 했다.

찬성과 반대로 논제 파헤치기
논제 : 준모는 자기 그림이 아니라는 사실을 미리 밝혔어야 했다.

찬성

말할 수 있는 기회가 충분히 있었다.

준모는 예린이의 그림이 자신의 것이 아니라고 선생님께 여러 번 말하려고 했으나 결국 하지 못했다. 책을 보면, 준모는 선생님 앞에서 자기의 할 말을 똑 부러지게 이야기할 정도로 자신감 있는 아이로 묘사되고 있지는 않다. 하지만 준모가 진실을 밝히고 싶은 마음이 확실히 있었다면 어떤 방식으로든 할 수 있었을 것이다. 엄마에게 사실을 말하여 선생님께 대신 이야기하는 방법도 있었다. 하지만 준모는 그렇게 하지 않았다. 처음엔 남의 그림을 가로챘다는 죄의식으로 괴로워하다, 기뻐하는 엄마를 보며 나중엔 스스로도 그 상황을 어느 정도는 즐기게 된다. 그림 대회 입상자들의 작품을 푸르미 동산에 전시하지만 않았다면, 준모는 영원히 이 사실을 숨겼을 가능성이 높다.

준모 자신도 옳지 않은 행동이라는 것을 알고 있었다.

준모는 예린이의 그림으로 상을 타게 되었다는 이야기를 선생님께 들었을 때 가슴이 철렁 내려앉았고 얼굴도 빨개졌다. 또한 상장을 받고 기뻐한 엄마와 달리 준모는 상장을 볼 때마다 가슴이 죄어들고 상장을 떼어내고 싶을 정도로 괴로워했다. 당당하게 상을 받았더라면 누구보다 기뻐했을 준모가 그렇게 괴로워했다는 것은 자신의 행동이 잘못된 것이라는 사실을 누구보다 잘 알고 있었다는 증거다. 또한 잘못된 행동으로 마음 졸이고 괴로워하는 것보다는 두렵고 힘들어도 솔직히 말하는 편이 좋다. 그러면 그림이 전시된다는 말을 듣고 하늘나무에 올라가 많은 눈물을 흘리며 괴로워하지 않아도 되었을 것이다.

자기 자신을 있는 그대로 인정하고 받아들였어야 했다.

인간은 존재 자체만으로 존중받아야 마땅하다. 공부를 잘하는 사람, 그림을 잘 그리는 사람, 체육을 잘하는 사람 등 다양한 분야에서 능력을 갖춘 사람들도 있지만, 특별한 재주가 없는 사람들도 있다. 하지만 그렇다고 해서 무가치한 존재는 아니다. 자신을 있는 그대로 인정해야만 자기 자신만의 재주나 능력을 발견할 수 있는 법이다. 다른 사람의 잘난 부분만 부러워하고 그것을 따라가려고 하면 잘 되지도 않을 뿐더러 본인만 더 힘들어진다. 준모는 특별히 잘하는 것은 없다고 했지만 엄마를 기쁘게 해드리려고 노력하고, 자신이 제대로 말하지 않은 것을 괴로워할 만큼 마음이 착하고 바른 친구다. 준모가 자신의 장점을 찾으려고 노력하고 엄마에게 당당히 자기 생각을 말했다면 그렇게 힘들어지지는 않았을 것이다.

ⓧ 반대

준모는 엄마를 기쁘게 해드리고 싶었던 것뿐이다.

아파트 위층에 사는 예린이가 어린이 교내 글짓기대회에서 우수상을 받자 준모는 기분이 썩 좋지 않았다. 예린이 엄마가 준모 엄마에게 자랑을 늘어놓을 것이 뻔했기 때문이다. 예린이가 상을 탄 것을 알게 된 엄마는 겉으로는 괜찮다고 했지만 노력을 해야 상을 받는 것이라며 결국 화를 냈다. 준모는 엄마를 기쁘게 해드리려고 수학 문제집도 열심히 풀었지만 결국 엄마를 속상하게 해드렸다고 자책한다. 준모는 자신이 상을 받지 못해 실망하는 엄마에게 많이 미안했고, 단 한 번이라도 엄마를 기쁘게 해드리고 싶었을 것이다. 엄마가 이모와 전화 통화를 하면서 준모를 두고 다른 아이들과 비교해서 잘하는 것이 없다고 이야기하는 것을 들었을 때 마음이 어땠을까? 준모는 스스로를 못난 아이라고 생각하며 많이 속상해했다.

처음 받은 상이므로 포기할 수 없었다.

공부도 중간 정도 하고, 특별하게 잘하는 것이 없는 준모는 상을 받지 못하는 사실을 매우 속상해한다. 3학년에 올라오면서 상을 받고 싶어서 글짓기대회, 과학조립대회 등에서 열심히 노력했지만 상을 받는 애들은 늘 정해져 있어 준모의 차지까지 오지 않았다.

미술 시간에 그린 만화를 보고 미술에 소질이 있으니 미술 학원에 다녀보자는 엄마의 말에 자신이 정말 미술에 소질이 있는지 또 좋아하는지 생각하지 않고, 미술 학원에 다니면 상을 받을 수 있을지도 모른다는 생각에 준모는 등록하고 만다. 불조심 그리기대회에서 자신이 상을 타게 되는 장면을 상상하며 행복해하는 것을 보면 준모가 얼마나 상을 받고 싶어 했는지 알 수 있다.

선생님이 준모의 이야기를 끝까지 들어주지 않았다.

예린이의 그림에 준모의 이름을 쓴 건 선생님이지 준모가 아니다. 그리고 자신의 그림에 이름을 제대로 쓰지 않은 예린이의 잘못도 있다. 준모는 계속해서 예린이의 그림이라고 말하려고 했지만 갑작스럽게 일어난 상황에 당황하여 바로 선생님께 말하지 못했고, 선생님은 교무실에 가셔서 오지 않았다. 선생님이 교무실로 간 후 회의가 끝나면 말씀드리려고 운동장에서 혼자 시간을 보내다가 회의가 끝나지 않자, 준모는 다음 날 말씀드리기로 하고 태권도 학원으로 간 것뿐이다. 다음 날에도 선생님은 체육 시간 준비가 안 된 일로 화가 나서 벌을 주었고, 또 다음 날은 남자아이들이 싸워 크게 다쳤기 때문에 선생님께 말을 할 수 없는 상황이었다. 그렇게 며칠이 흘렀고 후에는 솔직하게 말하기가 어색해져 말을 못한 것뿐이다.

아이들과 함께 이 책을 읽고 하브루타와 디베이트를 진행해보니, 상을 타고 싶어 하는 어린아이들의 마음이 이해되고 준모 엄마의 마음도 공감이 되어 안타까웠다. 이런 상황이 벌어진 것을 꼭 준모와 준모 엄마 탓으로만 돌릴 수 있을까? 우리나라의 교육 현실은 어린 나이부터 지나친 경쟁 속에 내몰려 특출 나게 잘하는 것이 없는 아이들은 초등학교 시절부터 자신감을 잃고 위축될 수밖에 없는 구조다. 이 책이 나온 2003년에 비해 현재의 상황은 얼마나 바뀌었을까? 2018년 사회적으로 엄청난 문제를 일으킨 '숙명여고 쌍둥이' 사건만 보더라도 이러한 현상이 훨씬 심해진 것을 알 수 있다. 비단 이러한 문제가 숙명여고만의 문제일까?

이 책을 읽고 나니 아이들에게 '준모 행동의 정당성'에 대해 디베이트를 하라고 하기보다는, 우리 어른들이 먼저 이 책을 읽고 준모와 같은 행동을 할 필요가 없는 사회구조를 만들기 위해서 어떻게 힘쓸지에 대해 토론해보는 것이 우선이라는 생각이 간절해졌다.

다름의 인정 : 야곱을 날게 하기 위한 원로들의 행동은 옳을까?

관습이란 전통적으로 오래 전부터 되풀이되어온 집단적 행동 양식을 말한다. 관습은 사회적으로 유대를 강화하고 동료 의식을 심어주며, 환경에 적응하는 데 도움이 된다. 반면, 보수적인 사회를 만들고 변화에 대한 저항을 불러오기도 한다. 그리하여 관습은 우리 사회의 많은 어른들이 갖는 편견으로 이어지게 되는 경우를 자주 목격하게 된다.

뭐가 그리 특별하다고

가브리엘레 하이저-코리오트 글 · 카타리나 요아노비치 그림, 《야곱, 너는 특별해!》
(권세훈 옮김, 문학과지성사, 2002)

가브리엘레 하이저-코리오트(Gabriele Heiser-Korioth)가 쓰고 카타리나 요아노비치(Katharina Joanowitsch)가 그린 《야곱, 너는 특별해!》에 나오는 원로들은 태어날 때부터 이상이 있어 날지 못하는 야곱을 못마땅하게 여겨 야곱을 죽음으로 몰아넣으려고 한다. 이들이 주장하는 단 한 가지 이유는 '앨버트로스는 당연히 날 수 있어야 한다'는 것이다. 하지만 항상 명랑하고 친절한 마음씨를 지닌 야곱을 좋아하는 새들이 힘을 합쳐 변호해준 덕분에 야곱은 목숨을 구한다. 이들은 야곱에 대한 어떠한 편견 없이 야곱을 사회의 일원으로 받아들인 것이다. 이 책을 통해 나는 다름을 인정하지 않아 발생하는 편견과 차별에 대해 아이들과 논의해보고 싶었다.

질문 만들기

1. 당신이 원로였다면 야곱을 날게 하기 위해서 어떠한 일을 했을까요?
2. 야곱의 엄마 엘다는 왜 코끼리의 네 다리가 신기했을까요?
3. 야곱이 잘하는 것은 무엇인가요?
4. 앨버트로스는 꼭 날아야 하는 것일까요?
5. 야곱이 날지 못하는 이유는 무엇인가요?
6. 야곱이 죽어도 원로들은 상관없는 걸까요?
7. 엘다와 요하네스는 왜 야곱을 포기하지 않았을까요?
8. 엘다와 요하네스는 왜 같은 앨버트로스에게는 도움을 구하러 가지 않았을까요?
9. 자유롭게 나는 동생 발텐의 모습을 보는 야곱의 마음은 어떠할까요?
10. 왜 다른 새(앨버트로스)들의 생각이 바뀌었을까요?
11. 야곱은 왜 다른 누군가에 대해 공포심과 두려움을 느낄까요?
12. 야곱은 노래하는 것이나 자연에 대해서는 왜 거부감을 느끼지 않았을까요?
13. 새똥으로 부자가 된 나라가 있다고 하는데, 그 나라는 지금 어떻게 되었을까요?

아이들이 선택한 질문

1. 당신이 원로였다면 야곱을 날게 하기 위해서 어떠한 일을 했을까요?

영재 : 야곱을 절벽으로 떨어뜨리는 대신 나는 연습을 체계적으로 가르쳤을 것이다. 야곱의 부모가 야곱을 날게 하기 위해 노력했지만, 자기 부모에게는 투정과 엄살을 부려 야곱의 부모는 강하게 훈련시키지 못했을 것이다. 원로라면 나이도 많고 경험이 많아 앨버트로스가 잘 나는 법을 알고 있을 가능성이 높다.

세준 : 야곱이 원하는 대로 하게 했을 것이다. 야곱이 날지 못하는 것은 하나의 장애로 볼 수 있다. 이건 예를 들자면, 다리를 다쳐 걷을 수 없는 사람에게 한 시간을 줄 테니 훈련해서 걷게 하라는 것과 같다. 야곱을 있는 그대로 인정해야 한다.

남훈 : 새는 날아야 하고 무리를 지어 살아야 하기 때문에 날도록 해야 한다.

2. 야곱은 노래하는 것이나 자연에 대해서는 왜 거부감을 느끼지 않았을까요?

준우 : 날지 못한다 해도 노래 부르는 것과 자연에는 익숙할 수 있다.

은후 : 앞을 보지 못하는 사람이 청각이 예민하듯이, 야곱도 한쪽으로 특별한 능력이 있는 것이다.

세린 : 날지 못하는 야곱을 강제로 훈련시켜 매우 지쳐 있는 상

태였기 때문에 야곱은 자기가 좋아하는 노래나 자연에서 위로를 받은 것이다. 그래서 사람은 자기가 좋아하는 일을 해야 한다.

3. 야곱이 죽어도 원로들은 상관없는 걸까요?

시연 : 원로들은 '앨버트로스는 무조건 날아야 한다'는 편견을 가지고 있다. 그런 고정관념에 사로잡혀 야곱에 대해서는 별다른 생각을 하지 않는 것 같다.

한성 : 원로들은 앨버트로스들에게 자신의 권위를 나타내기 위해서 그러한 행동을 하는 것이다. 우리들에게는 야곱을 절벽으로 떨어뜨릴 수 있는 힘이 있다는 것을 과시하기 위해서 야곱에게 강압적으로 대했다.

준서 : 원로들이 다 똑같이 야곱을 절벽으로 떨어뜨리려는 것은 아니다. 몇몇 원로들은 야곱이 살아갈 수 있도록 배려하기도 한다.

4. 새똥으로 부자가 된 나라가 있다고 하는데, 그 나라는 지금 어떻게 되었을까요?

아이들의 질문 중 이러한 질문이 있어 우리는 함께 그 질문에 대한 답을 찾아보기로 했다.

새똥으로 부자가 된 나라는 바로 '나우루공화국'이다. 호주와 하와이 중간 지점에 위치한 나라로 면적은 울릉도의 3분의 1, 인구는 12,000명에 불과하다. 나우루공화국은 신이 내린 선물 덕분에 풍요로운 나라가 되었다. 신이 내린 선물이란 바로 다름 아닌 새똥이었다.

바닷새의 똥이 산호초 위에 수천 년 동안 퇴적되어 만들어진 인광석에 함유된 인산염은 최상급 비료의 재료로 쓰인다. 나라 전체가 거대한 인광석 채굴장과도 같았던 나우루공화국은 졸지에 벼락부자가 되어 1980년대에 이미 1인당 국민소득이 3만 달러에 이르렀다. 국가에서 교육비와 병원비를 대주고 집까지 마련해줄 뿐 아니라 세금도 없었고, 집안일도 외국인 이민자를 고용해서 해결했다. 국민들은 자가용 비행기로 하와이 쇼핑을 다닐 정도였다고 한다.

하지만 나우루 정부가 해외 사기꾼에 속아서 인산염 채굴권을 넘겨버린 후 무분별한 채굴로 자원이 고갈되었다. 경제난에 폭동이 일어나고 결국 20년 만에 국가는 파산했다. 나우루공화국의 이야기는 무분별하게 자원을 낭비한 문명의 결말을 보여준다. 이 이야기는 산업혁명으로 인한 지구온난화로 지구도 이와 같은 결말을 맺을 수 있음을 동시에 경고한다. 우리가 나우루공화국의 사례를 잊어서는 안 되는 이유다.

아이들과 하브루타를 진행하다 보면, 어른들은 생각하지 못하는 의외의 질문이 나오게 마련이고, 그 질문을 따라가다 보면 우리 생각의 지평이 전혀 예상치 못한 곳에 도달하게 되는 행운을 만나기도 한다. 이 지점에서 우리는 하브루타의 짜릿한 묘미를 또 한 번 느낄 수 있다. 이렇게 하브루타가 끝난 후 아이들이 정한 논제는 "야곱을 날게 하기 위한 원로들의 행동은 옳다"였다.

찬성과 반대로 논제 파헤치기

논제 : 야곱을 날게 하기 위한 원로들의 행동은 옳다.

찬성

야곱도 언젠가는 자립해야 한다.

야곱이 평생 부모와 다른 새들로부터 보호받으며 살 수는 없다. 야곱도 언젠가는 자립하여 먹이를 스스로 구할 수 있어야 한다. 그렇기 때문에 야곱은 원로들에게 압박감을 받아서라도 날기 위해 노력해야 한다. 그런 노력으로 결국 잠수하는 방법도 배우게 된 것이다.

최근 대한민국의 사회 문제 중 하나로, 캥거루족에 대한 이야기가 많이 나오고 있다. 캥거루족이란 자립할 나이가 되었는데도 부모에게 경제적으로 기대어 사는 젊은이를 일컫는 말이다. 늙어 힘이 없는 부모에게 언제까지나 기대 살 수는 없다. 성인이 되었으면 독립을 해서 경제활동을 하고 자신의 인생을 책임질 수 있어야 한다.

위기 상황에 대처하기 위해서는 스스로 날아야 한다.

성인이 된 후가 아니라도 스스로 위기 상황에 대처하려면 날 수 있어야 한다. 엄마 아빠가 먹이를 구하러 나간 사이, 앨버트로스를 잡아먹는 동물이 오면 날아서 피해야 한다. 만약 그렇게 하지 못한다면 야곱은 그 자리에서 그냥 죽게 될 것이다. 따라서 야곱은 자신의 생명을 보호하기 위해서라도 날아야 한다. 그리고 나는 법과 먹이를 잡는 법을 알아야 하는 것은 새의 본분이다.

관습을 지키지 않으면 사회질서가 무너진다.

예전부터 현재에 이르기까지 지켜왔던 앨버트로스들의 관습을 엘다와 요하네스 가족은 지키지 않았다. 집단의 한 구성원이 관습을 지키지 않는다면 앨버트로스들의 사회질서는 무너질 것이다. 사회질서란 구성원들이 규칙을 지키고 관습, 도덕, 법률을 구체적으로 적용함으로써 유지될 수 있다. 사회 구성원들이 자발적으로 지키거나 사회조직을 통하여 개인과 집단의 관계를 수립할 수 없으면 사회질서는 유지되기 어렵다. 원로의 역할은 사회질서를 유지시키는 것이기 때문에, 이 질서가 무너지는 것을 두려워한 것이다.

반대

야곱의 다름을 인정하지 않고 날기를 강요했다.

야곱은 친구들과 달리 날지 못한다. 이것은 태어날 때부터 다르게 태어났기 때문이다. 또래 친구들은 날갯짓도 일찍 시작했지만, 야곱은 목소리도 엄청 작았고 허리도 비스듬히 자랐다. 일부러 날지 않은 것이 아니라 태어날 때부터 나는 데 지장이 있었고 무서워하는 것도 많았던 것이다. 따라서 야곱을 절벽 아래로 떨어뜨리는 것만이 능사는 아니다. 야곱이 다른 앨버트로스들과는 차이가 있다는 것을 인정하고 받아들여야 한다. 이것은 마치 아직 기어 다니지도 못하는 아이에게 압박을 주어 빨리 뛰라고 강요하는 모습과 같다.

야곱이 날 수 있도록 원로들은 다른 노력을 했어야 한다.

원로들은 자신들의 편리만 생각하여 날지 못하는 야곱에게 날도록 강요하고, 거기에 더해 야곱의 부모까지 위협하고 협박했다. 이는 타인을 불안하게 만들고 자신의 권력을 남용하는 것으로, 이들은 지혜로운 원로가 아니라 단지 고정관념에 사로잡힌 노회한 고집불통들일 뿐이다. 원로라면 그동안 살아온 경험과 연륜으로 어떻게 하면 잘 날 수 있는지, 또 집단에서 소외된 이들을 어떻게 하면 너그러이 포용할 수 있는지 고민해야 한다. 그런데 야곱이 날 수 있게 도와주지도 않고 무작정 절벽에서 뛰어내리라고 했다.

야곱은 날지 못하는 대신 앨버트로스들에게 많은 도움을 주었다.

야곱은 날지는 못하지만 다른 장점이 많다. 노래도 잘 부르고, 다른 앨버트로스들의 아이도 잘 돌봐주었다. 이런 능력을 발휘해 다른 앨버트로스들이 먹이를 찾으러 나갔을 때 어린 새끼 앨버트로스들을 돌봐주는 일을 하면 된다. 그리고 그 부모들이 사냥한 먹이를 야곱에게 나누어주면 서로 도움을 주고받는 관계가 될 수 있다.

한 사회의 집단 내에 있는 사람들이 모두 똑같은 일을 하는 것은 아니다. 각자 좋아하는 분야와 능력치가 다르기 때문에 자기가 잘할 수 있는 능력을 제공하고 그에 대한 대가를 받으면 이 사회는 얼마든지 평화롭고 안전하게 유지될 수 있다. 그래서 결국 다른 앨버트로스들도 야곱이 절벽에서 떨어지지 않도록 도와준 것이다.

양심과 신뢰 : 데릭의 행동은 법적으로 처벌받아야 할까?

인간은 수많은 인간관계에 둘러 싸여 삶을 살아가야 한다. 우리는 인간관계 안에서 부모, 자식, 부부, 친구, 직장 동료의 다양한 모습으로 살아간다. 그렇다면 '관계 맺음'에서 가장 중요한 것은 무엇일까? 사랑, 의리, 존경 등 많은 요소가 필요할 것이다. 하지만 이런 마음들을 관통하는 가장 중요한 것은 바로 '믿음'이다. 믿음은 사랑을 포함한 여러 감정들을 가장 굳건하게 지켜주는 감정이다. 하지만 이러한 믿음을 지켜나간다는 것이 얼마나 어려운 일인지 우리는 너무도 잘 알고 있다.

윌리엄 스타이그, 《진짜 도둑》(홍연미 옮김, 배틀북, 2002)

《당나귀 실베스터와 요술 조약돌》(이상경 옮김, 다산기획, 1994)과 《치과 의사 드소토 선생님》(조은수 옮김, 비룡소, 1995)으로 유명한 윌리엄 스타이그(William Steig)의 《진짜 도둑》은 굳건하다고 믿었던 우리의 믿음이 때론 얼마나 나약해질 수 있는지 그리고 데릭이라는 인물을 통해 자기 자신을 향한 믿음, 즉 양심을 지키는 것이 얼마나 어려운 일인지를 보여준다.

믿었던 이들이 자신을 의심하고 오해할 때 우리는 커다란 상처를 받고 극심한 고통을 경험한다. 그러한 혹독한 과정을 거치며 결국 한쪽 문이 닫히면 또 다른 쪽 문이 열린다는 사실을 자각하게 되고, 우리에게는 새로운 길을 개척할 수 있는 힘이 있다는 사실 또한 깨닫게 된다. 왕과 가원, 데릭 각각의 입장에서 생각해볼 수 있게 하는 이 책은 적당한 호흡과 빠르기로 재미를 더하며 이야기에 한층 몰입할 수 있도록 해준다.

질문 만들기

1. 데릭은 왜 계속 자괴감에 시달리면서도 자신이 범인이라고 말하지 못했을까요?
2. 가원은 수문장 일을 하면서 행복했을까요?
3. 왕은 왜 가원을 의심했을까요?
4. 만약 내가 데릭이었다면 재판정에서 어떻게 행동했을까요?
5. 왕은 결국 가원을 의심할 거면서 왜 열쇠를 맡겼을까요?
6. 가원은 왜 끝까지 자신의 억울함을 호소하지 않았을까요?
7. 믿었던 친구들이 자신을 의심했을 때 가원의 마음은 어땠을까요?
8. 가원은 왜 데릭을 용서해주었을까요?
9. 누명쓰고 고통받은 일을 무조건 나쁘다고 볼 수 있을까요?
10. 내가 누명을 쓸 경우 나를 끝까지 믿어줄 사람이 있을까요?
11. 데릭은 왜 보물을 훔쳤을까요?

아이들이 선택한 질문

1. 가원은 수문장 일을 하면서 행복했을까요?

태연 : 행복하지 않았다. 가원은 수문장 일을 본인이 하고 싶어

서 한 것이 아니다. 왕이 시켰기 때문에 한 것이고, 가원이 원래 하고 싶었던 일은 건축 설계를 하는 것이었다.

은찬 : 왕의 인정을 받았으므로 행복했을 것이다. 특히 왕이라는 최고의 위치에 있는 사람이 자신을 믿어주었기 때문에 자신은 대단한 사람이라는 자부심이 있었을 것이다.

소민 : 건축 설계를 하고 싶어 계속 그 일을 생각했을 것이고, 우울했을 것이다. 수문장 일을 하면서도 가원은 '집에 있는 연못에서 헤엄도 치고 약초밭도 갈고, 양배추와 강낭콩도 가꾸고 멋진 건물을 지을 설계도를 만들고 싶다'는 생각을 했었다.

2. 왕은 왜 가원을 의심했을까요?

로운 : 열쇠를 가진 사람은 왕과 가원 둘뿐이다. 왕이 가져가지 않았다면 당연히 가원을 범인으로 의심할 수밖에 없었을 것이다.

상준 : 증거가 있었고, 애드리언 총리가 가원을 질투하는 바람에 가원이 그러한 짓을 저질렀을 것이라는 증거를 대면서 왕을 부채질했다. 권력을 갖게 되면 사람들은 자신에게 아부하는 사람과 진정으로 대하는 사람을 제대로 구분하기 어려워진다.

의진 : 왕은 현명하고 지혜롭다고 볼 수 없다. 총리의 말을 의심 없이 믿어버렸다. 왕은 자기가 듣고 싶은 것만 들은 것이다. 더 고민하고 범인을 잡기 위해 노력하는 일은 자신을 피곤하게 하는 일이라, 문제를 해결하기 위해 더 깊게 고민하지 않고 그냥 편한 쪽으로 택해버린 것이다.

3. 가원은 왜 데릭을 용서해주었을까요?

로운 : 둘은 원래 친구 사이였고, 데릭이 진심으로 반성하는 모습을 보였다. 가원에게 직접 와서 용서를 구한다는 것은 용기가 필요한 일이라는 것을 가원은 알고 있다. 그래서 친구인 데릭의 마음을 이해하고 서로 위로해준 것이다.

태연 : 데릭은 자신의 잘못을 뉘우치며 충분히 반성을 했다. 만약에 끝까지 친구인 데릭을 용서하지 않는다면 데릭은 우울증에 빠져 자살할 수도 있었을 것이다. 그러면 가원의 마음 역시 편하지 않았을 것이다.

4. 누명쓰고 고통받은 일을 무조건 나쁘다고 볼 수 있을까요?

준우 : 많은 고통을 받았지만, 이런 과정을 통해서 자신이 진심으로 원하는 건축사 일을 시작하는 기회가 되었다. 만약 이런 일이 없었다면 가원은 그냥 수문장 일을 계속했을 것이고, 큰 행복을 느끼지 못한 채 살아갈 것이다.

세린 : 100% 나쁜 일이다. 나라의 보물을 훔쳤다는 누명을 쓴 것이라 잘못하면 사형을 당할 수도 있고, 평생 교도소에서 살아야 할 수도 있다. 만약 가원이 도망가지 않거나, 도망가더라도 잡혔다면 어떻게 되었을지 생각만 해도 끔찍하다.

아이들이 이 책을 읽고 토론해보고 싶다고 한 논제는 "데릭의 행동은 법적으로 처벌받아야 한다"다.

찬성과 반대로 논제 파헤치기
논제 : 데릭의 행동은 법적으로 처벌받아야 한다.

찬성

데릭의 도둑질은 범죄행위이므로 처벌받아야 한다.

데릭이 후에 자신의 잘못을 뉘우치고 보물을 되돌려놓긴 했지만 데릭이 보물을 훔친 도둑이라는 것은 변함없는 사실이다. 보물을 훔쳐낸 직후에는 훔쳐낸 물건으로 집을 꾸미고 은근 뽐내기도 하면서 행복해했다. 그 후 마을로 내려가 가원의 재판 소식을 듣고 나서 자신이 들킬 수도 있다는 생각이 들기 전까지는 별 죄책감도 느끼지 않았다. 남의 물건에 손을 댔다는 것 자체는 범죄행위이고 이유가 어떻든 처벌을 받아야 한다. 반성하고 되돌려놓았다고 해서 데릭의 범죄를 그냥 눈감아준다면 데릭은 법의 두려움을 모를 것이고, 후에 상황이 좋지 않게 되면 또다시 범죄를 저지를 수도 있다.

그리고 그 누구든 법 앞에서는 평등해야 하고 반성의 유무와 상관없이 법의 심판에 따라야 한다. 만약 처벌을 하지 않는다면 다른 동물들이 잘못을 저지르더라도 벌을 받게 할 수 없을 것이다. 그렇게 되면 그 나라는 매우 혼란스러워질 것이다. 그러므로 법과 규칙은 누구에게나 공평하게 적용해야 한다.

죄 없는 가원에게 누명을 씌워 고통을 주었다.

법정에서 달아난 가원은 그동안 자신을 믿어왔고 진심으로 대했던 왕과 친구들에게 배신당한 절망감으로 깊은 상처를 받고 고통스러워했다. 가원은 아무런 범죄도 저지르지 않았는데 은둔자이자 탈주범이 되어버렸다. 그렇게 숨어다니며 피할 집을 마련하는 과정에서 가원이 느꼈을 고통은 말로 헤아릴 수 없었을 것이다. 서로 믿음을 가지고 따뜻한 관계를 유지해왔던 친구들, 자신이 하고 싶었던 일이 따로 있었음에도 일을 포기하면서까지 사랑하고 존경했던 왕이 자신을 범인으로 생각했다는 사실에 많이 괴로워했다. 결국 가원은 그들이 자신을 진심으로 사랑한 것이 아니라고 생각했다. 진심으로 사랑했던 사람에게 배신당한 상처와 고통은 이루 말 할 수 없이 괴로운 것이다. 자신은 아름다운 세상을 사랑했지만 그것을 즐기기에는 마음의 상처가 너무 컸다고 고백했듯이, 가원은 배신감에 괴로워하면서도 여전히 우정을 그리워하는 마음에 힘들어하고 있음을 우리는 알 수 있다.

나라의 재산을 훔침으로써 모든 백성에게 해를 끼쳤다.

보물창고에 있던 보물은 나라의 재산이므로 가원이 용서해주었다고 해서 그냥 넘어갈 수 없는 일이다. 나라를 운영하기 위해서는 돈이 있어야 한다. 그 돈은 국민들로부터 걷은 세금으로 이루어진 것이다. 그 세금은 나라와 국민을 위해 쓰인다. 가난하고 어려운 사람들에게 도움을 주거나, 도로와 건물 등을 건축하는 데 필요한 돈이다. 이 책에서도 국민들을 위해서 오페라 하우스를 지을 계획이었는데, 데릭의 도둑질로 차질이 생겼다. 나라의 일이라는 것은 오래전부터 계획하고 많은 사람들의 참여로 이루어진다. 갑작스럽게 나라의 재산이 없어지면, 많은 부분에 차질이 생겨 나라의 시스템이 무너진다. 이 일은 결국 국민들의 손해로 이어지는 것이다.

반대

본인의 잘못을 깨닫고 가윈의 누명을 벗겨주었다.

사람은 누구나 실수를 한다. 자신이 저지른 일에 대해 충분히 고통스러워하고 반성했으므로 굳이 처벌까지 받을 필요는 없다. 사람이 어렵게 살다 보면 뜻하지 않게 잘못을 저지를 수 있다. 게다가 왕국의 보물은 누구 한 사람의 재산이 아님에도 자신만 초라하고 힘들게 살다 보니 순간적으로 나쁜 생각을 할 수도 있었을 것이다. 데릭은 본인의 궁핍한 삶과 대조적인 왕궁의 보물을 보고 이성을 잃고 도둑질을 했고, 잠시 기쁨에 빠져 지내기도 했다. 하지만 가윈의 재판 이후 데릭은 정상적인 삶을 살 수 없었고 누명을 쓰고 모두에게 버림받은 가윈에 대한 걱정으로 고통스러워했다.

결국 데릭은 가윈의 누명을 벗겨주기 위해 계속 보물을 훔쳐냈다. 본인이 더 이상 보물을 갖고 싶지 않았고 가윈이 달아난 상황이라 자신이 범인이라는 의심을 받을 이유도 없었는데, 가윈이 도둑이 아니라는 사실을 입증하기 위해 위험을 무릅쓴 것이다. 이러한 데릭의 행동이 쉬운 일은 아니다. 인간은 자신의 잘못을 깨닫게 되더라도 자신에게 위험이 닥칠 수 있다고 생각하면 두려움으로 인해 잘못을 되돌리는 행동을 하지 못하는 경우가 대부분이다. 그럼에도 데릭은 누명을 벗겨주기 위해 매우 용감하게 행동했다.

피해자인 가윈이 데릭을 용서해주었다.

데릭은 가윈을 찾아가 자신의 죄를 뉘우치고 용서를 구한 후, 자신은 벌을 받아야 한다고 했다. 하지만 가윈은 데릭이 그동안 양심이 주는 고통을 겪을 만큼 겪었으므로 이미 벌을 충분히 받은 것이라며 덮어두자고 말했다. 그리고 왕국으로 돌아와 왕을 비롯한 친구들의 진심 어린 사과로 가윈은 모두를 용서하고 다시 그들을 사랑할 수 있게 되었다. 무엇보다 가윈이 진정으로 하고 싶었던 왕국 건축 설계사의 일을 맡으며 행복을 되찾았다. 이렇게 가윈이 데릭을 용서함으로써 모두가 행복한 삶을 살아갈 수 있는데 굳이 데릭을 처벌할 필요는 없다. 그 누구도 완벽한 인간은 없다. 누구나 실수를 할 수 있고 이를 거울삼아 자신의 잘못을 진정으로 뉘우치고 용서를 구한다면 용서해주어야 한다.

결과적으로 나라의 재산이 손해 본 것은 없다.

데릭은 순간적인 잘못된 판단으로 보물을 훔쳤지만, 결국 반성을 하고 보물을 원래대로 되돌려놓았다. 물론 보물을 훔친 데릭의 행동은 잘못된 것이지만 결과적으로 보물을 되돌려놓았기 때문에 나라의 재산을 잃어버린 것은 아니다. 결과적으로 아무도 손해 본 것이 없는 상황에서 뼈저리게 자신의 잘못을 뉘우치고 고통스러운 나날을 보낸 데릭을 처벌할 필요는 없다. 더 나쁜 짓을 벌인 다른 사람들을 처벌하는 데 관심을 기울이는 것이 현명하다.

도로를 따라 차를 운전하다 보면, 문득 '도로는 우리의 인생길이고 차는 바로 우리 자신'과 비슷하다는 생각을 하게 된다. 도로를 열심히 달리고 있는데 뜻하지 않게 꽉 막힌 구간이 나오고, 앞으로 나아가고 싶지만 좀처럼 나아갈 수 없는 상황이 닥치면 마치 앞으로도 영원히 도로가 막혀 있을 것 같은 느낌이 든다. 하지만 또 어느 순간 그 많은 차들은 온데간데없고 도로가 훤히 바닥을 드러낸다. 그런가 하면 잘 달리다가도 갑자기 어두운 터널에 진입할 때도 있다. 터널 밖 사람들에게는 환한 대낮이지만 터널 안에 갇힌 나에게는 어두컴컴한 어둠뿐이다. 영원히 터널이 지속될 것 같은 착각에 빠져들기도 한다. 그렇지만 또 시간이 지나면 환한 출구가 나를 기다리고 있다.

어둠이 없다면 밝음이 주는 고마움을 알 수 없다. 더러움이 있어서 깨끗함의 가치를 알 수 있고, 골짜기가 깊을수록 산봉우리는 높아지는 법이다. 불행이 있어 행복의 가치는 더욱 빛을 발하게 된다.

행복과 행운 : 행운돼지 안으로 들어가는 것은 좋은 일일까?

우리는 주변에 널려 있으면서 우리에게 안정과 풍요를 가져다주는 세잎클로버(꽃말 '행복')는 보지 않고 어디 있는지도, 언제 내 손에 쥐어질지도 모를 네잎클로버(꽃말 '행운')를 찾아 헤맬 때가 많다. 행운이란 다른 곳으로부터 나에게 오는 것이고, 행복은 내가 찾아 나서는 것이다. 행운이란 크건 작건 나에게 쉽게 오지 않으므로 '행운'이다. 언제 올지도 모르고 평생 오지 않을 수도 있는 행운을 기다리기보다, 작은 것이라도 나에게 즐거움과 의미를 주는 행복을 찾아나서는 것이 어떨까?

우리는 간절히 원하던 것을 얻었을 때 잠깐의 행복을 만끽하고 나서 이내 또 다른 행운을 찾아 끊임없이 헤맨다. 한번 시작된 행운에 대한 목마름은 끝이 없고, 행운은 노력 없이도 얻어지는 것이기에 더 욕심을 내기도 한다. 하지만 그러한 행운은 우리에게 때론 치명적인 결과를 가져오기도 한다.

행운에 목맨다고 행복해질까?

김종렬 글 · 김숙경 그림, 《길모퉁이 행운돼지》(다림, 2006)

《길모퉁이 행운돼지》에 나오는 진달래 마을은 원래 평범한 마을이었다. 그러던 어느 날 낯선 가게가 생기며 '행운'이라는 욕구가 마을 사람들 사이로 더 빨리, 더 멀리 퍼져나간다.

책의 주인공도 처음에는 엄마가 행운돼지 가게에서 행운의 물건을 가져오기를 바랐다. 하지만 행운의 물건을 가져온 사람들이 많아질수록 마을에는 돼지가 넘쳐나고, 범죄자가 늘어나 바깥으로의 출입조차 통제되기에 이른다. 이런 상황인데도 마을 사람들은 자신들이 돼지로 변했다는 사실을 인지하지 못한다. 주인공은 돼지로 변한 부모를 원래의 모습으로 되돌리기 위해 노력하지만 책은 열린 결말로 끝을 맺는다. 행운과 행복에 대해 진지하게 생각해보기를 바라는 마음에서 우리에게 결말을 맡겨둔 것은 아닐까?

질문 만들기

1. 행운돼지의 정체는 무엇일까요?
2. 행운돼지는 사람들이 원하는 물건을 왜 공짜로 주었을까요?
3. 돼지는 왜 진달래 마을에 나타났을까요?
4. 행운돼지에 들어갈 수 있는 사람을 왜 꼭 하루에 열 명으로 제한했을까요?
5. 왜 행운의 물건을 가져온 사람들은 물건을 사용할 때마다 조금씩 돼지의 모습으로 변해갔나요?
6. 주인공은 왜 행운돼지 안으로 들어가지 않았을까요?
7. 돼지의 모습은 왜 주인공과 반장의 눈에만 보였을까요?
8. 왜 사람들은 노력도 없이 대가를 바랄까요?
9. 행운돼지가 사람들에게 행운의 물건을 나누어주는 행위는 과연 옳은 것일까요?
10. 여러분이 진달래 마을의 행운돼지 안으로 들어간다면 어떤 물건을 받고 싶나요?

11. 왜 사람들은 자기가 돼지로 변한 사실을 알아채지 못했을까요?

12. 항아리를 깨기 위해서는 어떻게 해야 할까요?

아이들이 선택한 질문

1. 행운돼지의 정체는 무엇일까요?

나영 : 인간의 욕심을 실험해보기 위해 나타난 인물이다.

영재 : '돼지'라는 것은 끝없이 욕망을 추구하는 인간의 추악한 모습을 상징하는 것이다. 탐욕이 가득한 사람의 눈에는 자기 자신의 추악한 모습이 보이지 않는다. 그래서 진달래 마을의 사람들은 자신들이 돼지로 바뀐 것을 알아채지 못한다.

세준 : 행운돼지도 원래는 인간이었는데 행운을 바라다 돼지가 되었다. 그래서 자신 혼자만 돼지가 될 수는 없다는 생각에 또 다른 돼지를 만들어내는 것일 수 있다. 이것은 행운을 좀처럼 포기하지 못하는 인간의 욕심을 밖으로 드러내고 자신의 모습을 똑바로 보도록 하기 위함이다.

2. 돼지의 모습은 왜 주인공과 반장의 눈에만 보였을까요?

은후 : 두 사람은, 행운이 좋기는 하지만 행운을 그다지 추구하는 편은 아닌 사람들이다. 행운은 자신들의 노력에 의해 얼마든지 만들어낼 수 있다고 생각하는 자신감이 있는 사람들이다.

세린 : 주인공을 보면 다른 사람에게 무언가를 강요한다거나 욕

심을 부리는 성격이 아닌 것 같다. 욕망 자체가 별로 없고 자신에게 주어지는 것을 받아들이려고 하는 편인 것 같다.

미라 : 능력이 있는 친구들이라고 볼 수 있다. 거저 주어지는 것에는 반드시 대가가 따른다는 것을 알고 있다.

3. 행운돼지가 사람들에게 행운의 물건을 나누어주는 행위는 과연 옳은 것일까요?

영석 : 옳지 않은 행동이다. 행운의 물건을 사용하면 돼지로 변한다는 사실을 알고 있었으면서도 사람들을 돼지로 만들려고 하는 것은 나쁘다고 생각한다.

주영 : 행운을 가지려고 한 것은 사람들이지, 행운돼지가 억지로 강요한 것은 아니다. 며칠씩 줄을 서가면서까지 행운을 얻으려고 한 것은 인간들이다. 인간의 욕심이 스스로를 돼지로 만든 것이다. 행운돼지를 탓할 일은 아니라고 생각한다.

서연 : 좋은 행동은 아니라고 생각한다. 모든 생명체가 욕심을 갖는 것은 본능이다. 동물로 만들어버린다고 해서 욕심을 버리는 것은 아니다. 동물들이라고 해서 욕심이 없을까? 돼지로 변하게 하는 방법 말고 인간 스스로 욕심을 통제할 수 있는 방법을 찾는 것이 더 좋았을 것 같다.

하브루타가 끝난 후 아이들과 행복과 행운의 차이에 대해 이야기를 나누어보았다. 그리고 아이들은 "행운돼지 안으로 들어가는 것은 좋은 일이다"라는 논제로 디베이트를 해보고 싶어 했다.

찬성과 반대로 논제 파헤치기
논제 : 행운돼지 안으로 들어가는 것은 좋은 일이다.

찬성

행운의 선물은 인간을 행복하게 한다.

살아가다 보면 뜻하지 않게 행운의 선물을 만나는 경우가 있다. 부모로부터 평소 가지고 싶었던 선물을 받았을 때, 좋아하는 친구로부터 애정이 담긴 편지를 받았을 때 우리는 행복을 느낀다. 고래고래 아저씨는 '한번 주름을 펴면 영원히 구김이 가지 않는 다리미'를 사람들에게 보여주며 자랑을 하고 매우 행복해했다. 이처럼 행운은 무미건조한 삶에 '사막의 오아시스'와 같은 행복을 가져다준다. 따라서 이러한 작은 행운은 오히려 힘든 삶을 살아가는 데 활력소가 되므로 행운돼지를 찾는 일은 자연스럽다고 생각한다.

사람들이 행운을 바라는 것은 삶이 힘들기 때문이다.

사람은 누구나 삶이 힘들면 행운을 원하기 마련이다. 또한 세상을 살아가면서 누구나 자기만의 어려움을 겪기 마련이다. 학생들은 학업과 친구 문제로 힘들어하고, 어른들은 회사일, 집안일로 힘들어한다. 그래서 힘든 삶이 조금이라도 나아지기를 바라며 자기도 모르는 사이에 행운을 바란다. 진달래 마을도 잘사는 마을이 아닌 평범한 마을이었다. 그러다 보니 마음속 깊은 곳에 숨겨놨던 행운에 대한 욕구가 빨리 퍼졌을 것이다.

행운은 자신이 그동안 쌓아온 노력의 결과다.

행운이란 것은 바로 나에게 찾아온 기회를 잡는 것을 말한다. 노력하지 않는 사람에게 행운은 절대 찾아오지 않는다. 진달래 마을 사람들도 행운돼지 안으로 들어가기 위해 몇 날 며칠 잠도 자지 않고 기다린 결과 행운돼지 안으로 들어가게 되었다. 사회적으로 성공한 사람, 유명한 연예인을 보고 사람들은 행운아라고 말한다. 하지만 그들이 안 보이는 곳에서 얼마나 많은 노력을 기울였는지에 대해서는 잘 알지 못한다. 겉으로 드러난 부분만으로 쉽게 판단하곤 한다. 남들이 보기에 행운이라 생각되는 것들도 어려서부터 해온 피나는 노력과 땀의 결과라는 것을 알아야 한다. 즉, 자신이 원하는 것을 얻기 위해 끊임없이 노력하는 사람에게 행운은 찾아간다.

반대

헛된 희망은 사람들의 삶을 피폐하게 만든다.

진달래 마을에 행운돼지가 있다는 사실이 방송국 기자에게 알려져 개나리시와 해바라기시의 사람들까지도 행운돼지로 몰려들었다. 큰 노력 없이도 행운을 얻을 수 있다는 헛된 희망은 사람들로 하여금 실체 없는 것을 좇게 만들어 결국 인간을 피폐하게 만든다. 사람들이 주식으로 많은 돈을 잃는 경우도 이에 해당한다고 볼 수 있다. 이러한 헛된 희망은 사람들로 하여금 노력은 아무 쓸모없는 행동이라고 느끼게 만들고, 현실에서 만족하는 법도 잊게 만든다. 이러한 사람들이 많아지면 그 사회는 건강한 사회라고 볼 수 없다. 진달래 마을 역시 헛된 희망을 좇다가 결국 피폐한 사회가 되고 말았다.

노력하지 않게 된다.

인간은 누구나 힘들고 어려운 것보다는 쉽고 편한 것을 좋아한다. 만약 어떤 노력도 없이 쉽게 자신이 원하는 것들이 주어진다면, 아마 열심히 노력할 사람은 거의 없을 것이다. 행운이라는 것이 실제로 존재하기도 한다. 문제는 행운을 얻는 사람은 극소수라는 것이다. 책에서 하루에 열 명에게만 행운을 나누어준다고 표현한 것도 행운은 모두가 가질 수 없다는 의미일 것이다. 쉽게 얻을 수 없는 행운을 위해 마음과 시간을 낭비할 바에는 자신이 원하는 것을 얻기 위해 최선의 노력을 기울여야 한다고 생각한다.

행운은 오히려 큰 화를 부를 수 있다.

'호사다마(好事多魔)'라는 말이 있다. 좋은 일에는 방해가 많이 따르기도 하고, 좋은 일이 실현되기 위해서는 많은 어려움을 겪어야 한다는 말이다. 좋은 일에는 꼭 좋은 일만 오지 않는다. 고래고래 아저씨가 행운돼지에게 얻은 신비한 다리미는 한 번 주름을 펴면 절대 구겨지지 않는다. 이것을 꼭 좋은 일이라고 할 수 있을까? 한 번 세탁소에 다녀간 사람들은 더 이상은 세탁소에 올 필요가 없어진다. 결국 세탁소는 망하고 말 것이다. 또한 다잡아 경찰관이 얻어온 '쓰기만 하면 범인을 알아볼 수 있는 신비한 안경'은 은행 강도짓을 하려고 마음먹은 사람을 미리 붙잡았다. 그러나 그 사람이 마음을 바꿔 도둑질을 하지 않을 수도 있다. 실제 도둑질을 하지 않은 사람을 붙잡는 것이 과연 올바른 일인지 생각해보아야 한다.

주인공의 엄마는 '두 개로 만들어내는 항아리'를 가져와 돈을 항아리에 넣어 엄청난 돈을 만들어냈다. 그래서 집 안에는 돈 냄새가 진동을 하고 엄마 아빠는 점점 돼지로 변해 아무것도 할 수 없게 되었다. 아들이 주는 음식만 겨우 먹을 수 있고, 생각도 할 수 없고, 아들이 누군지도 알아보지 못하는 상황이 벌어졌다.

《길모퉁이 행운돼지》의 마지막 부분에는 이런 장면이 나온다. 행운돼지가 행운의 방이라고 소개한 방문을 열었지만 방 안은 텅 비어 있을 뿐이다. 이에 꼬치꼬치 기자가 "방이 텅 비어 있네요?"라고 의아해하자 행운돼지는 "행운이 가득 차 있는 방이랍니다. 당신이 마음속에 품고 있는 꿈이나 행운을 떠올리기만 하면 꼭 맞는 물건을 찾아드리지요"라고 말한다. 행복은 자신이 찾아 나설 마음이 없는 한 절대 다가오지 않는다. 하지만 마음만 먹는다면 누구든 어떠한 상황에서도 스스로 행복을 발견할 수 있다. 행복을 스스로 찾아 나설 수 있는 마음을 가진 사람이 진정한 행운아가 아닐까?

5장

과목별 경험 쌓기

국어

문학 디베이트는 학생들로 하여금 사회, 문화, 철학 등 포괄적인 방향에서 접근할 수 있도록 유도하는 것이 중요하다. 지나치게 관념적이고 추상적인 용어는 초등학생에게는 어렵다고 생각하여 다루지 않는 경우가 많지만, 실제 국어 교과에는 정체성, 민족, 인간의 존엄성, 가치관, 자아실현 같은 추상적이고 어려운 개념과 어휘가 많이 등장한다. 상황이 이런데도 아이들은 오히려 수준 높은 어휘의 의미를 제대로 파악하지 못하는 비율이 매년 높아지고 있다. 따라서 수준 높은 어휘와 내용을 담고 있는 문학을 읽고 하브루타와 디베이트를 진행함으로써 작품을 이해하고 새로운 생각을 이끌어낼 수 있도록 해야 한다. 인간의 삶은 수많은 갈등 속에서 이루어진다. 이러한 갈등을 얼마나 합리적으로 조정할 수 있느냐 하는 것은 매우 중요한 문제다. 문학 디베이트는 아이들이 살아가는 데 꼭 필요한 윤리적인 부분을 진지하게 고민하고 가치관을 정립하는 데 도움을 준다.

문학작품을 읽은 후에는 글의 핵심과 등장인물의 성격을 파악해야 하고, 작가가 글에서 직접적으로 표현하지 않은 부분까지 추론해내어 전체적인 맥락을 그려낼 수 있어야 한다.

함께 책을 읽고 각자 질문을 만들어보고 그 질문에 대답하기 위해 고민하고 토론하는 과정에서 우리는 자연스럽게 글을 통해 나타내고자 하는 작가의 의도, 글의 중심 내용과 주요 인물, 인물의 심리 상태 등을 파악할 수 있다. 문학작품을 대상으로 디베이트를 할 때는 먼저 문학작품을 읽은 다음 마인드맵을 이용하여 등장인물의 성격을 파악하는 활동에서부터 시작하는 것이 좋다.

5학년 아이들과 《소나기밥 공주》(이은정 글·정문주 그림, 창비, 2009)를 읽고 공주가 보육원으로 들어가야 하는지, 아빠가 재활원에서 나오실 때까지 혼자서 계속 살아야 하는지에 대한 디베이트를 진행했다. 우선 디베이트를 하기 전에 등장인물의 성격에 대해 알아보았다.

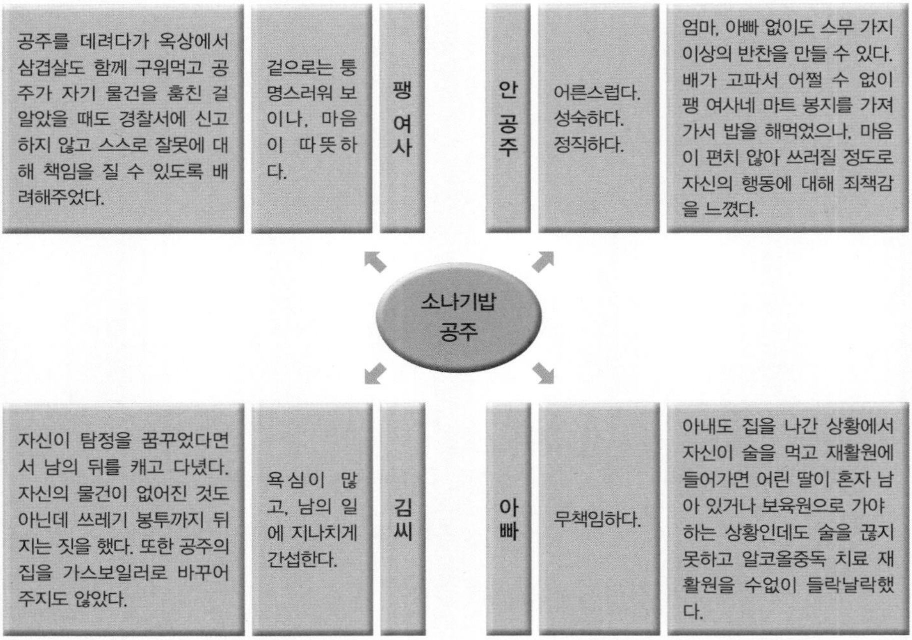
소나기밥
공주
팽 여사
겉으로는 퉁명스러워 보이나, 마음이 따뜻하다.
공주를 데려다가 옥상에서 삼겹살도 함께 구워먹고 공주가 자기 물건을 훔친 걸 알았을 때도 경찰서에 신고하지 않고 스스로 잘못에 대해 책임을 질 수 있도록 배려해주었다.
안 공주
어른스럽다.
성숙하다.
정직하다.
엄마, 아빠 없이도 스무 가지 이상의 반찬을 만들 수 있다. 배가 고파서 어쩔 수 없이 팽 여사네 마트 봉지를 가져가서 밥을 해먹었으나, 마음이 편치 않아 쓰러질 정도로 자신의 행동에 대해 죄책감을 느꼈다.
김씨
욕심이 많고, 남의 일에 지나치게 간섭한다.
자신이 탐정을 꿈꾸었다면서 남의 뒤를 캐고 다녔다. 자신의 물건이 없어진 것도 아닌데 쓰레기 봉투까지 뒤지는 짓을 했다. 또한 공주의 집을 가스보일러로 바꾸어 주지도 않았다.
아빠
무책임하다.
아내도 집을 나간 상황에서 자신이 술을 먹고 재활원에 들어가면 어린 딸이 혼자 남아 있거나 보육원으로 가야 하는 상황인데도 술을 끊지 못하고 알코올중독 치료 재활원을 수없이 들락날락했다.

인간의 조건 : 스크루지는 노블레스 오블리주를 실천해야 했다

다양한 작품과 인물 묘사로 영국의 대문호 윌리엄 셰익스피어(William Shakespeare)에 비교되기도 하는 찰스 디킨스(Charles Dickens)는 빅토리아 시대에 평민에서부터 귀족, 왕족에 이르기까지 광범위하게 인기를 누렸다. 가난한 사람에 대한 깊은 동정심과 사회의 악습에 반격을 가하는 그의 강한 풍자 정신은, 다양하고 독특한 글의 소재와 함께 그를 19세기 문학과 그 시대를 대변하는 작가로 우뚝 서게 만들었다.

19세기 영국의 뒷골목을 만나다

찰스 디킨스 글 · 아서 래컴 그림, 《크리스마스 캐럴》(김영진 옮김, 비룡소, 2003)

1843년에 발표된 《크리스마스 캐럴》은 작가의 경제적인 어려움과 당시 영국의 사회적 분위기가 결합되어 세계적인 소설로 탄생한 작품이다. 소설에는 산업혁명 후 19세기 영국 사회에서 살아가는 가난한 자들의 고난과 애환이 생생하게 묘사되어 있으며, 이 소설 발표 후 영국에서는 빈번히 발생하던 아동 학대, 재판의 비합리성에 대한 사회적 논의가 시작되고 개선되는 계기가 마련되었다.

이 소설은 구두쇠 스크루지가 크리스마스의 유령을 만나 자신의 과거, 현재, 미래의 모습을 보면서 진정한 크리스마스의 정신을 깨닫게 되는 과정을 그리고 있다. 하룻밤 여행에서 스크루지는 독자에게 올바르게 사는 것은 무엇이고 나눔의 정신은 무엇인지, 가진 자의 의무란 무엇인지 곰곰이 생각하게 만든다.

질문 만들기

1. 왜 유령들은 과거, 현재, 미래의 크리스마스 모습을 스크루지에게 보여줬을까요?
2. 스크루지가 나쁘게 행동한 이유는 무엇일까요?
3. 왜 "말리는 대갈못처럼 죽어 있었다"라고 표현했을까요?
4. 유령들은 왜 정해진 시간에 찾아왔을까요?
5. "스크루지는 벼룩의 간을 빼먹는 그런 사람이었다"는 것은 무슨 의미일까요?
6. 작가가 《크리스마스 캐럴》을 쓴 이유는 무엇일까요?
7. 스크루지는 자신에게 유령이 찾아온 것이 왜 기회와 희망이라고 생각했을까요?
8. 크리스마스이브는 왜 1년 중 가장 기쁜 날일까요?
9. 만약 당신이 유령이라면 스크루지에게 어떤 장면을 보여줄 것인가요?
10. 스크루지가 유령들을 본 이후 더 이상 유령을 보지 못한 이유는 무엇일까요?

아이들이 선택한 질문

1. 유령들은 왜 정해진 시간에 찾아왔을까요?

준상 : 유령은 자정에 찾아온다고 했는데, 자정은 하루를 시작하는 시간이다. 하루를 시작하는 시간에 와야 스크루지에게 더 많은

것들을 보여줄 수 있기 때문이다. 유령이 이 세상에서 존재할 수 있는 시간은 길지 않다.

진유 : 공포심을 심어주기 위해서다. 한밤중은 사람으로 하여금 공포심을 극대화시키는 시간이다.

2. 작가가 《크리스마스 캐럴》을 쓴 이유는 무엇일까요?

보람 : 그 당시 영국 사회는 산업혁명으로 인해 자본주의가 팽배해 있던 시기다. 돈만 밝히고 사람을 기계 취급하는 사회를 비판하기 위함이다.

영수 : 어차피 인생은 한 번뿐인데, 너무 돈에만 집착하지 말고 자신이 행복하고 타인을 도와주는 삶을 살도록 하기 위해서 이 작품을 썼다.

효림 : 셜록 홈스(Sherlock Holmes)가 활약하던 시기, 영국 런던에서 살인사건이 많이 발생했다. 이것을 보면 사회가 매우 폭력적이고 혼란스러웠다는 것을 알 수 있다. 이런 분위기에서 행복과 평화를 상징하는 '크리스마스'를 소재로 하여 사람들에게 어떻게 살아야 하는지를 보여주기 위해서다.

3. 만약 당신이 유령이라면 스크루지에게 어떤 장면을 보여줄 것인가요?

영석: 본인이 저질렀던 못된 장면만 보여주고 다른 사람이 어떤 반응을 보이는지 알게 한 후 착하게 살고 있는 사람들의 모습과 그

들을 대하는 다른 사람들의 행동을 보여줌으로써 스스로를 돌아보게 한다.

주영 : 스크루지 엄마가 돌아가시는 장면을 보여준다. 스크루지 엄마에게는 유언을 바꿔달라고 말한다. 스크루지 엄마는 "제발 다른 사람들을 괴롭히지 말고 베풀며 살아라. 그렇게 하지 않으면 엄마가 하늘나라에서 창피해서 편히 살 수 없다"는 간곡한 유언을 남긴다.

미라 : 스크루지 돌잔치 때의 모습을 보여준다. 모든 사람들이 어린 시절에는 순수한 모습을 하고 있다. 스크루지는 그 모습을 보고 '나에게도 저런 순간이 있었지'라는 생각을 하며 좀 더 순수하고 착하게 살기 위해 노력할 수 있을 것이다. 생각해보니, 스크루지는 돌잔치 때 돈을 집었을 것 같다.

이 책을 읽고 아이들과 토론한 논제는 "스크루지는 노블레스 오블리주를 실천해야 했다"로 정했다.

찬성과 반대로 논제 파헤치기 논제 : 스크루지는 노블레스 오블리주를 실천해야 했다.

찬성

삶을 마감하는 순간 후회하게 되므로 가진 자의 덕목을 실천해야 했다.

스크루지는 돈은 많지만, 아까워서 쓰지 못하고 있다. 인간의 삶은 유한하기 때문에 그 누구든 언제라도 이 세상을 떠나게 된다. 이 세상을 떠나는 순간에 모든 사람들이 어느 정도는 후회하는 마음이 들겠지만, 특히나 스크루지처럼 자신과 타인 모두에게 너그럽지 못하고 야박하게 대하면 자신도 불행하고 타인도 불행하게 된다. 이런 사람들의 경우 더 많은 후회를 하게 될 것이다. 스크루지는 원래 좋은 사람이 아니었다. 하지만 세 명의 유령을 만나면서 바뀌게 되어 기부도 하고 다른 사람의 마음도 이해하게 된다. 돈이 많다고 해서 꼭 행복한 것은 아니다. 스크루지의 서기는 스크루지보다 돈도 별로 없었지만, 가족과 함께 즐겁고 행복한 크리스마스를 보낸다. 내일을 위해 지금의 자신을 지나치게 희생하지 말고, 현재 자신이 행복하고 주변 사람들을 행복하게 해줄 수 있는 방법은 무엇인지 고민해보고 실천하는 삶이 필요하다.

스크루지와 같은 부자들은 사회에 되돌려주어야 하는 의무가 있다.

미국의 빌 게이츠(Bill Gates)나 워렌 버핏(Warren Buffett) 같은 사람들은 자기가 번 돈의 많은 부분을 사회에 돌려주고 있다. 빌 게이츠는 100억 달러를 기부하고도 더 많이 기부해야 한다고 말했다. 이런 사람들이 기부를 하는 이유는 더 좋은 세상을 만들기 위해서라고 생각한다. 이 사람들이 돈을 많이 벌 수 있었던 것은 자기 혼자 잘해서 번 것이 아니다. 사회를 이루고 있는 많은 구성원들에 의해 부를 얻게 되었으므로 당연히 되돌려줘야 한다는 생각으로 하는 것이다. 이 책에서 스크루지는 돈이 많았음에도 가난한 사람들을 도와주지 않았다. 만약 자신이 사업을 해서 돈을 벌었다면 그건 스크루지 혼자서 잘해서만 될 수 있는 일이 아니다. 마을 사람들이 모두 가난과 질병에 걸려 빈민으로 떨어지거나 죽게 되면, 더 이상 자신의 사업에 도움을 줄 사람도 없어진다. 그렇게 되면 이 사회는 돌아가지 않는다. 당장 자신에게 이익이 되는 것 같지만, 멀리 보면 다른 사람 없이 자신만 잘살 수는 없다.

주변 사람들에게 사랑받지 못했다.

사람들은 마음이 따뜻하고 베푸는 사람을 좋아한다. 하지만《크리스마스 캐럴》의 스크루지는 이기적이고 남에게 전혀 베푸는 사람이 아니다. 책에는 "스크루지가 거리를 지나가면 사람들은 스크루지에게서 멀리 떨어지려고 했다"는 말이 나온다. 이것만 보더라도 사람들이 스크루지를 모두 싫어했다는 것을 알 수 있다.

예를 들어, 우리 주변의 친구가 욕심을 부리고 자신만 생각한다면 다른 아이들은 대부분 그 친구를 싫어한다. 그러면 그 친구 주변에는 사람이 없을 것이고, 그 친구는 외로움을 느끼게 될 것이다. 이러한 삶은 전혀 행복한 삶이 아니다. 이 세상은 혼자 독불장군으로 살아갈 수 있는 곳이 아니다. 다른 이에게 도움을 주기도 하고, 또 내가 받기도 하며 살아가야 훨씬 삶이 행복하다.

⊗ 반대

돈의 사용처는 개인이 결정할 문제다.

이 작품이 쓰일 당시의 영국 사회는 산업혁명 이후 자본주의가 급격히 발전하던 시기였다. 자본주의사회에서 사업가의 목적은 이윤 추구다. 스크루지도 그 사회의 시스템에 따라 이윤을 추구하는 사업을 한 것이고 이윤을 남겼다. 스크루지가 열심히 일해서 번 돈을 많이 쓸 것인지 아껴 쓸 것인지는 스크루지의 자유다.

물론 미국의 많은 사업가나 우리나라의 이회영 가문의 사람들은 진정한 노블레스 오블리주를 실천한 사람들이라 존경받아 마땅하지만, 그렇게 하지 않는다고 해서 비난할 필요는 없다고 생각한다. 남의 돈을 훔친다거나 폭력을 행사하고 불법을 저지른다면 몰라도 합법적으로 번 돈을 자기 맘대로 쓰는 것은 자본주의사회에서 당연한 것이다.

빈민 구제는 국가에서 해야 할 일이다.

'빈민'이란 빈곤 생활에 허덕이는 사람들을 이르는 말이다. 이 소설이 쓰일 당시 영국 사회는 산업혁명 이후 제국주의가 시작되어 풍요로웠던 때로, 이 소설이 출간되기 1년 전인 1842년 영국이 아편전쟁에서 승리하여 홍콩을 점령하고 전쟁 배상금 1200만 달러, 아편 배상금 600만 달러를 받고 관세를 정할 수 있게 되었다. 따라서 당시 영국은 인도, 아프리카 등 여러 식민지에서 창출되는 이윤과 중국에 아편을 팔아 많은 이윤을 남겼다. 또한 영국은 빈민들을 구제하기 위해 1601년 빈민법을 제정하고 1803년 빈민구호법을 개정하여 빈민구제소를 만들어 빈민들을 구제하는 기관들이 많았다. 이렇게 나라가 부유한데 굳이 개인이 어렵고 가난한 사람들을 구제할 필요는 없다고 생각한다.

스크루지는 사업가이므로 많은 세금을 이미 국가에 내고 있다. 그것으로 노블레스 오블리주는 다한 것이다.

자본주의사회에서는 사람이나 기업이 돈을 버는 만큼 가져간다. 대신 이익이 많으면 그만큼 국가에 내는 세금도 많아진다. 세금이 많아지면 빈민구제소로 들어가는 돈도 많아진다. 따라서 스크루지는 직접 기부를 하지 않더라도 빈민 구제에 동참하는 것과 마찬가지다. 스크루지의 사업이 번창할수록 직원을 많이 뽑기 때문에 돈을 버는 사람도 늘어나 고용효과도 가져올 수 있다.

본인이 원한다면 몰라도 세금을 많이 내는 사람에게 기부를 강요한다면, 그 사람에게는 이중으로 부담을 지우는 것이라고 할 수 있다.

이렇듯 소설을 읽고 토론을 하면 자신과 다른 의견뿐만 아니라 문학이 탄생하게 된 시대, 역사적인 배경까지 덤으로 알게 된다. 또한 등장인물에 대한 깊이 있는 고민은 자신이 살고 있는 세상과 삶에 대해 진지하게 생각해보는 계기가 된다.

죽음의 의미 : 소년과 소녀의 감정은 사랑이었을까?

황순원 작가의 《소나기》를 모르는 사람은 그리 많지 않을 것이다. 그만큼 아주 오랜 세월, 이 소설은 '국민 단편'으로 우리 곁에 머물렀다.

간결하고 세련된 문체, 소박하면서도 가슴 저미는 휴머니즘, 한국인의 고유한 정서를 느낄 수 있는 황순원(1915~2000)의 소설을 읽는 것은 전후(戰後) 한글 세대에게는 필수적으로 통과해야 하는 하나의 의례와도 같았다. 황순원은 평생을 통해 시 104편, 단편소설 104편, 중편소설 한 편, 장편소설 일곱 편을 남겼다. 그의 작품은 '순수와 절제의 미학'으로 한국문학사의 커다란 봉우리를 이루고 있다.

《소나기》는 1953년에 발표되어 1956년에 단편집 《학(鶴)》에 수록되었으며, 1959년에는 영국 《인카운터(Encounter)》지의 콘테스트에 입상하여 게재되기도 했다.

마음에 내리는 비

황순원 글 · 강우현 그림, 《소나기》(다림, 2002)

아이들과 수업하기 전에 먼저 가수 '예민'이 부른 〈어느 산골 소년의 사랑이야기〉를 들려주었다. 노래를 듣고 나니 처음과 달리 아이들은 노래에 많은 관심을 보였다.

"이 노래, 들어봤어요. 초등학교 4학년 때요."

"저도 들어봤어요. 너무 슬픈 노래예요."

"이 노래, 소설 《소나기》 읽고 만든 노래 아니에요?"

수업에 본격적으로 들어가기에 앞서 수업 내용과 관련된 영상이나 노래를 들려주면 아이들은 토론 수업에 더 몰입하게 된다. 먼저 책을 읽은 후에 질문을 만들도록 한다. 현대문학의 경우 요즘 아이들이 이해하기 어려운 어휘가 많아 어휘를 묻는 질문도 만들어보도록 했다. 질문에 답하는 과정에서 어려운 어휘에 대해 함께 알아볼 수 있기 때문이다.

질문 만들기

1. 왜 소설에 주인공들의 이름은 나오지 않는 것일까요?
2. 이 소설이 지어진 시기는 언제일까요?
3. 소년은 징검다리에 앉아 있는 소녀에게 왜 비켜달라는 말을 못 했을까요?
4. 이 소설에서 '소나기'가 의미하는 것은 무엇일까요?
5. 소년은 왜 코피가 난 것일까요?
6. '하얀 조약돌'과 '호두알'은 무엇을 의미할까요?
7. 소녀는 왜 산 너머에 가보고 싶다고 말했을까요?
8. '마장, 대구, 다람, 바트기, 우대로'의 뜻은 무엇일까요?
9. 왜 소녀는 꽃을 버리지 말라고 했을까요?
10. 소녀가 죽어가면서도 입고 있던 옷을 그대로 묻어달라고 한 이유는 무엇일까요?

아이들이 선택한 질문

1. 왜 소설에 주인공들의 이름은 나오지 않는 것일까요?

하은 : 작가의 작명 센스가 좀 부족했던 것 같다. (웃음)

준서 : 주인공들은 책에서 통성명을 하지 않았다. 이것은 주인공들이 어떤 인물일지에 대한 궁금증을 불러일으키고 신비성을 강조하기 위한 장치다.

이 부분에서 아이들에게 질문 하나를 던졌다.

"이 소설이 쓰인 때가 언제일까요?"

"6.25 직후인 거 같아요. 1950년대인 것 같아요."

"이 소설은 1953년에 쓰인 작품이에요. 그렇다면 소나기에 나오는 주인공들이 태어난 시기는 언제일까요?"

"소설에서 주인공들은 5학년으로 나와요. 그러니까 1941년 정도에 태어났을 거예요."

"그렇겠죠. 그렇다면, 그 시절엔 부모님들이 아이들에게 어떤 이름을 지어줬을까요?"

"선생님! 설마 명옥이, 점순이, 순자, 명희, 숙자, 춘자, 돌쇠, 철수, 명수는 아니겠죠?"

"왜 아니겠어요. 그런 이름들이겠죠~"

"푸하하하!"

은후 : 소설에 이름을 쓰지 않은 것은 '신의 한 수'였다. 읽는 사람

이 좀 더 감성적으로 느끼고, 스토리에 집중할 수 있도록 하기 위해 이름을 사용하지 않은 것 같다.

한나 : 소설을 감성적이고 슬프게 하기 위해 일부러 이름을 넣지 않은 것 같다.

윤민 : 소설 속 인물에게 이름이란 그 인물의 성격을 덧붙여주는 장치다. 작가가 일부러 이름을 쓰지 않음으로써 읽는 사람이 마음대로 상상할 수 있도록 한 것 같다.

2. 이 소설에서 '소나기'가 의미하는 것은 무엇일까요?

한성 : 소나기는 죽음을 의미한다.

준서 : 빠르고 세차게 지나가는 '소나기'를 통해 성장하고 다시 태어난다는 것을 의미하는 것이 아닐까 하는 생각이 든다.

미나 : 소나기는 강하지만 짧게 내린다. 인생의 '행복한 순간'을 의미하는 것 같다. 행복한 순간은 짧지만 강하다. 소설에서 소년과 소녀도 짧은 순간이지만 큰 행복을 경험했다.

3. '하얀 조약돌'과 '호두알'은 무엇을 의미할까요?

지섭 : '하얀 조약돌'은 소녀의 사랑을 의미한다.

보민 : 맑고 순수함이다.

민혜 : '하얀 조약돌'은 소년이 소녀에게서 받은 사랑을 의미하고, '호두알'은 소년이 주고 싶었지만 끝내 표현하지 못한 소년의 마음이다.

4. '마장, 대구, 다람, 바트기, 우대로'의 뜻은 무엇일까요?

현대 소설에 나오는 어휘는 현재 사용하지 않는 어휘가 많고, 소설의 배경도 요즘 아이들이 공감하기에는 다소 거리가 있어 어휘에 대해 함께 알아보았다.

마장 : 거리를 나타내는 순우리말로 5리나 10미리가 못 되는 거리를 이른다. 1리는 약 0.393킬로미터에 해당한다. 그러므로 5리는 1.965킬로미터, 즉 2킬로미터 정도를 말한다.

대구 : 잇달아, 자꾸

다람 : '달음질'의 옛말

바트기 : 매우 가깝게

우대로 : 위쪽으로

이 책을 읽고 아이들이 생각해낸 논제는 "소년과 소녀의 감정은 사랑이었을까?"다.

찬성과 반대로 논제 파헤치기 논제 : 소년과 소녀의 감정은 사랑이었을까?

찬성

사랑이다. 소년은 소녀를 회상하며 그리워했다.

소설의 초반부에 소녀가 개울가에 앉아서 비켜주지 않으며 소년에게 관심을 표현했지만, 소년은 아무런 반응을 보이지 않았고, 이것에 화가 난 소녀는 하얀 조약돌을 던진다. 소년은 소녀가 던진 조약돌을 주워 주머니에 넣고는 소녀가 보고 싶을 때마다 조약돌을 계속해서 문지른다. 하얀 조약돌은 소녀의 마음을 의미하는 것으로, 그것을 주머니에 넣고 만지작거린다는 것은 결국 소년이 표현하지는 못했지만 소녀를 사랑한다는 의미다. 단순히 친구라면 그 친구를 계속 생각하고 친구가 준 물건을 계속 만지작거리며 그 생각만 하지는 않을 것이다.

또한 소녀가 이사 간다는 말을 들은 소년은 소녀에게 받은 대추에 대한 답례로 호두를 선물하고 싶어 몰래 덕쇠 할아버지 호두 밭으로 가서 서리를 했다. 소녀의 죽음으로 전해주지 못했지만, 그 뒤로도 소년은 계속 호두를 만지작거리며 소녀를 그리워했다.

서로에게 특별한 존재였다.

소녀가 심심하다며 산 너머에 가보고 싶다고 하자, 소년과 소녀는 먼 길을 나선다. 소녀는 가는 길에 피어 있는 들국화, 싸리꽃, 도라지꽃 등을 꺾은 후 비탈진 곳으로 가 예쁜 꽃이 달려 있는 칡덩굴을 잡아당기다 넘어지고 만다. 이때 소년은 소녀의 손을 잡아 이끌며 자신이 꽃을 꺾어다줄 걸 그랬다고 후회했다. 소녀의 오른쪽 무릎에 난 생채기에 소년은 자신도 모르게 입술을 대고 빨아주었고, 송진을 발라준다. 갑자기 내린 소나기에 냇물은 불어났고, 물이 상처에 닿으면 소녀가 아플 것 같아 업고 건넌다. 소년이 소녀를 사랑하지 않았다면 이렇게 세심하고 다정하게 소녀를 챙겨주지는 않았을 것이다.

소녀 역시 처음부터 소년에게 먼저 관심을 보였고, 산 너머에도 같이 가자고 했다. 또한 죽기 직전에 소년과의 추억이 묻어 있는 옷을 그대로 입혀서 묻어달라고 말했다. 죽기 직전에 소년을 떠올렸다는 것은 그만큼 소년이 소녀에게 커다란 의미가 있는 존재라는 뜻이다. 즉, 두 사람은 짧은 순간이나마 서로를 사랑한 것이다.

ⓧ 반대

서로의 사랑을 확인하지는 못했다.

소녀가 죽기 전까지 두 사람은 특별히 사랑 고백을 한 것도 아니고 좋아한다고 말을 한 것도 아니다. 그러므로 서로의 사랑을 확인하지 못했다. 또한 사랑은 어린이들이 느낄 수 있는 감정이 아니고 성인이 되어 사랑에 책임을 질 수 있을 때 비로소 사랑이라고 말할 수 있다고 생각한다. 그전의 감정은 사람에 대한 호기심일 뿐이다. 산에 갔다가 소녀는 꽃을 보고 매우 좋아했고 꽃을 따다가 넘어져 무릎을 다쳤다. 이에 소년은 송진을 발라 상처를 치료해주었다. 그 후 갑자기 소나기가 내려 물이 불어났고, 소년은 소녀를 업고 불어난 개울물을 건넜다. 상처를 치료해주는 것은 동성 사이에서도 좋아하는 친구면 당연히 해줄 수 있는 일이다. 이런 행동을 했다고 해서 '사랑'이라고 단정 짓는 것은 무리다.

새로운 친구가 필요했을 뿐이다.

1950년대 소녀들은 대부분 무명 치마저고리를 입고 있었다. 하지만 소녀는 분홍 스웨터에 남색 치마를 입고 있어 한눈에도 누구나 소녀가 윤초시네 증손녀인 것을 알 수 있었다. 사람은 보통 자신과 다르거나 처음 보는 특별한 사람이나 물건이 있을 때 관심을 가지게 된다. 이런 단순한 호기심을 사랑이라고 한다면 이 세상에 사랑하는 사람은 셀 수 없이 많아질 것이다.

시골에서 살았던 소년의 삶은 아버지가 밭에서 일을 시키고 소 먹이인 풀을 뜯어오는 일이었다. 놀 수 있는 거리가 없었던 소년은 삶이 따분하고 재미가 없었을 것이다. 이런 무료한 삶에 소녀라는 특별한 친구가 나타났다. 무료함을 조금이나마 달래줄 사람이 필요했던 것뿐이지, 꼭 소녀를 사랑했다고 볼 수는 없다.

작가 황순원은 78세의 나이에도 전혀 흐트러짐 없는 시상으로 〈산책길에서〉 등 여덟 편의 시를 발표하기도 했다. 황순원 작가는 고희를 맞아 집필한 산문 〈말과 삶과 자유〉에서 "작품다운 작품을 쓰지 못할 바엔 오히려 안 쓰는 편이 낫다는 작가적 양심이 그저 쓰고 싶다는 욕심 앞에 제발 무릎을 꿇지 않기를 바라고 있다. 작가의 의식은 언제나 깨어 있어야 한다. 무의식의 세계를 그릴 때도 작가는 그걸 분명히 의식하고 있어야 한다"고 말했다. 《소나기》와 같은 시적이면서도 아름다운 문장, 휴머니즘을 담은 소설이 탄생한 데에는 이처럼 투철한 작가의식이 깔려 있었다고 볼 수 있는 것이다. 혼란스러운 격동의 근현대사를 살아내면서도 흔들리지 않고 오직 집필에만 몰두함으로써 독자들로 하여금 인간의 아름다움과 순수성, 고귀함과 존엄성을 성찰하도록 한 작가의 그 고귀한 정신에 경의를 표하고 싶다.

정호승 시인은 황순원 작가가 세상을 떠나는 마지막 모습을 보고, "세속에 물들지 않으면서 작품과 삶을 일치시킨 높은 품격과 기개로 작가 정신을 내보인 분"이라며 그를 기렸다.

역사

우리가 역사를 공부해야 하는 이유는 무엇일까? 역사란 단순히 그 시대의 정치적 사건들의 기록이 아니라 정치, 경제, 사회, 인물, 수학, 과학, 예술(음악, 미술) 등을 총망라한 것의 기록이다. 모든 학문을 깊게 파고 들어가다 보면 결국엔 그 학문 분야의 역사와 연결이 된다. 그러므로 역사는 모든 학문의 근간을 이루고 있다고 볼 수 있다. 과거를 알아야만 현재를 제대로 인식하고 미래를 예측해볼 수 있다. 우리가 고고미술사, 고전음악사 등을 배우고 고전 문학을 배우는 이유도 바로 여기에 있다고 생각한다.

학교 교육이 많이 달라지고 있긴 하지만 아직까지도 많은 학교에서 이루어지는 역사 교육은 역사적 사건들을 암기하는 방식이 주를 이룬다. 그러다 보니 역사를 암기 과목으로 여기고 싫어하는 아이들이 많은 것이 현실이다. 그래서 역사를 단순히 정치적 사건이나 연대표를 단순 나열식으로 외우는 것이 아니라 역사적 사건이 일어난 배경을 이해하고, 사건의 원인과 결과의 연관성을 파악하여 각자의 의견을 토론하는 것이 중요하다.

또한 현재의 정치, 경제, 사회적인 문제들을 해결하기 위해서라도 과거 선조들의 문제 해결 방법을 연구함으로써 그것을 반면교사로

삼아 현재 우리 사회가 직면한 각종 문제 해결의 실마리를 찾을 수 있다.

역사를 공부하는 또 다른 이유는 '한국사'라는 하나의 학과목으로서 현실적인 공부를 간과할 수 없다는 데 있다. 한국사는 중학교, 고등학교에 진학해서도 계속 공부해야 하는 과목이고, 대학수학능력시험에서도 필수과목으로 지정되어 있다. 물론 한국사는 절대평가로 이루어지므로 꼭 만점을 받을 필요는 없지만, 중고등학교에 진학한 후에는 영어, 수학, 과학, 국어 등 공부해야 할 과목들이 많기 때문에 역사 과목에 많은 시간을 투자하기가 현실적으로 어렵다. 시간적 여유가 있는 초등학교 때 역사책을 많이 읽고 하브루타와 디베이트 방식을 통한 토론 수업을 지속한다면 역사적 주요 사건들의 전체적인 흐름을 파악할 수 있어 역사 공부에 큰 도움이 된다.

먼저 필독 도서를 읽은 후, 토론이 가능한 수준의 역사적 사실에 대한 배경지식을 하브루타 방식으로 공부하여 이를 중심으로 디베이트를 진행하는 것이 좋다.

정의의 기준 : 나당연합군에 의한 삼국통일은 정당한가?

한나라의 침략으로 고조선이 멸망한 이래 한반도는 분열과 전쟁의 연속이었다. 그 세월은 무려 900년에 달했다. 이러한 혼란에 종지부를 찍은 나라는 뜻밖에 삼국 중 신라였고 그 중심에는 김춘추가 있었다. 김춘추는 폐위당한 왕의 자손으로 태어나 주변으로부터 좋지 않은 시선을 받으며 자랐다. 그러다 멸망한 가야 왕족의 후손이라는 콤플렉스를 가진 또 한 명의 영웅 김유신과 의기투합하여 삼국을 통일하는 결정적인 계기를 마련한다. 김유신의 동생 문희와의 혼인으로 두 사람은 가족이라는 테두리 안에서 자신들의 연약한 지지기반을 확고히 한다.

어떻게 통일했을까?

박순교 글 · 안희숙 그림, 《왜 김춘추는 당나라와 손을 잡았을까?》(자음과모음, 2010)

당시 태자 시절부터 해동증자로 불릴 만큼 출중한 능력을 갖추고 있었던 백제의 의자왕과 고구려를 한 손에 쥐고 흔들었던 연개소문 사이에서 김춘추는 어떠한 방법으로 삼국통일의 기반을 마련할 수 있었던 것일까?

《왜 김춘추는 당나라와 손을 잡았을까?》를 을 읽고 김춘추가 외교에 능수능란하게 대처하고 행동하는 국제 전략가이자 미래를 앞서 설계하고 준비한 통치자였는지, 당나라를 끌어들임으로써 고구려의 땅 대부분을 잃어버리게 만든 장본인인지 토론을 통해 알아보고자 한다. 논제는 "나당연합군에 의한 삼국통일은 정당하다"로 정했다.

찬성과 반대로 논제 파헤치기

논제 : 나당연합군에 의한 삼국통일은 정당하다.

찬성

한반도 최초의 통일국가를 세웠으므로 정당성을 인정해야 한다.

신라는 우리나라 최초의 통일국가를 세움으로써 우리 역사에 큰 의미를 남겼다. 당나라의 도움을 받았다는 한계가 있었음에도 새로운 민족 문화를 건설한 계기를 마련했다. 신라의 삼국통일을 계기로 우리는 하나의 민족이라는 의식을 형성했다. 통일신라 말기 후고구려, 후백제, 신라의 후삼국시대가 형성되었고, 후삼국시대에도 통일을 하기 위해 노력했다. 그 후 고려, 조선 시대를 거쳐 현재 1948년 남북으로 나누어지기 전까지 우리는 계속 통일국가를 형성했다. 현재 우리가 북한과의 통일을 위해 노력하는 이유도 신라의 삼국통일에 의한 민족의식 형성에서 비롯되었다고 볼 수 있다.

당시에는 '민족'이라는 개념이 없었다.

신라의 삼국통일을 말할 때 부정적인 평가로 많이 거론되는 것 중의 하나는 당나라라는 외세를 끌어들였다는 사실이다. 하지만 당시 삼국은 지속적인 정복 전쟁을 하던 시기였고, 신라뿐만 아니라 백제도 당나라, 왜(일본)와 손을 잡았던 적이 있다. 삼국은 나제동맹, 여제동맹 등의 연합을 맺으면서 서로 견제하고 도와주며 발전했다.

당시의 국제사회에서도 현재와 마찬가지로 자국의 이익을 위해서라면 '영원한 우방도 영원한 적도 없다'는 논리가 형성되어 있었다. 신라에게 당나라, 고구려, 백제, 왜는 그냥 다른 나라에 불과할 뿐이다. 신라가 삼국을 통일한 이후 비로소 '민족'이라는 개념이 형성되었다.

삼국통일은 김춘추의 뛰어난 외교력의 결과다.

백제의 의자왕은 신라의 40여 개의 성을 빼앗았고, 신라의 수도 바로 앞인 대야성까지 빼앗았다. 대야성 전투에서 사위와 딸을 잃고 나라까지 빼앗길 위험에 놓인 상황에서 김춘추가 당나라에 도움을 요청한 것은 어쩔 수 없는 일이다. 김춘추는 특유의 뛰어난 외교력으로 당나라뿐만 아니라 주변 국가와 외교를 펼쳤다. 먼저 고구려의 연개소문을 찾아갔으나 연개소문은 김춘추를 옥에 가두고 김춘추에게 무리한 요구를 한다. 구사일생으로 살아온 김춘추는 다시 왜나라로 가 왜나라가 백제를 도와주지 않기로 하는 데 합의하고 돌아온다, 그 후 당나라와 연합하는 전략을 세우고, 아들 법민과 함께 당나라로 건너가 열심히 외교적인 노력을 기울인 결과 결국 당나라와 연합하기에 이른다.

ⓧ 반대

김춘추의 삼국통일로 고구려의 광활한 영토를 빼앗기는 결과를 낳았다.

나당연합에 의해 660년 백제가 멸망한 후 668년에는 고구려까지 멸망했다. 하지만 당나라는 한반도를 차지하겠다는 야욕으로 신라를 도와준 것뿐이다. 그리하여 고구려 멸망 후 신라는 당나라를 간신히 몰아내고 삼국통일을 이루게 되었다. 고구려는 당시 한반도뿐만 아니라 중국 만주 지역까지 광활한 영토를 차지하고 있었다. 하지만 신라가 당나라를 끌어들임으로써 대동강 이북의 땅을 당나라에 빼앗기고 말았다. 신라는 백제, 고구려와 협상을 잘해서 삼국통일을 이루어내야 했다. 남의 힘을 빌려 얻게 되는 국가의 이익은 결국 타국에 의해 좌우될 수밖에 없다. 일제강점기 때 미국에 의해 광복이 된 결과, 우리나라는 미국의 도움을 받은 남쪽과 소련의 도움을 받은 북쪽으로 분단되었고, 현재까지도 통일을 이루지 못하고 있다.

신라는 당나라에 굴욕적인 외교를 펼쳤다.

신라의 김춘추는 당나라에 가서 도움을 요청할 때 신라가 당나라의 도움을 받는 조건으로 후에 문무왕이 되는 자신의 어린 아들을 당나라 장안에 볼모로 넘겼고, 당나라의 복식과 연호를 따랐으며 대동강 이북의 땅을 당나라에 내준다는 약속을 하는 등 굴욕적인 외교를 펼쳤다. 이처럼 신라와 당나라의 동맹은 민족의 자주성을 버린 굴욕적인 동맹이었다. 이후에도 백제와 고구려에 도독부를 설치해서 백제와 고구려를 자기들 뜻대로 다스리려고 했다. 신라는 간신히 대동강 이남의 땅만 지킬 수 있었고, 하마터면 한반도 전체의 영토를 잃어버리는 상황이 벌어졌을 수도 있다.

외세를 끌어들였다

신라가 삼국통일을 할 당시 신라 혼자만의 힘이 아닌, 외세인 당나라의 힘을 빌려 이룬 통일이었다. 또한 형식으로는 통일된 듯 보였으나 내부에서는 고구려와 백제 유민들을 신라 사람들과 똑같이 생각하지 않았고 정복자와 피정복자의 관계에서 바라보았다. 역사학자 신채호 선생은《독사신론》에서 "다른 민족을 끌어들여 같은 민족을 멸망시키는 것은 도적을 불러들여 형제를 죽이는 것과 다름없다"고 했다. 그렇기에 외세인 당나라의 힘을 빌려 이룬 통일은 바람직하다고 볼 수 없다.

확인 질문과 대답

찬성 측 질문 : 신라가 당나라를 끌어들여 삼국통일을 함으로써 고구려의 옛 땅을 대부분 잃었다고 했는데, 30년 후에 옛 고구려 영토에 발해가 세워졌습니다. 당나라가 고구려 땅을 지배한 것은 고작 30년 아닙니까?

반대 측 대답 : 하지만 발해가 멸망하자 압록강 서쪽의 영토가 거란, 몽고 등의 다른 나라로 넘어갔습니다. 우리 영토의 반을 지금까지 900여 년 동안 잃어버렸습니다.

찬성 측 질문 : 발해가 거란의 침략을 받았을 때, 발해는 고려 왕건에게 도움을 요청했지만, 왕건은 이를 무시했을 뿐만 아니라 거란에게 축하 사절을 보냈습니다. 발해의 영토를 잃어버린 것은 왕건

의 책임이 크다고 볼 수 있지 않을까요?

반대 측 대답 : 그 당시 왕건의 입장에서는 발해와 거란이 같은 타국이었고, 자국에게 이익이 되지 않으면 움직일 이유는 없다고 생각합니다. 잘못 발해를 도와주었다가 고려까지 멸망하게 되는 치명적인 결과를 초래할 수도 있었기 때문에 왕건으로서는 어쩔 수 없는 선택입니다.

반대 측 질문 : 당시에는 민족의 개념이 없었다고 하셨는데, 어느 정도 인정은 합니다. 하지만 고구려, 신라, 백제는 비슷한 언어를 사용했고, 당나라와 왜나라와는 언어 소통이 되지 않았습니다. 그렇다면 고구려, 백제, 신라는 당나라에 비해서 같은 민족이라는 느낌이 들지 않을까요?

찬성 측 대답 : 아무리 비슷한 언어를 사용한다 하더라도, 자신의 나라를 침략하고 짓밟는 국가를 가깝게 느낄 리가 없습니다.

반대 측 질문 : 김춘추가 뛰어난 외교 전략가라고 하셨는데, 김춘추가 한 외교는 신라에 일방적으로 불리한 외교가 아닙니까?

찬성 측 대답 : 현재도 국가 간에 힘의 차이가 있을 경우, 대등한 외교는 불가능합니다. 백제와 고구려로 인해 신라는 궁지에 몰린 상황이었고, 어려운 상황에서도 김춘추가 아들 법민을 당나라에 볼모로 남기면서까지 외교를 펼친 덕에 결국 신라는 삼국통일의 위업을 달성할 수 있었습니다. 이것은 김춘추의 희생과 뛰어난 외교력 덕분이라고 생각합니다.

김춘추가 당나라와 연합하여 백제와 고구려를 멸망시킨 것은 사실이나, 삼국통일 이후 오랫동안 당나라를 물리치기 위해 전쟁을 벌인 사실을 볼 때 외세를 끌어들였다는 이유로 김춘추를 무조건 비난하기는 어렵다. 또한 삼국 중 가장 힘이 약했던 신라가 삼국통일을 이룬 배경에는 김춘추의 뛰어난 외교력이 큰 몫을 차지했다. 신라의 삼국통일은 우리 역사 최초의 통일로 볼 수 있으며, 삼국이 분열에서 하나로 통합하는 출발점이 되었다.

연합의 정치 : 고구려가 멸망한 것은 연개소문 때문일까?

당나라의 침입을 승리로 이끈 연개소문에 대한 역사적 평가는 극과 극을 달린다. 김부식은 《삼국사기》에서 연개소문은 임금을 죽인 역적이며 고구려의 멸망을 초래한 장본인으로 기록하고 있다. 반면, 신채호는 《조선상고사》에서 위대한 혁명가로, 박은식은 독립 자주의 정신을 지닌 우리 역사상 최고의 인물로 평가하고 있다.

유교사상의 지배를 받던 조선 시대까지는 왕을 죽인 역적이고 나라를 망친 인물로 평가받았으나, 20세기 민족의 자주정신이 요구되던 시대에 들어서면서 혁명가로 재평가된 것으로 볼 수 있다.

영웅인가, 역적인가

함규진 글 · 이경택 그림, 《왜 연개소문은 영류왕을 배반했을까?》(자음과모음, 2010)

귀족들의 반대로 간신히 대대로 자리에 오른 연개소문은 대대적인 '군대 사열식'을 개최하여 사열식 후 100여 명의 귀족들을 살해하고, 궁으로 들어가 고구려 제27대 영류왕을 죽인다. 한편, 자신들이 세계의 중심이라는 중화사상을 가진 중국은 세계질서를 구축하려는 팽창정책을 쓰면서 끊임없이 고구려를 침략한다. 을지문덕의 살수대첩 이후 멸망한 수나라에 이어 당나라 역시 계속해서 고구려를 침략했다. 이러한 당나라에 대해 당시 영류왕과 귀족들은 굴욕적인 유화정책을 펼친다. 반면, 수나라를 물리친 자부심을 가진 고구려의 무장 세력들은 영류왕의 이러한 정책에 반발하게 된다. 결국 644년 당태종은 "연개소문은 임금을 죽이고 대신을 살해했으며, 백성을 참혹하게 대하더니 나의 명령을 거부하고 이웃 나라들을 강제로 침략하니 토벌하지 않을 수 없다"라는 명분을 내세워 고구려를 침략하게 된다.

이번 토론은 《왜 연개소문은 영류왕을 배반했을까?》을 읽고 연개소문이 시대를 이끈 영웅인지, 한 나라를 멸망으로 이끈 장본인지 알아보고자 한다. 논제는 "고구려가 멸망한 것은 연개소문 때문이다"로 정했다.

찬성과 반대로 논제 파헤치기
논제 : 고구려가 멸망한 것은 연개소문 때문이다.

찬성

쿠데타와 지속적인 전쟁으로 국력을 약화시켰으므로 고구려 멸망에 책임이 있다.

연개소문 집권 당시 고구려는 당나라보다 국력이 약했다. 선왕이었던 영류왕은 그 당시 고구려의 상황에 맞는 외교를 잘 펼쳐 나갔다. 하지만 연개소문은 영류왕을 시해하고 고구려의 상황에 맞지 않게 당나라와 지속적인 전쟁을 이어갔다.

쿠데타란 지배층의 일부 세력이 무력으로 정권을 빼앗는 일을 말한다. 책에는 양만춘 장군이 "연개소문이 신하 된 몸으로 왕을 반역하고 잔인하게 왕을 시해하는 것은 잘못이라 생각하여 평양으로 쳐들어가려고 했었다"라고 말하는 장면이 나온다. 이처럼 연개소문은 자기 권력을 위해서 왕을 죽이고 보장왕을 왕위에 앉혔다. 그리고 대막리지라는 자리에 오르며 무소불위의 권력을 휘둘렀다. 또한 전쟁을 계속 일으킴으로써 백성의 삶은 도탄에 빠지고 국력은 매우 약화되었다. 연개소문이 살아 있을 때는 어떻게든 당나라의 침략을 막아냈으나, 그동안 소진된 국력으로 고구려는 더 이상 외세의 침략을 막아내기에 역부족이었으며, 결국 멸망하기에 이른다.

잘못된 권력 승계로 고구려의 멸망을 자초했다.

연개소문은 고구려의 행정권과 군사권을 장악한 최고의 관직인 대막리지 자리에 있었다. 연개소문은 권력투쟁에서 불리해지자 신하의 도리에 어긋나는 행동으로 권력을 지켜냈다. 자식은 부모의 뒷모습을 보고 자란다는 말이 있다. 연개소문의 아들들은 이런 아버지의 모습을 보고 자랐기 때문에 연개소문은 자신의 권력을 이용해서 아들들인 남생, 남건, 남산에게 막리지라는 높은 벼슬을 물려주었다. 고구려에는 대대로 귀족회의에 따른 선출제도가 있었지만, 연개소문은 이를 따르지 않았다. 아버지의 행동을 보고 자란 아들들은 아버지인 연개소문이 사망하자 남건, 남산이 형인 남생을 배신하고 죽이려 했고, 남생은 나라를 버리고 당나라에 투항했다. 또한 연개소문의 동생 연정토가 신라에 투항하자 이 기회를 놓치지 않은 나당연합군의 공격에 고구려는 멸망하게 된 것이다.

신라와의 동맹을 거절함으로써 나당연합의 빌미를 제공했다.

영류왕의 유연한 대당 외교정책에 비해 연개소문이 권력을 장악한 후 고구려는 강경한 외교정책을 펼쳤다. 당나라뿐만 아니라 신라에게도 강경하게 대처했다. 백제 의자왕의 공격으로 신라는 요충지인 대야성을 비롯하여 40여 개의 성을 빼앗기는 상황에 몰렸다. 대야성의 성주로 있던 김춘추의 사위와 딸이 죽은 후 김춘추는 고구려에 도움을 요청하기 위해서 고구려로 떠났다. 하지만 연개소문은 본래 고구려 땅이었던 마현과 죽령을 돌려주면 동맹을 생각해보겠다는 말을 하며 김춘추를 옥에 가두어버렸다. 이것은 연개소문이 신라에게 군사적인 도움을 주지 않으려는 술책에 불과하다.

겨우 고구려로부터 탈출한 신라의 김춘추는 어쩔 수 없이 당나라로 가 나당연합을 성공시키기에 이른다. 만약 연개소문이 김춘추의 제안을 받아들여 나려동맹을 맺었다면, 당나라는 신라와 고구려가 단합하고 있는 한 섣불리 한반도를 침략할 수 없었을 것이다.

⊗ 반대

연개소문은 당나라의 침략으로부터 고구려를 잘 지켜냈다.

책에서 신채호가 "최선의 방어는 공격이라고 했는데, 고구려 땅에서 쳐들어오는 적을 막는 데만 바빴으니 이겨도 힘만 빠질 수밖에 없다"라고 하는 데서 알 수 있듯이, 영류왕이 사대주의로 일관하다 보니 그 사이 중국은 혼란스러웠던 시대 상황을 이겨내고 안정을 찾은 후 힘을 키웠다. 참다못한 연개소문이 거사를 일으켜 정권을 잡아 당나라에 강경책을 썼지만, 이미 때는 늦었다.

당나라는 대군을 이끌고 고구려로 쳐들어왔고, 연개소문은 당나라의 수군을 격파했다. 연개소문이 당나라의 수군을 격파하면서 식량 보급이 차단되자 당나라는 위기에 처하게 되었다. 그리고 양만춘 장군이 안시성 전투에서 승리하고 당나라군이 퇴각하자 연개소문이 퇴각하는 당나라군을 추격해 격파했다. 당나라군은 끊임없이 고구려를 침입했지만 연개소문은 단 한 번도 진 적이 없다. 천리장성을 쌓으며 당나라의 공격을 막아낸 연개소문이 아니었다면 고구려는 더 빨리 멸망했을 것이다.

영류왕이 굴욕적인 외교를 펼쳤다.

책을 보면, 영류왕이 먼저 연개소문을 배신하고 연개소문을 죽이려 했다고 나와 있다. 자신의 목숨이 위협받는 상황에서 연개소문은 어쩔 수 없이 자신의 목숨과 고구려를 지키기 위해 거사를 일으킬 수밖에 없었다.

영류왕은 국가의 지도 등 국가 기밀정보를 당나라에 넘기고 을지문덕이 살수대첩에서 크게 이긴 뒤 적의 시체를 쌓아놓고 흙으로 덮은 큰 무덤인 '경관'을 허물었다. 또한 그 당시 잡아왔던 포로들도 모두 돌려보내주었다. 이런 방식으로 외교를 해나간다면 후대 고구려의 왕들은 당나라와 전쟁을 한다 해도 계속 패배하여 결국 당나라에게 멸망당했을 것이다. 《손자병법》에 '지피지기면 백전불태'라고 하였는데 영류왕은 당과 고구려가 싸워도 충분히 이길 수 있는 조건을 만들어준 것이나 마찬가지다. 그러니 고구려가 멸망한 것은 연개소문 때문이 아니라 영류왕의 잘못된 외교정책 때문이다.

고구려가 멸망한 것은 신라가 당나라를 끌어들였기 때문이다.

중국은 역사상 하나로 통일이 될 때마다 어김없이 한반도로 침략의 손길을 뻗어왔다. 그동안 고구려는 강력한 군사력으로 한반도의 방패막이가 되어 대륙의 침략을 막아주었다. 하지만 고구려가 언제까지 혼자 힘으로 대륙의 침략을 막아낸다는 것은 어려운 일이다. 따라서 한민족은 하나로 뭉쳐서 다른 민족의 침략에 맞서 싸워야 했다. 그런데 김춘추, 김유신 등이 이끄는 신라는 침략자인 당나라와 손을 잡고 백제와 고구려를 멸망시켰다.

그동안 당나라는 고구려를 공격해올 때마다 식량 보급에 커다란 어려움을 겪었다. 안시성 싸움에서도 연개소문이 수군을 격파하여 식량 보급을 차단했으므로 고당전쟁에서 승리할 수 있었다. 고구려가 멸망하게 된 평양성 전투에서도 고구려 사람들은 한 달을 버텼으나, 신라가 식량을 보급해주어 마침내 고구려는 항복할 수밖에 없었다.

확인 질문과 대답

찬성 측 질문 : 연개소문이 영류왕을 시해하고 권력을 차지한 것은 반역 아닙니까?

반대 측 대답 : 영류왕은 당나라에 봉역도를 내주고 경관을 허무

는 등 당나라에게 계속 끌려다니는 외교를 했습니다. 당나라 입장에서는 계속 고구려를 침공할 기회를 엿보고 있었기에, 연개소문이 아니었다면 영류왕은 나라를 그대로 당나라에 바쳤을 것입니다.

반대 측 질문 : 광개토대왕이 추앙받는 것은 전쟁을 많이 하고 영토를 넓혔기 때문입니다. 그렇다면 연개소문도 추앙받아야 마땅한 것 아닙니까?

찬성 측 대답 : 광개토대왕이 영토를 넓히고 난 후 그의 아들인 장수왕은 고구려의 영토를 더 넓혔을 뿐만 아니라 나라를 안정적으로 다스려 전성기를 누렸습니다. 하지만 연개소문은 자신이 살아 있을 때는 겨우 나라를 지켜냈으나, 연개소문이 죽은 후 아들들의 권력 다툼으로 고구려는 결국 멸망하게 되었습니다.

연개소문이 쿠데타를 일으켜 왕을 배신하고 살해한 것은 명백한 잘못이나, 당나라에 대해 강경한 외교정책을 펼침으로써 고구려의 멸망을 재촉했다는 것에는 이견이 있다. 대당 외교를 유연하게 대처했다면 당장 침공을 피할 수 있었겠으나, 당나라는 고구려를 침공할 기회를 호시탐탐 노리고 있었으므로 언젠가는 고구려를 침공했을 것이다. 단, 연개소문이 집권하고 난 후 고구려가 분열되고 자식들에게 부적절하게 권력을 승계함으로써 고구려 멸망을 초래하는 원인이 되었다고 볼 수는 있다.

과학

우리가 과학을 주제로 디베이트를 하는 이유는 무엇일까? 디베이트는 논쟁적인 말하기 방식을 말한다. 즉, 특정 문제에 대해 대립적인 입장을 지닌 사람들이 자신의 정당성을 공정한 절차에 의해 합리적으로 설득하려는 것이 목적이다. 이것이 성립되려면 대립성, 합리성, 문제 해결 가능성이라는 요건이 충족되어야 한다.

과학기술과 관련된 주제로 이루어지는 디베이트에서는 '문제 해결 가능성'이라는 속성에 비중을 두고 디베이트를 진행하게 되므로, '대립성'이라는 요건을 충족하기에는 편향된 부분이 있는 것이 사실이다. 하지만 우리가 디베이트를 하는 이유는 토론 요건 등의 규칙을 지키기 위함이 아니다. 디베이트는 독서를 하기 위한 도구에 불과하다. 독서는 책을 매개로 하여 저자와 소통하고 나아가 자신과도 소통하는 것이 되어야 한다. 독서 후 디베이트를 통해 다양한 의견을 접함으로써 자신의 생각을 확장하고 문제를 발견함으로써 그 문제를 해결하려고 노력하는 것이 진정한 독서다.

과학 디베이트는 우리 사회와 인간을 둘러싼 과학기술의 장점과 문제점을 인식하는 데에서 출발한다. 문제 상황을 정확히 인식하고 그에 따른 다양한 해결 방안을 모색하기 위해 논쟁을 하는 것이다.

이러한 과정을 통해서 아이들은 평소에 깊게 생각해보지 않았던 과학기술이 대중들과 사회에 어떤 영향을 끼치는지 그리고 그것을 우리 대중은 어떻게 받아들여야 하는지 생각해볼 수 있는 기회를 만날 수 있다. 많은 아이들이 과학을 무작정 어렵고 딱딱한 과목이라고 생각하고 멀리하는 경우가 많다. 아이들의 흥미를 끌어낼 수 있는 필독 도서를 선정하여 함께 책을 읽고 디베이트를 진행해보면, 과학이 생각보다 무척 재미있을 뿐만 아니라 우리 생활과 밀접하게 관련되어 있다는 사실을 알게 된다.

처음 과학 디베이트를 진행할 거라고 이야기하면, 많은 아이들은 "과학은 너무 어렵고 하기 싫어요"라고 반응한다. 하지만 과학 디베이트를 일정 기간 진행하고 나면 "선생님! 과학 토론 언제 해요? 너무 재미있어요"라고 얘기하는 경우를 종종 보았다. 과학 디베이트를 진행할 때는 필독 도서를 두세 권 정도 추천해준다. 그래야 어려운 과학용어와 개념에 익숙해질 수 있고, 과학 문제에 대한 논쟁이 활발히 이루어진다. 먼저 필독 도서를 읽은 후, 과학 용어에 대해 정리한 텍스트를 아이들에게 나누어주고, 그에 대해 '친구 가르치기' 방식으로 하브루타를 진행한 후 디베이트를 진행한다.

복제인간 : 복제 연구를 허용할 것인가?

빛의 속도로 발전하는 생명공학 기술로 우리는 앞으로 태어날 아기에게 이상 유전자가 있는지를 미리 확인한 후, 유전자 편집 과정을 거쳐 아기를 낳을 수 있는 단계에까지 이르렀다. 유전자 변형을 통해 모든 열성인자가 제거된 완벽한 아기가 태어나고, 그 유전자에 의해 운명이 결정되는 세상을 머지않은 미래에 맞이하게 될 수도 있다.

2016년 멕시코에서 '하산'이라는 아기가 태어났다. 하산의 친엄마는 '리증후군'이라는 유전병을 가졌다. '리증후군'은 미토콘드리아의 유전자 이상으로, 뇌, 척수, 시신경 등의 중추신경계에 변성을 가져오는 질병을 말한다. 생후 3~12개월에 발병하며 질환의 속도가 매우 빠르다는 특징이 있다. 진단을 받은 환자의 75%는 호흡곤란, 심장 기능 상실로 2~3세에 사망하는 무서운 질병이다.

의료진은 다른 여성의 건강한 난자에 하산 친엄마의 핵을 이식한 후, 아빠의 정자와 수정시켜 친엄마의 자궁에 착상시켰다. 이렇게 해서 세계 최초로 부모가 셋인 아이가 탄생했다. 현재 하산은 잘 자라고 있다고 한다.

과학과 윤리의 갈림길에서

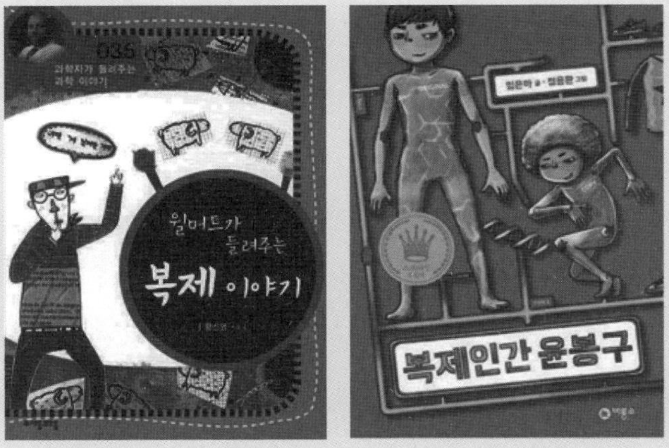

황신영, 《월머트가 들려주는 복제 이야기》(자음과모음, 2010)
임은하, 《복제인간 윤봉구》(비룡소, 2017)

'복제'를 하려면 유전정보가 담겨 있는 세포의 핵을 빼내어 새로운 생물을 만들어야 한다. 염색체 안에는 유전자가 들어 있으며, 유전자는 우리 몸의 모든 부분을 구성하는 정보를 가지고 있다. 지금까지 밝혀진 사람의 유전자 수는 3만~5만 개이며, 일란성쌍둥이를 제외하고는 지구상의 수많은 사람들 중에 같은 유전자를 지니고 있는 사람은 단 하나도 없다. 유일하게 '일란성쌍둥이'만 같은 유전자를 갖고 있다. 일란성쌍둥이는 자연적으로 태어난 '인간 클론'인 셈이다.

유전자가 들어 있는 염색체는 바로 세포 안의 '핵'에 있다. 막대기 모양을 하고 있는 염색체는 그 수와 모양이 생물마다 다른데, 사람의 경우에는 46개의 염색체를 가지고 있다.

인간은 22쌍(44개)의 상염색체와 1쌍(2개)의 성염색체를 가지고 있는데, 23개는 엄마에게서, 나머지 23개는 아빠에게서 받는다. 모든 인간은 엄마, 아빠로부터 똑같이 50%의 유전자를 물려받은 것이다.

1996년 영국의 '이언 윌머트 박사' 등은 여섯 살이 된 양의 체세포에서 채취한 세포의 핵을, 핵이 제거된 다른 암양의 난자와 결합시켜 세계 최초로 포유동물 '복제양 돌리'를 만들어내는 데 성공한다. 그러나 돌리는 6년 6개월 만에 노환에 따른 폐질환으로 안락사하게 된다. 돌리는 겉모습은 새끼 양으로 태어났지만, 돌리에게 체세포를 준 어미 양과 세포의 나이가 같았기 때문에 태어날 때부터 어느 정도 신체의 노화가 진행된 상태였다.

임은하 작가의 《복제인간 윤봉구》는 2017년 비룡소가 주최한 제5회 스토리킹 수상작이다. '스토리킹' 상은 국내 최초로 '어린이 심사위원제'를 도입한 문학상으로 어린이 100명이 심사위원이 되어 직접 뽑는다.

《복제인간 윤봉구》는 자신이 복제인간이라는 사실을 알게 된 한 소년이 겪는 가슴 아픈 이야기를 담은 SF 성장소설로, 최초로 '복제인간'의 성장통이라는 매우 독특하고 참신한 소재를 다루고 있다. 어른이 보아도 흥미롭지만 무엇보다 아이들이 매우 열광한다.

이 두 권의 책을 읽고 토론해봄으로써 복제인간, 줄기세포 등의 생명공학 기술에 대한 장단점을 파악하고 이 기술이 인간에게 이롭게 사용되려면 어떻게 해야 하는지 고민해볼 수 있다. 책을 읽고 "복제 연구를 허용해야 한다"를 논제로 디베이트를 진행했다.

찬성과 반대로 논제 파헤치기
논제 : 복제 연구를 허용해야 한다.

찬성

훌륭한 인재를 복제하여 국가 발전을 이룰 수 있다.

일본의 과학자들은 매머드를 복원하기 위해 빙하에 묻혀 있는 매머드의 세포를 떼어내어 핵을 빼낸 다음, 매머드와 가장 비슷한 인도코끼리를 대리모로 이용하여 매머드를 만들어내려는 연구를 하고 있다. 일본의 과학자들은 향후 50년 안에 진짜 매머드와 88% 정도 비슷한 동물을 만들어낼 수 있을 것으로 예측하고 있다.

이와 같이 발전하는 복제 기술을 이용하여 각 방면에서 세계적으로 뛰어난 인재들, 즉 과학자, 예술가, 화가, 운동선수 등의 복제

인간을 만들면 국가를 발전시키고 우리나라의 위상을 높여주어 국민들에게 자긍심을 줄 수 있다. 예를 들어, 박지성, 이루마, 김연아, 방탄소년단 등의 훌륭한 인재를 복제한다면 우리나라에도 이득이 되고 세계 발전에도 기여하게 될 것이다.

줄기세포를 만들 수 있다.

줄기세포란 배아나 성체 세포에서 얻을 수 있는 만능 세포로, 일반 세포와 달리 어떤 조직으로든 만들 수 있기 때문에 당뇨병, 치매와 같은 난치병을 치료하거나 손상된 장기를 대신할 새로운 장기를 만들 수 있다. 줄기세포를 만드는 방법에는 여러 가지가 있는데, 인간복제와 관련해서는 복제배아 줄기세포를 들 수 있다. 난자에서 핵을 뽑아내고 체세포에서 뽑은 핵을 난자에 넣은 다음, 전기 충격을 주어 난자와 체세포 핵이 합쳐지게 한다. 이것을 줄기세포로 만들면 체세포 주인과 같은 유전정보를 지닌 세포나 장기를 만들 수 있고 이를 대리모의 몸속에 넣으면 체세포 주인과 똑같은 유전형질을 가진 복제인간이 탄생되는 것이다.

《복제인간 윤봉구》에 나오는 봉구의 엄마 윤 박사도 줄기세포를 연구하다 호기심이 발동하여, 태어난 지 1년도 되지 않은 아들 민구의 입안에서 뽑아낸 체세포의 핵을 엄마의 난자에 집어넣은 후 전기 충격을 주어 '봉구'라는 복제인간을 만들어냈다.

줄기세포가 만들어진다면 불치병으로 죽어가는 많은 사람들을 살릴 수 있다. 그러면 치료할 수 없는 병에 걸린 사람들이 자신과 맞는 다른 사람의 장기를 찾아 몇 년씩 기다리지 않아도 된다.

복제 기술로 인간에게 유용한 영양분을 생산하는 동물을 만들 수 있다.

인간을 위협하는 병 중에 혈우병이라는 것이 있다. 대부분의 사람들은 다쳐 피가 나도 어느 정도 시간이 지나면 피가 굳어 저절로 멈추게 된다. 이는 사람의 몸에 피를 굳게 만드는 단백질이 있기 때문이다. 그런데 혈우병에 걸린 사람들은 피를 굳게 하는 단백질이 만들어지지 않는다. 단백질을 만들어내는 유전자에 문제가 있기 때문이다. 이 경우 피를 굳게 하는 단백질을 만드는 사람의 유전자를 복제한 다음, 이 유전자를 양의 수정란에 넣어 새로운 양을 태어나게 하면 이 양이 자라서 피를 응고시키는 단백질이 들어 있는 우유를 만들 수 있다. 실제로 윌머트는 돌리를 만든 후 혈우병 치료제 유전자가 들어 있는 '복제양 폴리'를 만들었다. 우리나라에서 만들어진 복제 염소 메디는 젖에서 백혈병 치료제를 만들어내고 복제 젖소 보람이는 락토페린을 만들어낸다. 이 락토페린은 항생제와 분유 첨가제 등으로 사용된다.

이처럼 복제 동물을 이용하면 약품의 생산량이 많아져 값싸게 대량생산할 수 있어 사람들에게 많은 도움을 줄 수 있다.

⊗ 반대

가족의 개념이 모호해지고 정체성에 혼란을 가져올 수 있다.

《복제인간 윤봉구》에서 자신이 복제인간이라는 사실을 알게 된 봉구는 자신이 진짜인지 가짜인지를 놓고 깊이 고민하다가 집을 나가 방황한다. 복제인간은 자기가 누구인가에 대한 정체성 문제로 심각하게 고민할 수 있다. 자신이 만들어진 인간인지 아니면 물건인지 극단적으로 생각할 가능성도 배제할 수 없다.

또한 가족의 개념 역시 모호해진다. 예를 들어 나의 체세포를 이용해 복제 아기를 낳았을 경우, 이 복제 아기는 나의 자식이 되는 건지 형제가 되는 건지 정확하게 구분 짓기 어렵다. 이러한 복제 기술이 대중에게 널리 이용된다면 가족의 개념인 엄마, 아빠, 자식이라는 것도 없어지게 될지 모른다. 남편이 없더라도 내 체세포를 이용하면 얼마든지 자식을 만들어낼 수 있기 때문이다.

생명윤리에 어긋난다.

생명은 누군가에 의해 어떤 목적으로 만들어지는 것이 아니라 자연스러운 사랑의 결과로 얻어지는 것이라야 한다. 인위적으로 복제인간을 만들게 되면 이는 자연의 이치를 거스르는 것이다. 또한 인간이라는 이유만으로 존재 가치가 있으며 그 인격이 존중받아야 하는 인간 존엄성에도 어긋나는 행위다.

복제양 돌리를 만들 때 실제로 수정란 277개 중 자궁에 이식할 수 있는 상태로 자란 것은 13개뿐이었고, 새끼 양으로 태어난 것은 그중 단 하나였다. 복제인간을 연구하기 위해서는 수많은 실패가 따를 것이고, 그 과정에서 수많은 난자를 필요로 할 것이다. 여성의 난자는 한 달에 한 개씩만 얻을 수 있다. 따라서 난자를 얻기 위해서는 여성에게 호르몬 주사를 놓아야 한다. 인위적으로 난자를 채취하기 위해 여성에게 투여하는 호르몬 주사는 몸에 많은 부작용을 가져온다. 또한 복제인간이 만들어진다 해도 기형이라도 생긴다면 심각한 문제가 아닐 수 없다.

옳지 않은 목적으로 악용될 가능성이 있다.

사람들은 대부분 오래 살기를 원하기 때문에 복제인간 기술이 허용되면 자신을 복제하여 영원한 생명을 꿈꾸는 사람이 생길 수도 있다. 또한 죽은 내 가족이나 유명한 스타를 복제하여 자기 곁에 두고 싶어 하는 사람도 있을 것이다. 뿐만 아니라 우수한 형질을 가진 사람의 유전자를 이용해서 좀 더 뛰어난 아이를 만들고자 하는 부모가 나올 수도 있다.

이보다 더 무서운 가능성은 많은 복제인간을 만들어서 손상된 자기 신체를 교체하고자 시도하는 사람들이 나타날 수 있다는 사실이다. 이것은 복제인간을 단순히 부품으로 취급하는 것이나 마찬가지다. 이렇게 인간을 도구화하는 것은 옳지 못한 일이다.

확인 질문과 대답

반대 측 질문 : 상대 팀 토론자께서 박지성, 김연아와 같은 사람을 복제해서 국가 발전을 이룰 수 있다고 하셨는데, 복제하여 똑같

은 유전형질을 갖는다고 해서 같은 사람이 되지는 않습니다. 일란성쌍둥이라고 해서 모든 것이 똑같은 것은 아니지 않습니까?

찬성 측 대답 : 물론 유전형질이 같다고 똑같은 사람이 되지는 않지만, 국가 인재를 양성하기 위해 좋은 유전자를 가진 사람을 좋은 환경에서 훈련시킨다면 그와 비슷한 사람이 될 가능성이 높습니다.

찬성 측 질문 : 옳지 않은 목적으로 악용할 수 있다고 하셨는데, 그런 것들은 사회적으로 법률을 만들어 규제하면 되지 않습니까? 지금도 생명윤리법이 있는 것으로 알고 있습니다.

반대 측 대답 : 법률로 규제한다고 해도 자신의 이익을 위해 법을 어기는 사람은 분명히 있을 것입니다. 그렇게 되면 인간들은 물건과 같은 취급을 받게 될 것입니다. 그러면 사회적으로 많은 문제를 야기할 수 있습니다.

반대 측 질문 : 인간에게 유용한 동물을 만들 수 있다고 했는데, 동물에게도 권리가 있다고 생각합니다. 동물은 인간에게 필요한 대로 이용해도 되는 것입니까?

찬성 측 대답 : 동물들에겐 좀 미안하지만 당장 자기 가족이 어린 나이나 젊은 나이에 불치병에 걸려 죽게 된다면, 동물을 이용해서라도 살리고 싶을 것입니다.

《유전자의 내밀한 역사》(이한음 옮김, 까치, 2017)의 저자 싯다르타 무케르지(Siddhartha Mukherjee)는 "최소 단위를 이해하는 것이 전체를 이해하는 데에 대단히 중요하다. 시인인 월리스 스티븐스(Wallace

Stevens)가 '부분들의 합에는 부분들만 있을 뿐이야'라고 썼을 때, 문장의 의미는 개별 단어를 해독함으로써 해독될 수 있지만, 문장은 개별 단어들 이상의 의미를 가진다. 유전자도 마찬가지다. 물론 생물은 단순히 유전자들의 합은 아니지만, 생물을 이해하려면 먼저 그 유전자를 이해해야 한다. 우리는 유전자를 이해함으로써 비로소 유례없이 능숙하고도 강력하게 생물을 조작할 수 있게 되었다"라고 이야기했다.

앞의 하산의 사례와 같은 유전자 변형 인간은 앞으로 10년 안에 현실화될 것이라고 전문가들은 예측하고 있다. 따라서 이와 같은 생명공학 기술에 대한 사회·제도적 기준을 마련하기 위한 토론이 어느 때보다 필요한 시점이다.

대기오염 : 미세먼지에 대한 책임을 중국에 물어야 할까?

2019년 들어 공기가 좋은 제주에서도 초미세먼지 여섯 차례, 미세먼지 주의보 세 차례 등 모두 아홉 차례나 미세먼지주의보가 발령됐다. 주의보가 발령될 때마다 재난안전본부는 노약자, 호흡기질환자, 심혈관질환자는 외출을 삼가고 일반 시민들도 과격한 실외 운동과 노출을 자제할 것을 당부하고 있다. 미세먼지란 '가늘고 작아서 눈으로 분간하기 어려운 먼지'들을 말한다. 미세먼지를 측정하는 단위는 밀리미터(㎜)보다 가는 마이크로미터(㎛)를 사용한다. 1마이크로미터는 1밀리미터보다 1,000배 작은 길이를 나타내므로, 이런 단위를 실생활에서 사용할 일은 거의 없다. 1마이크로미터가 1,000개 있어야 우리가 사용하는 자의 가장 작은 눈금 하나가 되는 것이다. 보통 사람의 머리카락이 50~70마이크로미터, 담배 연기는 0.01~1마이크로미터 정도다. 미세먼지(PM10)는 머리카락의 5분의 1에서 7분의 1에 불과하다. PM(Particulate Matter)이란 공기 속 입자상 물질을 나타내는 말로, PM10은 미세먼지의 지름이 10마이크로미터, PM2.5는 지름이 2.5마이크로미터를 의미한다.

숨 쉬는 지구를 위하여

송은영 글 · 송선범 그림, 《보이지 않는 오염물질 미세먼지》(주니어김영사, 2018)
서지원 글 · 끌레몽 그림, 《어린이를 위한 미세먼지 보고서》(풀과바람, 2017)

미세먼지는 유럽의 산업혁명과 함께 인류 문명이 빠르게 발전하면서 도시에 공장이 들어서고 자동차들이 많아지면서 발생하게 되었다. 미세먼지는 공장에서 나오는 배출가스, 소각장에서 나오는 연기, 화력발전소에서 배출되는 증기가스, 자동차 배기가스 등에 들어 있다. 우리나라는 2017년 말 기준, 총 61기의 석탄발전소가 가동 중에 있으며 7기가 추가로 건설 또는 계획 중에 있다고 한다.

아이들은 《보이지 않는 오염물질, 미세먼지》와 《어린이를 위한 미세먼지 보고서》 두 권을 읽고, "미세먼지에 대한 책임을 중국에 물어야 한다"라는 논제로 토론을 해보고 싶어 했다. 독서토론의 논제는 도서를 이해하는 데 도움이 되어야 하므로 토론하기에 적당한 논제라고 생각하고, 아이들과 함께 토론해보았다.

찬성과 반대로 논제 파헤치기
논제 : 미세먼지에 대한 책임을 중국에 물어야 한다.

찬성

미세먼지가 편서풍을 타고 중국에서 날아온다.

우리나라의 미세먼지는 겨울철과 봄철에 가장 심하다. 겨울철에 날씨가 추워지면 난방용 연료의 사용이 증가한다. 석유와 석탄에서 나오는 가스와 연기가 대기 중으로 퍼져나가 미세먼지의 농도를 높이기 때문이다. 또한 겨울철에는 대기순환이 잘 되지 않아 지표면 부근에 미세먼지가 쌓일 확률이 높다. 특히나 중국의 경제가 급속도로 발전하면서 석탄의 사용량이 많이 늘어나 바람을 타고 우리나라로 미세먼지가 많이 들어와 겨울철 미세먼지 농도가 전보다 증가하는 추세다. 평상시 미세먼지는 국내 발생량이 50% 이상이지만, 농도가 '나쁨' 이상으로 높아지는 날에는 국외 유입 비중이 평균 70%로 높아진다. 특히 편서풍을 타고 중국에서 날아온 미세먼지가 한반도의 상공에 머무는 기간이 상당히 길어졌다.

인공위성 사진이 보여준다.

2019년 3월 중앙일보는 미항공우주국(NASA)이 촬영한 중국발 미세먼지 사진을 공개했다. 한반도와 주변을 촬영한 인공위성 사진을 보면 중국에서 거대한 먼지덩이가 한반도로 밀려오고 있음을 확인할 수 있다. 한국의 천리안 위성도 이 장면을 촬영했다. 미세먼지는 치명적인 발암물질이다. 세계보건기구는 미세먼지를 석면, 벤젠과 함께 1군 발암물질로 분류했다. 암을 일으킬 수 있는 물질 중에서도 가장 두려운 물질로 미세먼지를 꼽은 것이다.

미세먼지는 크기와 위치에 따라 일으키는 질병이 다른데, 대표적인 질병으로는 알레르기성 비염, 결막염, 각막염 폐기종, 천식 등이 있다. 또한 아주 작은 미세먼지는 산소와 영양분처럼 우리의 혈액 속으로 들어갈 수도 있다. 혈액 속으로 들어간 미세먼지는 몸속 곳곳을 돌아다니며 심근경색, 심부전, 협심증, 뇌졸중과 같은 심장 관련 질병을 일으킨다. 이러한 질병은 목숨과 바로 연결되는 매우 위험한 질병이다.

우리나라 농업에 나쁜 영향을 미친다.

미세먼지는 또한 우리나라 농업에도 나쁜 영향을 미친다. 공기 중에 떠 있다가 비가 내리면 빗방울에 섞여 내리는데, 이때 중성이었던 비가 미세먼지 속의 질산이나 황산과 섞이면서 산성비가 된다. 질산이나 황산은 강한 화학물질이다. 이런 비를 맞으면 농작물이 잘 자라지 못한다. 또한 식물은 햇빛을 받아 숨을 쉬고 영양분을 만드는 광합성 작용을 한다. 그런데 미세먼지가 식물의 잎에 내려앉으면 햇빛을 충분히 받지 못해서 광합성이 제대로 이루어지지 않는다. 그러면 식물은 정상적으로 결실을 맺을 수가 없다.

식량자급률이란 한 나라의 국민이 먹는 식량 가운데 자기 나라 땅에서 직접 길러 먹는 식량의 비율을 말한다. 쌀을 제외한 우리나라의 식량 자급률은 10% 미만으로 대부분 곡물 메이저 업체나 일본 종합상사를 통한 곡물 수입에 의존하고 있는 상황이다. 이러한 상황에서 농작물에 안 좋은 영향을 미치는 미세먼지가 우리나라의 식량 안보를 더욱 위협하게 될 수도 있다. 따라서 이 문제는 국가 차원에서 대책을 마련해야 할 것이라고 생각한다.

⊗ 반대

우리나라 내에서 생긴 미세먼지가 더 나쁘다.

미세먼지가 생기는 원인은 공장과 자동차, 발전소에서 나오는 가스와 연기다. 2017년 환경부에서 발표한 '미세먼지 관리 종합대책'에 따르면, 전국 미세먼지는 사업장에서 38%, 건설기계, 선박 등에서 16%, 발전소에서 15%를 배출시키는 것으로 조사되었다. 또한 미세먼지는 '1차 미세먼지'와 '2차 미세먼지'로 나뉘는데, 2차 미세먼지란 석탄·석유 등 화석연료가 연소되는 과정에서 나오는 황산화물이나 차량 배기가스의 질소산화물이 수증기, 오존, 암모니아와 같은 공기 중의 물질과 화학반응을 일으켜 생기는 미세먼지를 말한다. 제조업 공장과 차량 배기가스에서 고체 상태로 나오는 1차 미세먼지보다 가스의 상태로 나오는 2차 미세먼지가 인체에 훨씬 안 좋은 영향을 준다. 특히 수도권의 경우에는 2차 생성으로 인한 초미세먼지 발생량이 전체의 3분의 2에 이르는 것으로 나타났다. 또한 해외에서 날아오는 미세먼지도 있는데, 미국 항공우주국이 2017년 조사한 바로는 중국에서 날아온 것이 34%가량이었고, 일본 등 기타 국가에서 날아온 것이 6%, 북한에서 온 것이 9% 정도인 것으로 나타났다. 국내에서 생긴 미세먼지는 52% 정도였다.

우리 스스로가 미세먼지를 줄이기 위해 노력해야 한다.

우리나라의 미세먼지는 제조업 과정, 화물차 레저용 차량(RV), 승용차 등의 이동 수단에서 나오는 미세먼지가 주를 이룬다. 그렇다고 제조업을 중단하고 이동 수단을 없앨 수는 없다. 해결 방법은 이 과정에서 나오는 미세먼지를 줄이는 것이다. 우리나라는 '2022년까지 미세먼지 30% 감축 달성'이라는 목표를 세우고 실천해나가고 있다. 발전 부문에서 12.5톤, 산업 부문에서 52,800톤, 수송 부문에서 29,000톤, 생활 부문에서 9,000톤을 줄일 계획이다. 이를 위해 노후

경유차 조기 폐차, 친환경차 보급 확대, 건설 기계 배출가스 저공해 조치, 도로청소차 보급 확대 등을 통해 미세먼지를 줄여야 한다.

전 세계가 협력하여 공동으로 해결해야 한다.

중국에서 발생한 미세먼지는 우리나라뿐 아니라 바람을 타고 한반도를 넘어 동쪽으로 계속 날아간다. 동해와 남해를 건너 일본에 도달하고 태평양을 건너 미국까지 날아간다. 중국에서 만들어진 미세먼지가 더 이상 중국만의 문제가 아니게 되었다. 또한 우리나라가 만들어낸 미세먼지도 일본으로 날아간다. 이런 식으로 일본에서 만들어진 미세먼지도 미국까지 날아간다. 따라서 미세먼지는 이제 더 이상 한 나라가 해결해야 하는 문제가 아니다. 지구촌이 공동으로 대처해야 하는 전 세계적인 골칫거리가 되었다.

우리나라가 세계 최초로 인공위성을 통해 미세먼지를 측정하는 기술을 개발했다. 이러한 방법은 다른 위성들과 융합해 미세먼지 연구의 정확도를 높일 수 있으며, 화학 종류나 입자 고도 등을 측정할 수 있어 주변 국가와 협력해나가는 것이 중요하다. 주변 및 세계의 여러 나라가 모여 미세먼지에 대한 대책을 마련해야 한다.

확인 질문과 대답

반대 측 질문 : 우리나라의 미세먼지 중 국내에서 발생한 것이 52%이고 해외 중에서도 중국에서 날아온 것은 34%인데, 중국에서

책임을 져야 한다는 것은 억지가 아닐까요?

찬성 측 대답 : 전체적으로 보았을 때 국내에서 생성되는 미세먼지가 조금 더 많은 것은 사실이지만, 《보이지 않는오염물질 미세먼지》 28쪽에 나온 그래프를 보면, 3~4월의 미세먼지 수치는 100~110으로 농도가 매우 높습니다. 이때의 미세먼지가 우리에게 안 좋은 영향을 많이 줍니다. 이 시기는 중국에서 우리나라로 황사가 건너오는 시기라 미세먼지의 농도를 높이는 원인이 됩니다.

찬성 측 질문 : 우리나라에서 미세먼지를 줄이기 위한 노력을 계속하고 있지만, 미세먼지는 점점 심해지고 있습니다. 실효성이 있다고 생각하십니까?

반대 측 대답 : 그래서 현재 정부에서는 더 강력한 대책을 마련하기 위해서 미세먼지의 실내 유입 저감을 위해 건축물에 설치하는 환기 설비에 대한 법을 개정 중에 있습니다. 정부와 국민이 대책 마련을 위해 노력하고 미세먼지의 피해를 최소화하기 위해 노력한다면, 미세먼지로 인한 문제를 해결할 수 있을 것이라 생각합니다.

2016년 그린피스와 하버드 대학교 대니얼 제이콥 교수가 한 공동 연구에 따르면, 석탄화력발전소의 초미세먼지로 매년 최대 1,600명의 조기 사망자가 발생하며 계획 중인 석탄화력발전소를 모두 증설할 경우 최대 2,800명까지 늘어난다고 한다.

우리의 건강에 악영향을 미치는 미세먼지 해결을 위해 여러 대책은 나오고 있으나, 실질적으로 그 해결은 요원한 실정이다.

사회

수학능력시험 과목이 '언어 영역', '수리 영역', '과학탐구', '사회탐구' 영역으로 나눠지면서 이제 공부는 암기 위주의 학습에서 논리적이고 통합적인 사고를 요하는 쪽으로 바뀌게 되었다. 게다가 최근에는 대입에서도 수시 위주로 입시가 개편되는 경향이 확연히 나타나 사회현상이나 쟁점에 대해서 자신의 의견이나 주장을 밝히는 일이 점점 필요해지게 되었다. 학생 신분일지라도 자신의 가치관을 확립하고 삶의 태도를 갖추는 자세를 대학에서도 매우 유의미하게 평가하게 된 것이다.

사회 영역이야말로 현재를 살아가는 사람들에게 매우 시의적절한 삶의 태도와 자세가 무엇인지를 요구하고 질문할 수 있는 분야가 되므로 사회의 다양한 변화와 현상들을 놓치지 말고 발 빠르게 따라가는 자세를 잊지 말아야 할 것이다.

소년법 개정 : 더 강화해야 할까?

2017년 봄, 온 국민을 경악하게 만든 사건이 발생했다. 바로 인천 초등학생 살인사건. 이 사건의 주범과 공범이 체포되었는데, 주범은 17세의 김모 양이었고 공범은 18세의 박모 양이었다. 둘 다 촉법소년의 연령을 지난 데다 그 죄질이 무겁고 수법이 잔인해 형사법원에서 재판을 받았다. 사건을 수사한 담당 검사는 김 양을 살인 사건의 주범으로, 박 양을 살인을 도운 공범으로 기소했다. 그런데 1심의 법원 판사는 김 양에게는 징역 20년을, 박 양에게는 무기징역을 선고했다. 바로 나이 때문에 공범이 주범보다 더 무거운 형벌을 받은 것이다.

강력범이 된 소년 소녀들

김성호, 《세상에 대하여 우리가 더 잘 알아야 할 교양–소년법, 폐지해야 할까?》(내인생의책, 2018)

소년법에서는 만 18세 미만의 청소년에게 사형이나 무기징역을 선고할 수 없도록 규정하고 있다. 김 양은 만 17세였으나 시체를 훼손하는 등 그 죄질이 잔인하여 특정 강력 범죄가 추가되어 5년이 더해짐으로써 20년이 되었다. 반면, 공범 박 양의 나이는 만 18세였기 때문에 소년법의 혜택을 받지 못해 무기징역이 선고되었다.

성인 범죄를 모방해 날로 흉악해지는 소년 범죄가 늘어나면서 소년법을 적용하는 연령의 기준을 낮추어야 한다는 목소리가 커지고 있다. 소년법을 악용한 의도적인 흉악 범죄에 일종의 면죄부를 부여하게 된다는 우려에서다. 이번 토론에서는 《세상에 대하여 우리가 더 잘 알아야 할 교양—소년법, 폐지해야 할까?》를 읽고 "소년법을 더 강화해야 하는지" 아니면 시간이 걸리더라도 서로 마음을 열고 손을 잡는 방법을 고민해보아야 하는지 알아보고자 한다.

찬성과 반대로 논제 파헤치기 논제 : 소년법을 더 강화해야 하는가?

찬성

소년법을 악용하고 있으므로 소년법을 강화해서 이를 막아야 한다.

최근에는 청소년들도 인터넷 등을 통해 자신들이 저지른 범죄가 어떤 것이고 그에 대해 자신들이 책임질 한계가 어디까지인지 쉽게 알아낼 수 있다.

한국의 소년법에서는 만 18세까지를 소년으로 규정하고 있다. 한국의 독특한 나이 계산법으로 인해 우리나라에서 만 18세라는 것은 19세 또는 20세를 말한다. 또한 만 10세부터 13세까지를 촉법소년이라고 부르는데, 이를 풀이하면 '법에 저촉(위반)되는 소년'이란 뜻이다. 이들은 죄를 저지르면 처벌을 받기는 한다. 그러나 성인 범죄자가 받는 처벌보단 가벼운 처벌을 받으며, 처벌도 형사법원이 아닌 소년법원에서 이루어진다. 촉법소년들은 범죄를 저지르고도 전과자가 되지 않는 대단한 특혜를 누린다.

이러한 이유로 청소년들의 강력범죄는 점점 높아지고 있는 추세다. 2018년 기준 미성년자의 범죄 추이를 보면 흉폭하고 잔인해질 뿐 아니라 재범률도 높다. 보호관찰대상인 청소년의 재범률은 평균

10.9%로 파악된다. 성인 재범률인 4.5%와 비교해보면 두 배가 넘는 수치다. 인천 초등학생 살인사건이나 부산 여중생 폭행사건에서 알 수 있듯이 자신의 범행을 자랑삼아 얘기하거나 피해자의 사진을 휴대전화로 촬영해 전송하기도 했다. 더 이상 '청소년', '미성년자'라고 해서 보호하는 것은 커다란 사회 문제를 야기할 것이다.

현재의 소년법은 우리나라 상황에 맞지 않는다.

'사랑의 법률'로 불리는 소년법이 일본에서 만들어진 것은 1922년의 일이다. 영국과 미국의 법을 참고해서 만든 이 법은 소년범들의 교화와 복지에 초점을 맞추고 있다. 1948년 일본은 기존의 소년법을 수정해 새로운 소년법을 공포했고, 지금의 한국 소년법도 1958년 바로 이 일본의 법을 참고로 해서 제정한 것이다. 그 후 약간의 개정은 있었지만, 소년범의 형사처벌에 대한 강화는 이루어지지 않았다. 만 10세 이상 만 14세 미만의 촉법소년 연령은 1963년에 제정된 것이고 미성년자 연령인 만 14세 미만은 1953년 형법을 제정한 이래 60년 넘게 한 번도 바뀌지 않았다.

60여 년 전 우리나라가 참고했던 일본의 법은 독일을 참고한 것이다. 독일의 학교 교육제도는 만 14세부터가 중학생이다. 초등학생까지를 미성년자로 인식한 독일식 관념이 일본과 한국으로 전해져 지금까지 유지되어오고 있는 것이다. 우리나라는 만 12세부터가 중학생이다. 따라서 만 14세 미만이라는 미성년자 연령은 과거 서구의 학제를 모방한 것이므로 현재의 한국식 교육 시스템과는 맞지 않는다.

범죄에 합당한 처벌을 받아야 한다.

나이가 어리다고 강력한 범죄에 대해 성인보다 처벌을 가볍게 받는 것은 합당하지 않다. 이러한 결정은 청소년은 미성년자이므로 엄격하게 다루는 것보단 관대함을 베푸는 것이 더 교육적이라는 판단 때문이다. 하지만 최근 소년들의 범죄 건수는 줄어들고 있는 데 반해 살인, 성범죄, 폭력 등 청소년 강력범죄는 증가하는 추세다. 반면 이에 대한 처벌은 솜방망이에 그친다는 비판이 제기되고 있다. 강력범죄가 늘어났음에도 형사재판을 받고 교도소에 가는 소년범의 숫자는 오히려 줄어들고 있다. 2005년 427명이었던 소년 수형수는 2014년 131명으로 10년 만에 큰 폭으로 줄어들었다. 아예 재판을 받지 않고 풀려나는 소년범의 비율도 늘어나고 있는 형편이다. 이러한 관대함이 청소년들로 하여금 범죄에 대한 문제의식을 흐리게 만들어 범죄를 더 손쉽게 저지르게 할 수도 있다. 자기가 저지른 행동에는 그에 맞는 책임을 저야 한다는 것을 어릴 때부터 알도록 교육시키는 것이 필요하다.

반대

청소년은 아직 미성숙하므로 이를 감안해야 한다.

소년법의 대상인 청소년들은 2차성징을 겪으면서 성장하고 있는 단계다. 인간의 뇌에는 전두엽(욕구와 판단)과 후두엽(시각 관장)을 연결시켜주는 역할을 하는 '뇌이랑'이 있다. 어떤 현상에 따른 자극은 후두엽으로 전달되고 뇌이랑을 거쳐 전두엽을 통해 올바른 판단이 이루어지는데, 사춘기 시기에는 이 연결이 매끄럽지 않아 충동적이고 감정적인 반응을 나타낸다. 어린이나 청소년은 미성숙하므로 자신의 행동이 옳은지 그른지 판단할 능력이 부족하다. 따라서 아직 성장 단계에 있는 미성숙한 청소년들을 대상으로 어른들과 같은 강력한 처벌을 하는 것은 옳지 않다.

법에서는 책임 능력을 갖춘 사람에게만 그 행동에 대한 책임을 요구한다. 정신이상자가 법을 어기면 처벌 수준이 일반인에 비해 매우 약하다. 어린이와 청소년도 이와 같은 맥락에서 책임 능력을 갖추지 못했다고 판단하는 것이다. 어린이와 청소년들의 잘못에 대한 책임은 건전한 환경을 제공하지 못한 가정과 학교, 사회에도 물어야 한다. 아직 미성숙한 어린이와 청소년들에게 스스로 반성하고 자신의 잘못을 돌아볼 기회를 줘야 한다.

소년법의 본래 취지에 맞지 않는다.

소년법의 본래 목적은 어린 가해자가 자신의 죄를 뉘우치고 사회에 복귀할 수 있도록 도와주는 것이다. 아이가 잘못을 저질렀을 경우 대부분의 부모는 반성문을 쓰거나 벌을 주는 정도로 훈육을 한다. 이처럼 부모와 같은 마음으로 소년범들을 대하는 것이 소년법의 본래 취지인 것이다. 소년법원의 판사에게 요구되는 모습은 '아버지와 같은 재판관이 소년이 지닌 문제에 대해 서로 이야기하고 아버지의 입장에서 권고와 훈계를 해서 나쁜 길로 들어선 소년의 마음과 양심에 접근하는' 것이다. 아직 미성숙한 상태에 있는 청소년들에게 처벌만을 위주로 한다면 그들은 범죄자로 낙인찍혀 사회에 발을 딛기가 어려워진다. 따라서 교도소에서 나오더라도 다시 범죄를 저지를 확률이 높아진다. 방황하는 청소년들에게 엄벌보다는 사회적으로 관심을 가지고 배려를 해주며, 청소년들이 바른 어른으로 자라날 수 있도록 어른들이 좋은 사회를 만들어나가기 위한 노력을 해야 할 것이다.

처벌 강화가 실제 범죄율 감소로 이어지지는 않는다.

청소년 강력범죄가 증가하는 것은 사회가 빠르게 변화하고 과학기술이 발전하는 이유도 크다. 청소년들이 인터넷, SNS 등 수많은 미디어에 쉽게 노출되면서 다양하고 잔혹한 범죄를 학습하게 된다. 또한 반항기에 있는 청소년들일수록 자신이 저지른 행위에 대한 죄책감보다는 금지된 것을 어겼다는 묘한 쾌감과 자신은 남다르다는 우월감을 느낀다고 한다. 이러한 일탈 행위가 반복되면서 집단 내에서 위계가 정해지고 결속력이 강화된다. 실제로 소년원을 나간 소년이 다시 범죄를 저지르고 다시 소년원으로 들어오는 비율은 20%로 상당히 높다.

미국은 싱가포르 다음으로 법이 엄격한 나라지만 치안 수준은 세계 30위 밖이다. 오히려 미국이나 싱가포르보다 법이 약한 북유럽이 치안에서 높은 점수를 받았다. 이처럼 꼭 처벌을 강화하는 것보다는 부족한 청소년 보호 관찰 시스템을 확충하고 열악한 환경을 개선하여 교육 프로그램에 질적인 변화를 가져와야 할 것이다.

확인 질문과 대답

찬성 측 질문 : 상대측 토론자께서 처벌 강화가 실제 범죄율 감소로 이어지지는 않는다고 말하셨는데, 늦은 밤 어두운 곳에서는 순찰차 한 대, 경찰 한 명의 존재만으로도 든든함을 느낍니다. 경찰의 숫자가 늘어나면 범죄율이 낮아지지 않을까요?

반대 측 대답 : 1973년 미국 캔자스시티에서 한 가지 실험을 했다고 합니다. 순찰 구역 셋 중 한 곳은 경찰 숫자를 평소보다 두 배 이상 늘려 투입하고, 또 한 곳은 평소와 같게, 나머지 한 곳은 아예 순찰을 돌지 않았습니다. 그 결과는 세 구역의 범죄율이 비슷했다고 합니다. 이것을 볼 때 강력한 처벌만이 범죄율을 낮춘다고 볼 수는 없습니다.

반대 측 질문 : 범죄에 합당한 처벌을 받아야 한다고 하셨는데, 어린이와 청소년은 아직 성장 단계에 있어 판단력이 흐릴 수밖에 없습니다. 그런 상황에서 어른들과 똑같이 처벌한다면 실수로 한번 범죄를 저지른 청소년이 사회에 발을 내딛기 어렵게 만드는 것 아닙니까?

찬성 측 대답 : 깨진 유리창 이론이라는 것이 있습니다. 사소한 범죄라도 초기에 제대로 대처하지 못하면 더욱더 심각한 결과가 초래된다는 것을 보여주는 이론이죠. 미성숙한 시기에 저지른 잘못을 확실히 인지시켜야 더 큰 범죄를 예방할 수 있습니다. '호미로 막을 것을 가래로 막는다'는 속담과 같은 이치입니다.

찬성 측 질문 : 법에서는 책임 능력을 갖춘 사람에게만 그 행동

에 대한 책임을 요구하므로 정신 이상자와 마찬가지로 청소년도 처벌을 약하게 해야 한다고 말씀하셨는데, 청소년과 마찬가지로 정신 이상자의 처벌도 강화해야 한다고 생각합니다. 강력한 범죄를 저지른 후 정신이상으로 솜방망이 처벌을 받아 피해자 가슴에 평생 한을 남기는 일이 빈번히 벌어지고 있는 것은 문제가 아닙니까?

반대 측 대답 : 찬성 측 토론자께서 토론의 논점에 어긋난 말씀을 하시네요. 오늘 토론은 소년법에 대한 토론이지 정신이상자들의 처벌 강화에 대한 토론이 아닙니다.

어떤 건물의 유리창이 깨졌다. 유리창이 깨진 이유는 정확히 모르지만 우리에게 중요한 것은 이 유리창을 어떻게 처리하느냐에 따라 상황이 달라진다는 것이다. 빨리 유리창을 새것으로 갈아 끼우면 괜찮아지겠지만, 그냥 방치해둔다면 문제는 점점 더 커진다. 며칠이 지나면 다른 유리창이 깨지고 연쇄 반응처럼 이웃집 유리창도 깨진다. 그리고 다음 단계로는 울타리가 무너지고 쓰레기가 쌓이며 밤이 되면 불량배들이 어슬렁거리게 된다. 마을 사람들은 하나둘 떠나게 되고 마을은 우범지대로 전락한다. 이것이 바로 1982년 범죄 심리학자인 제임스 윌슨(James Wilson)과 조지 켈링(George Kelling)이 최초로 이름을 붙인 '깨진 유리창(Broken Window) 이론'이다.

이 이론은 사소한 범죄라 하더라도 초기에 제대로 대처하지 않으면 심각한 결과를 초래할 수 있다는 것을 보여준다. 즉, 엄격한 처벌만이 범죄를 예방할 수 있다는 엄벌주의의 영향으로, 쓸데없는 관용이 안 좋은 사태를 초래하는 것이라고 주장하고 있다.

반면, '회복적 사법'이란 지역사회, 피해자와 가해자의 입장을 모두 고려하여 범죄 행동에 의한 피해를 바로잡는 것에 중점을 둔 사법적 이론을 말한다. 따라서 범죄자와 피해자 그리고 지역사회 공동체 사이의 관계를 복원하는 것이 이 이론의 목표이므로 이것을 실현하기 위해 조정 모델, 협동 모델 등 다양한 프로그램이 운영된다. 우리 사회에서 문제가 되고 있는 청소년 강력범죄에 대해 '깨진 유리창 이론'을 적용해야 할지 '회복적 사법'을 적용해야 할지 이제부터라도 진지하고 심도 깊은 논의를 해야 할 때다.

감시 사회 :
빅데이터는 빅브라더가 아닐까?

빅데이터는 '크다'라는 의미의 빅(Big)과 '정보'의 데이터(Data)에서 나온 합성어다. 즉, 수많은 데이터를 모아놓은 것이라는 의미다. 정보통신 기술의 발달로 과거에 비해 엄청난 양의 데이터가 생성되고 있다. 이처럼 엄청나게 복잡하고 많은 양의 정보를 모아놓은 거대한 집합체가 바로 빅데이터다. 최근에는 '데이터의 홍수'라는 말이 생겨날 만큼 데이터가 폭발적으로 증가하고 있다.

따라서 이렇게 폭발적으로 증가한 데이터를 빠르게 처리할 수 있는 기술이 필요하게 되었고, 그 결과 소비자 개인의 취향에 맞는 제품이나 필요한 서비스를 자동으로 추천해주기도 하고, 발생하지 않은 사고나 범죄, 질병의 위험도 미리 알려주는 기술이 생겨나게 되었다.

미래 사회는 어떻게 오는가

강이든, 《세상에 대하여 우리가 더 잘 알아야 할 교양 41–빅데이터, 빅브라더가 아닐까?》
(내인생의책, 2015)

빅데이터는 이미 오래전부터 정치, 경제, 예술, 복지, 의료 등 다양한 분야에서 활용되고 있으며, 그 성과를 자랑하고 있다. 이제 기업뿐 아니라 각국 정부도 빅데이터를 본격적으로 활용하려고 하고 있다. 하지만 어떤 일이든 좋은 면이 있으면 반드시 나쁜 면이 있기 마련이다. 과학기술도 마찬가지다. 이용하는 사람에 따라 악용하려고 마음만 먹는다면 얼마든지 나쁜 목적으로 사용될 수 있다. 빅데이터가 우리를 감시하고 통제하는 '빅브라더'가 될 것인지, 우리의 삶을 더욱 더 편리하고 풍요롭게 해줄 미래의 기술이 될 것인지 《세상에 대하여 우리가 더 잘 알아야 할 교양 41—빅데이터, 빅브라더가 아닐까?》를 읽고 토론을 통해 알아보고자 한다. 논제는 "빅데이터 기술은 인류의 삶을 이롭게 한다"로 정했다.

빅데이터 기술은 이미 우리 생활 깊숙이 들어와 있고, 우리의 미래를 밝힐 차세대 기술로 활용할 수 있도록 해야 한다. 우선 빅데이터의 정의에 대해 살펴보기로 한다. 빅데이터의 정의를 내리는 데에는 명확한 기준이 있는 것은 아니다. 새롭게 등장한 개념이기 때문에 학자들마다 빅데이터를 바라보는 시각이 다르고, 조금씩 다르게 정의를 내리고 있다. 다만 빅데이터를 정의할 때 빼놓을 수 없는 특징들이 있는데, 바로 3V다. 3V는 '양, 크기(Volume)', '다양성(Variety)', '속도 (Velocity)'를 말한다.

빅데이터 체계 안에서는 데이터의 양 자체가 기존의 시스템으로 다루지 못할 만큼 많다. 일단 빅데이터라면 양이 많아야 한다. 또 빅데이터는 다양한 형태의 데이터가 모여 형성된다. 기록을 남기는 로그, 사진이나 비디오, SNS에 쓰는 짧은 글도 모두 빅데이터에 포함된다. 마지막으로 데이터가 만들어지는 속도와 처리되는 속도가 아주 빨라야 한다. 빅데이터는 스마트폰과 같은 기기를 통해 데이터가 아주 빠르게 생성되고 처리되는 특징을 가진다. 이 3V로도 빅데이터를 설명하기에 부족하다는 이들이 있어 추가로 등장한 특징이 있다. 바로 정확성(Veracity), 가치(Value), 가변성(Variability)이다.

찬성과 반대로 논제 파헤치기

논제 : 빅데이터 기술은 인류의 삶을 이롭게 한다.

찬성

환자를 치료하고 질병을 예방하는 데 큰 도움을 준다.

의료는 생명과학에서 다루는 DNA, RNA, 단백질 서열, 유전자 발현 등 인간의 생로병사에 영향을 끼친다. 최근 이러한 환자를 치료하는 데 생명과학과 관련된 빅데이터가 큰 도움을 주고 있다. 미국에서는 의료 부문에서 빅데이터를 활용할 경우 연간 3300억 달러(약 368조 원)가 넘는 큰 비용을 줄일 수 있다고 주장한다. 미국 국립암연구소는 10년에 걸쳐 암 환자 2,000여 명의 정보를 빅데이터로 분석해서 환자에게 적절한 치료 방법을 찾으려고 노력한 결과 미국의 암치료 연구에 가속도가 붙었고, 존스홉킨스 의과대학에서는 컴퓨터단층촬영(CT)을 통해 얻은 데이터를 바탕으로 가상 부검을 하여 죽음의 원인을 밝혀내는 데이터를 모아 수많은 환자가 정확한 치료와 진단을 받을 수 있게 되었다.

우리나라의 의료계에서도 빅데이터의 활용 가치가 높이 평가되고 있다. 실제로 빅데이터를 활용해 '망막모세포종'이라는 희귀암에 걸린 생후 8개월 된 아기를 치료했다. 망막모세포종은 조기에 치료하지 않으면 실명하거나 생명을 잃을 수도 있는 무서운 병이다. 아기는 정상 생활이 가능할 정도로 병세가 호전되었는데, 이는 병의 진행 상태를 가족의 데이터와 함께 분석한 덕분이었다. 또한 빅데이터와 함께 질병을 예방할 수 있는 시대가 도래했다. 과거에는 갑작스러운 심장질환에 속수무책으로 목숨을 잃는 경우가 있었지만, 앞으로는 데이터를 통해 발병을 미리 예측하여 신속하고 적절한 치료를 받을 수 있도록 변화될 것이다.

빅데이터로 고객의 성향 파악에 과학적인 접근이 가능해졌다.

기업들은 빅데이터를 활용해서 고객의 기호를 파악함으로써 매출을 올리기도 한다. 날씨가 더우면 선풍기나 에어컨이 잘 팔리고, 추우면 히터나 난방기구가 잘 팔리는 것은 당연한 이치다. 지금까지는 날씨와 상품의 관계는 경험으로 인한 추측일 뿐이었지 정확한 통계가 있었던 것은 아니다. 그런데 데이터를 분석하면서부터는 단순한 경험치에 의한 예측이 아닌, 과학적으로 접근하여 고객의 성향을 파악할 수 있게 되었다. 따라서 기업의 입장에서는 재고 부담과 식품의 보관 기간으로 인한 문제를 해결할 수 있게 되었다. 국내 C 편의점에서는 전국 각지의 편의점을 통해 수집·관리한 데이터를 통해 날씨에 따른 매출과 재고량을 분석한 덕분에 물류센터의 재고 보관 기간을 2주일에서 1주일로 반이나 줄였다. 그래서 삼각김밥 등 유통기한이 짧은 신선 식품의 폐기량을 40%나 줄일 수 있었다. 또한 이와 비슷한 사례로 기온이 25~30도 정도 되는 날씨에는 아이스크림 매출이 높지만, 30도를 훌쩍 넘어서는 무더위에는 음료의 매출이 훨씬 높다는 분석이 나왔다. 이와 같이 통계 및 분석을 통해 소비자의 소비 패턴을 파악하고 소비자가 원하는 물건을 손쉽게 구매할 수 있게 하면 매출 신장 효과를 가져올 수 있다.

패션, 농업, 교통관리 등 실생활에 유용하게 활용 가능하다

빅데이터는 유통업계에도 커다란 변화를 일으키고 있는데, 특히나 트렌드에 민감한 패션 분야에서 변화가 두드러지게 나타나고 있다. 기존의 패션 업체들은 디자이너가 계절별로 유행에 맞는 디자인을 결정하고 생산 수량을 판단했다. 만약 생산량을 잘못 결정할 경우 모두 재고로 남아서 기업의 골칫거리가 되었다. 글로벌 패션 브랜드 '엘리 타하리(Elie Tahari)'는 최근 3년 동안 판매 데이터를 분석해 4개월 후의 고객 수요를 예측하고 있다. 이 예측은 90%까지 적중하고 있어 많은 사람의 관심을 받고 있다. 패션 분야의 어떤 전문가보다도 빅데이터의 예측이 더 정확하다는 사실을 확인할 수 있었다.

또한 농사는 날씨와 매우 깊은 관련이 있다. 날씨로 인해 발생하는 변수를 미리 예측하여 재배 작물의 선택에서부터 안정적인 수확량 확보에 이르기까지 과학적인 농사법을 적용하면 획기적인 농업 수확이 이루어질 수 있다.

오늘날 운전자에게 필수적이고 유용한 서비스로 단연 네비게이션을 들 수 있을 것이다. 네비게이션은 목적지까지 가는 길을 알려줄 뿐 아니라, 실시간으로 교통의 흐름을 파악해 가장 빠른 길을 안내해준다. 또한 미국 매사추세츠 공과대학(MIT)에서는 교통사고 예측 알고리즘을 구축함으로써 차량에서 수집한 정보를 이용해 신호

위반 가능성을 예측하고 신호 위반을 판별해내기도 한다. 또한 운전 중 교통사고 발생 가능성이 높아질 경우에는 경보 시스템을 작동시켜 운전자에게 위험 신호를 보낼 수도 있다. 이와 같은 것들은 빅데이터 기술과 분석에 따른 결과다.

이와 같이 데이터의 분석으로 새로운 사실을 알아내고 새로운 시도를 할 수도 있다. 기업 입장에서는 무궁무진한 매출의 가능성이 빅데이터 속에 숨어 있는 것이므로 빅데이터 연구에 박차를 가하는 것이다.

ⓧ 반대

우리의 일상생활이 감시당하므로 인류의 삶에 이롭지 않다.

아무리 좋은 기술이라 하더라도 인간의 권리가 침해당한다면 그것은 좋은 기술이라고 말할 수 없다. 빅데이터와 함께 떠오르는 단어를 꼽으라면 바로 빅브라더를 들 수 있다. 빅브라더란 정보의 독점으로 사회를 통제하는 권력, 혹은 그러한 사회체계를 일컫는 말이다. 사회학적 통찰과 풍자로 유명한 영국의 소설가 조지 오웰(George Orwell, 1903~1950)의 소설《1984년》에서 비롯된 용어다.

예를 들어 길거리를 지나가다 보면 우리는 수많은 CCTV를 볼 수 있다. 현재 우리나라 공공기관과 민간에서 설치한 CCTV를 합하면 500만 대에 달하는 것으로 추정된다. 국민 열 명당 한 대의 CCTV가 설치되어 있는 셈이다. CCTV를 통해 범죄자를 추적할 수도 있지만, 지나치면 감시의 수단으로 이용될 수도 있다.

인터넷 문화가 발달하면서 우리는 직접 물건을 사는 곳까지 가지 않고도 온라인 쇼핑몰에 가입하여 상품을 검색·비교하여 구매를 결정한다. 이때 우리의 나이와 성별, 주소와 연락처, 해당 쇼핑몰에서 구매한 상품 전부가 데이터화된다. 이러한 개인 정보가 유출되면 개인의 신상에 커다란 위험이 발생할 수 있다. 인간에게 편리함을 주는 기술이 오히려 인간에게 커다란 위험을 줄 수 있는 것이다. 인터넷의 발달로 개인 정보가 그대로 유출되는 경우가 많이 발생하고 있다. 누군가 떠돌아다니는 나의 정보를 모아 분석한다면, 자칫 범죄에 노출될 가능성도 높아질 수 있다.

사생활이 드러날 수 있다.

'웨어러블 컴퓨터(Wearable Computer)'란 단어의 의미대로 착용할 수 있는 컴퓨터를 말하는데, 주변 정보의 저장, 착용자의 신체 정보 저장 등도 가능해 활용 방법이 다양하다. 앞으로는 신체의 일부처럼 느낄 수 있는 웨어러블 컴퓨터가 발전할 것이다. 그런데 문제는 몸에 걸친 물품에서 생성된 정보가 엉뚱한 곳에 이용될 수 있다는 것이다. 현재도 스마트폰에서 해킹된 정보가 범죄에 악용되는 사례가 발생하고 있다. 이러한 것들로 미루어볼 때 웨어러블 컴퓨팅 기술이 더 발달하게 된다면 앞으로 더 심각한 사회문제로 대두될 가능성이 높다.

빅데이터가 지금처럼 계속해서 발전한다면 문제가 더 커질 수 있다. 빅데이터의 특성상 명시적으로 보이는 데이터뿐 아니라 유추를 통해 더 많은 사생활이 드러날 수 있기 때문이다. 우리는 CCTV, GPS, 신용카드 사용 내역, 인터넷 접속 기록, 웹페이지에 올린 글과 메시지 등이 모두 기록으로 남는 세상에 살고 있다. 활용 가능한 데이터가 많아지는 만큼 원치 않는 사생활 침해가 일어날 확률이 높아지는 것이다. 사생활 침해는 경제적 손실로 직결된다. 누군가 비밀번호를 알아내 불법적인 경제활동을 할 수도 있는 것이다. 이처럼 빅데이터의 부정적인 측면에 대해서도 생각해볼 필요가 있다.

현실적으로 한계가 존재한다.

인류가 빅데이터를 통해 훨씬 정교한 분석과 높은 예측력을 갖추게 된 것은 사실이다. 하지만 빅데이터 기술이 완벽한 것은 아니다. 빅데이터를 분석하여 활용하려면 전수조사가 필요한데 현실적으로 모든 데이터를 수집하고 분석하는 것은 불가능에 가깝다. 필요한 데이터를 다른 조직들이 따로 소유하고 있는 경우가 많기 때문이다. 정부기관의 경우도 각 기관마다 보유·관리하는 데이터가 따로 있고, 공유하는 경우가 많지 않다. 민간회사들은 데이터를 더욱 공개하지 않기 때문에 빅데이터 수집이 거의 불가능하다.

또한 빅데이터를 통해 미래를 예상할 수 있게 되었지만 어디까지나 예측일 뿐 확실한 것은 아니다. 예를 들어 로버트 맥나마라(Robert McNamara)는 자동차 제작에 대하여 거의 알지 못했지만 데이터 통계를 기반으로 포드 자동차 회사의 대표가 된 인물이다. 경제적으로 어려웠던 회사를 살려내는 것에는 성공했지만 오직 수치만으로 생산 목표량을 정해 공장 관리자들은 무조건 따를 수밖에 없었다. 그러한 과정에서 멀쩡한 부품이 버려지는 일도 허다했으나, 맥나마라는 그 사실을 알지 못했다. 오직 데이터 통계만을 보았기 때문이다. 이처럼 데이터 통계 결과에 지나치게 의존하는 것에는 분명 한계가 있으며 정책결정자들이 표면적인 통계 수치에만 너무 매몰될 경우 더 큰 그림을 놓치게 되는 경우가 발생할 수 있다.

확인 질문과 대답

반대 측 질문 : 아무리 의료의 목적이라 하더라도 개인 정보를 자유롭게 활용하는 것이 과연 정당하다고 볼 수 있을까요?

찬성 측 대답 : 실제로 빅데이터 기술로 소중한 생명을 구한 사례는 많이 있습니다. 캐나다의 온타리오 공과대학에서도 빅데이터를 이용해서 신생아를 구하고 있습니다. 미숙아로 태어난 아기들은 정상아보다 쉽게 병원균에 감염되고 상태가 악화되어 목숨을 잃는데, 이를 줄이기 위해 빅데이터 정보를 씁니다. 정보 제공에 신중을 기하면서 생명을 살리기 위해 노력하는 것이 필요하다고 생각합니다.

찬성 측 질문 : 콜롬비아의 수도 보고타시는 교통정체가 극심하기로 유명한데, 빅데이터를 활용한 교통관리 시스템이 적용되기 전과 후의 보고타시는 비교할 수 없을 만큼 달라졌고 교통이 원활해지면서 사람들 사이의 마찰이 줄어들어 범죄율도 낮아졌다고 합니다. 이처럼 두 마리의 토끼를 잡을 수 있는데 어떻게 생각하십니까?

반대 측 대답 : 신기술은 유용하기는 합니다. 하지만 유용하다고 해서 개인의 사생활 노출을 정당화할 수는 없습니다. 실제로 2012년 글로벌 기업 페이스북은 비밀리에 한 가지 실험을 했습니다. 70여 만 명에 이르는 페이스북 사용자들은 자신이 실험 대상이 된 줄도 몰랐고, 페이스북의 마케팅을 위한 빅데이터로 활용된 줄도 몰랐습니다. 수많은 사용자의 데이터를 보유한 글로벌 기업이 수십만, 수백만 명의 빅데이터를 정치적 목적에 이용한다면 우리도 모르는 사이에 조작된 정보를 접하면서 진실과 거짓을 구분할 수 없게 되며, 기업의 돈벌이 도구로 전락하게 될 수도 있습니다.

빅브라더는 영국의 작가 조지 오웰이 1949년에 발표한 소설 《1984》에서 오세아니아를 통치하는 독재자다. 아무도 정체를 알지 못하며, 이곳에서는 모든 가정에 설치된 일종의 감시 장비인 텔레스크린으로 모든 사람들이 감시를 당한다. 이 소설이 발표되고 '빅브라더'라는 말은 '권력에 의한 감시'를 의미하는 말이 되었다.

최근에는 인터넷 등의 발달로 국가나 특정 기관의 감시 활동이 과거에 비해 훨씬 쉬워졌다. 기업들 역시 엄청난 데이터를 보유하고 있기 때문에 빅브라더가 될 가능성이 매우 높다.

2014년에는 구글이 메일 내용을 경찰에 넘겨줌으로써 성범죄 용의자가 경찰에 체포되는 일이 발생했다. 이처럼 신기술은 양면성을 지니고 있고, 우리 현실에 어떤 영향을 미칠지 알 수 없다. 또한 그 누구도 그 기술이 적용된 결과를 정확히 예견하기도 어렵다.

빈부격차 : 자본주의는 정의로운 사회를 이룰 수 있을까?

우리가 익히 알고 있는 자본주의는 세계의 역사 속에서 끊임없이 변화를 거듭해왔다. 자본주의는 재화와 서비스가 어떻게 생산되고 거래되는지를 결정한다. 자본주의 경제체제는 다음의 세 가지 특징을 지니고 있다.

첫째, 재산의 개인 소유를 인정한다.

둘째, 재화와 서비스는 경쟁적인 '자유시장'에서 교환된다.

셋째, 자본(화폐 또는 다른 형태의 부)은 이윤을 목적으로 투자된다. 여기서 이윤이란 투자된 부의 증가를 의미한다.

자본주의를 생각하다

데이비드 다우닝, 《세상에 대하여 우리가 더 잘 알아야 할 교양 6-자본주의, 왜 변할까?》
(김영배 옮김, 내인생의책, 2011)

인류는 오랫동안 자본주의라는 체제를 당연시하는 사회에서 살아왔다. 그간 굳건히 존재했던 자본주의는 현재 변화의 과도기에 있다. 자본주의는 다른 어떤 대안보다 효율적이며 사회 전체에 번영을 가져다줄 것으로 여겨졌지만, 더 이상 그 체제가 제대로 작동하지 않고 있다. 빈부격차는 날로 심해지고, 일자리도 줄어드는 가운데 극소수의 사람들만이 살아남을 것이라는 위기의식이 팽배해지고 있다. 또 다른 관점에서 볼 때, 자본주의는 우리 인간 모두를 잘 살 수 있도록 사회 구성원 전체가 합의해서 이루어낸 경제체제다. 자본주의는 세계적인 흐름에 따라 자유를 강조한 자본주의가 나타나기도 하고, 빈부격차가 벌어질 때면 평등을 강조한 자본주의가 나타나기도 하며 수정 보완의 과정을 통해 현재까지 살아남았다.

이번 토론에서는 데이비드 다우닝(David Downing)의 《세상에 대하여 우리가 더 잘 알아야 할 교양 6 – 자본주의, 왜 변할까?》를 읽고 자본주의로 인해 야기되는 문제점과 장점을 알아보고, 앞으로 자본주의가 나아갈 방향에 대해서 생각해보고자 한다. 논제는 "자본주의는 정의로운 사회를 이룰 수 있을까?"로 정했다.

찬성과 반대로 논제 파헤치기
논제 : 자본주의는 정의로운 사회를 이룰수 있을까?

찬성

자유롭고 민주적인 변화가 이루어졌다.

애덤 스미스(Adam Smith)는 《국부론(The Wealth of Nations)》에서 자유시장은 국가가 간섭하지 않았을 때, '보이지 않는 손'에 의해 가장 잘 작동한다는 주장을 펼쳤다. 이후 시장을 자유롭게 내버려둬야 한다는 욕구가 19세기 초 지배적인 정치 사조로 자리매김하게 되었다. 자유주의자들은 자본주의가 낡은 장애물들을 극복할 수 있도록 도와주었다. 이 결과 무소불위의 권력을 휘두르며 부패와 타락으로 사회를 혼란스럽게 만들었던 기존의 군주, 교회, 지주 귀족 등의 권력을 꺾을 수 있게 되었다.

이러한 구지배 세력을 꺾기 위해 등장한 것이 민주제도인 투표를 활성화시키고 강화하는 일이었다.

또한 애덤 스미스는 노예제는 노동시장의 자유로운 작동을 방해하고 이주의 자유를 막으며, 직업 선택의 자유를 빼앗는다는 이유로 노예제도를 반대했다. 결과적으로 이러한 생각은 노예제도를 폐지하고 자유의 확산을 촉진시키는 계기가 되었다.

사회 구성원 전체가 합의한 경제체제다.

자본주의란 우리 인간 모두를 잘살게 만들기 위해서 사회 구성원 전체가 합의를 통해 창출해낸 경제체제이다. 사회주의는 특정 세력의 혁명에 의해서 구축된 경제체제지만, 자본주의는 사회 구성원들의 전반적인 요구에 따라 형성된 경제체제다. 그렇기 때문에 그동안 자본주의는 사회 구성원의 이익에 반하는 상황이 전개될 때마다 그 모습을 변형시켜 유지해왔다. 세계 경제 흐름에서 자유를 억압하는 기조가 대두되면 상대적으로 자유를 강조하는 자본주의가 구축되었으며 빈부의 격차가 크게 벌어지면 부의 평등을 강조하고 공공의 이익을 중요시하는 자본주의가 나타났다. 이처럼 자본주의의 최대 강점은 역동성과 인류의 창의성 및 적응성을 기반으로 하고 있다. 따라서 인류 역사상 다양하게 유발되는 정치, 경제, 사회 문제를 슬기롭게 풀어갈 수 있는 유연한 경제체제다.

자본주의의 가장 위대한 성취는 인간의 야망과 독창성, 창의성을 강화시켜 새로운 시각을 끊임없이 창조해낸다는 것이다. 즉, 스스로 만들어낸 상당수의 문제들에 대해 자체적으로 해법을 찾아내고 있다. 일례로 자본주의는 기업들이 촉발한 지구온난화를 막는 데에도 상당 부분 기여하고 있다.

대체할 수 있는 경제체제가 존재하지 않는다.

경제체제란 인적·물적 자원을 배분하는 방식의 특징을 통합적으로 나타내는 개념이다. 경제체제로 사용되고 있는 것은 자본주의와 공산주의 경제체제다.

공산주의는 자본주의 경제체제에 대응하는 경제체제로서 사회 전체의 재산이 공동체 구성원 모두에게 속하는 경제제도를 말한다. 공산주의의 가장 본질적인 요소는 재산의 개인 소유의 금지에 있다. 현재 지구상에는 중국, 북한, 쿠바 등 소수의 국가만이 공산주의 체제를 유지하고 있다. 특히나 소비에트 연방공화국(소련)의 해체로 공산주의는 실질적으로 세상을 이롭게 하는 경제체제는 아님이 드러났다.

자본주의 역시 완벽한 경제체제라고 보기는 어렵지만, 지금까지 다양한 제도와 법률을 정비하여 개선·발전시켜왔다. 자본주의로 인해 의무교육 제도를 확충했고 노동조합을 보장했다. 또한 개인이 투자하기 어려운 부분에 대해서는 정부가 책임짐으로써 국민에게 일자리를 창출하여 자본주의가 가진 문제점을 보완하기 위한 노력을 계속하고 있다. 향후 자본주의로 인한 문제점이 발생하더라도 인류는 지금까지 그래왔던 것처럼 이 체제를 계속 보완하여 발전시켜나갈 것이다.

ⓧ 반대

자본주의는 노동자들의 노동력 착취로 발전했다.

현재의 자본주의 경제질서하에서는 근로자들이 근로관계를 규율함으로써 생존을 확보하는 법규인 노동법이 존재하지만, 초기 산업 시대에는 노동자들의 노동조건이 매우 열악했다. 이 시기부터 인류 역사상 처음으로 수백만 명이 다른 사람의 감독 아래에서 정해진 시간 동안 일을 해야만 했다. 노동자들에게는 제품에 대한 발언권이 전혀 없었다. 그들은 한낱 기계의 일부에 지나지 않는 존재로 전락해버리고 말았다.

점차 일부 근로조건을 개선하고 인간답게 대우하려는 움직임이 있었으나 자본주의 체제하에서는 이윤 추구가 항상 최우선이었으므로 사업체의 비용을 절감해야 하는 자본가 입장에서는 노동자의 임금을 낮추거나 해고하는 것이 가장 손쉬운 방법이었다.

또한 많은 가족 구성원들이 직업을 가진다면 더 많은 돈을 벌 수 있었기 때문에 자본주의 초기에는 여성과 어린이들도 장시간 노동에 시달려야만 했다. 극소수의 사람들만 혜택을 누리는 자본주의는 결코 공정하지 않으며 많은 사람들은 불안과 가난, 질병으로 고생한다.

불평등이 확대되었다.

노벨 경제학상을 받은 밀턴 프리드먼(Milton Friedman)과 프리드리히 하이에크(Friedrich von Hayek) 등 1970년대에 강한 영향력을 행사했던 경제학자에 의해 더 순수하고 규제를 받지 않는 자본주의로 돌아가야 한다는 신자유주의가 생겨났다. 이 체제는 임금을 높게 유지하려는 노동조합의 힘을 정부가 억눌러 순수 경쟁 시장을 조성하고, 그 이외에는 간섭을 하지 않아야 한다는 이론이다. 이 이론은 영국의 마거릿 대처(Margaret Thatcher) 내각과 미국의 로널드 레이건(Ronald Reagan) 행정부에서 실제로 집행되었는데, 두 정부는 다수의 국영기업들을 민영화시키고 노동조합을 억누르는 법을 도입했으며, 복지에 관한 정부 지출을 줄였다. 이 결과 20세기의 마지막 10년은 급속한 성장과 더불어 전 세계의 불평등 확대로 마감되었다.

우리나라의 경우에도 부의 양극화로 인해 사회적 갈등이 더욱더 심화되고 있는 실정이다. 과거에는 교육을 통해 계층이동 사다리가 작동되었지만 현재는 그것이 불가능한 상태다. 따라서 젊은이들은 어려운 사회적 상황으로 인해 취업, 결혼 등 여러 가지를 포기해야 하는 상황에 놓임으로써 이른바 'N포 세대'라는 용어까지 등장했다.

대공황으로 인해 자본주의의 한계가 드러났다.

1차 세계대전 이후로 세계 경제의 축은 영국에서 미국으로 옮겨갔다. 미국인들은 정치인들이 간섭하지 않아도 자유시장 체제가 잘 굴러갈 것으로 확신했다. 하지만 1929년 미국 주식시장의 대폭락으로 미국에서는 이미 경기 침체의 신호가 나타났다. 미국의 경기 침체는 전 세계 경제의 위축으로 이어지는 대공황 사태로 이어졌다. 수년 동안 세계 여기저기서 수많은 기업들이 파산했고, 수백만의 노동자들이 일자리를 잃었다. 자본주의는 더 이상 작동하지 않았고 심지어는 도덕적인 결함까지 지니는 것처럼 보였다. 이에 자본주의를 비판하는 다수 사람들은 공산주의나 파시스트 국가들이 자본주의 국가들보다 대공황에 대처하는 능력이 낫다고 생각할 정도로 자본주의는 힘을 잃었다. 이에 영국의 경제학자 존 메이너드 케인스(John Maynard Keynes)를 필두로 대공황과 같은 시기에는 정부가 예산을 들여서 경제를 활성화시켜야 한다고 주장하는 '수정자본주의'가 대두되었다.

확인 질문과 대답

찬성 측 질문 : 시장에서 수요와 공급, 가격 등 모든 것을 결정하려면 빅데이터처럼 엄청난 시간과 비용이 듭니다. 모든 걸 계획·통제하는 것보다 시장에 맡기고 문제가 되는 부분만 컨트롤 하는 게 비용적인 면에서 효과적이지 않겠습니까?

반대 측 대답 : 시장에만 맡겨두게 되면 효율성이 있어 보이나 공공 모두에게 이익이 되는 부분에서는 관심이 떨어질 수밖에 없습니다. 빈부격차와 사회적 문제를 심화시킬 우려가 있습니다.

반대 측 질문 : 자본주의사회가 정의롭다면 '공정거래법'이라는 제도가 있을 필요가 없다고 생각합니다. 시장경제에만 맡겨두면 대기업과 같은 기업들이 중소기업을 억압하는 상황이 발생되기 때문에 이러한 법도 생겨난 것이 아닐까요?

찬성 측 대답 : 꼭 자본주의가 아니더라도 모든 제도는 단점이

존재할 수밖에 없습니다. 공산주의의 사례에서 보면 알 수 있을 것입니다, 부족한 부분을 보완해나가며 좋은 방향으로 발전시켜야 할 것입니다.

자본주의는 인류에게 부와 불평등을 동시에 가져다주었다. 지구상의 거의 모든 사람들이 자본주의 생산력의 혜택을 본다. 하지만 이와 동시에 수많은 불평등을 야기시켜 사회·정치적으로 위기 상황을 초래하기도 한다.

자본주의의 역사는 정부의 규제와 억제를 통해 불평등한 측면을 조정하기도 하고, 부의 창출을 허용함으로써 개인의 능력대로 살아갈 수 있도록 하는 등 타협하고 변화되어왔다. 자본가가 얻은 부는 노동자들이 직접 노동을 하여 생긴 결과물임에도 정부의 간섭이 없으면 노동자들에게 제대로 분배되지 않는다. 이러한 현상은 대공황 시기에 뚜렷이 나타났다. 그 후 경제에 대한 정부의 간섭이 높아지다 1970년대에 들어 각 정부는 자유시장을 규율하지 않는 쪽으로 입장을 바꾼다. 이로 인하여 전 세계적으로 비약적인 경제성장과 함께 환경오염의 증가, 거대 다국적기업의 등장이라는 결과가 나타났다.

1949년 이후 중국, 북한, 쿠바, 베트남 등 세계의 일부 공산주의 국가를 제외하고는 모두 자본주의 경제체제를 유지하고 있다는 것은 공산주의의 실험이 실패로 돌아갔다는 사실을 증명해주는 것이다. 이 시점에서 우리는 자본주의를 어떻게 변화·수정시켜 우리의 사회가 조금이라도 정의로워질 수 있도록 할지 고민해보아야 한다.

시사

우리 아이들이 시사 디베이트를 해야 하는 이유는 현실 세계에서 벌어지는 다양한 문제들에 관심을 집중하면 문제 개선 방향을 고민하고 이에 마땅한 대안을 제안할 수 있게 되기 때문이다. 시사 디베이트를 통해 사회문제에 관심을 갖게 되면, 정치적 행동이나 사회운동에 참여함으로써 현실의 문제를 개선하려고 노력하는 계기가 마련되기도 한다. 이렇게 현실의 시사 문제에 대해 고민해봄으로써 아이들은 당대뿐 아니라 미래를 좀 더 살기 좋은 세상으로 만들기 위해 노력하게 된다.

시사 디베이트를 위해서는 우선 신문기사, 논문, 책 등의 자료를 미리 조사해야 한다. 제대로 자기주장을 펼치기 위해서는 관련 자료를 제대로 읽고 자기 것으로 만든 후에 추가 자료를 통해 주장의 근거를 충분히 확보해야 한다. 처음 시사 디베이트를 진행할 때는 찬반 양측의 입장이 적절히 제시되어 있는 자료를 리서치해서 나누어준 후 디베이트를 진행하는 것이 좋다. 어느 정도 익숙해지면 아이들 스스로 자료를 조사하고 디베이트에 필요한 주장 근거를 찾아보도록 하는 것이 좋다.

노인복지 : 노인 무임승차 제도가 꼭 필요할까?

'무임승차'란 글자 그대로 어떤 재화나 서비스를 무료로 향유하거나 소비하는 것을 의미한다. 대표적인 것으로 '노인 무임승차'가 있다. 1984년 서울시는 대통령의 지시에 따라 65세 이상의 노인들에게 지하철을 무료로 이용하도록 했다. 처음 이 제도가 도입될 당시 65세 이상 노인의 비율은 4%에 불과했다. 하지만 2018년 급격한 고령화로 인해 지난해는 무려 전체 인구 중 14%가 넘는 노인들이 무임승차를 하게 되었다. 따라서 지하철 운행사들은 재정 손실을 이유로 기본요금 인상까지 주장하면서 '세대 갈등'으로 번지고 있는 모양새다.

혜택일까 배려일까?

서울교통공사 측에 따르면, 2016년도 서울시 지하철 운행 적자는 3,850억 원이다. 이 중 노인 무임승차가 차지하는 손실 비율은 71%(2750억 원)에 달한다. 노인들의 무임승차가 늘어나면서 불편을 호소하는 젊은 사람들도 많아졌다. 교통비 부담이 점점 커지자 "지하철을 공짜로 이용하는 사람들이 지하철을 불필요하게 이용하는 경우가 많다. 오히려 요금을 지불하고 타는 사람들이 피해를 받는 것 같다"며 무임승차 연령을 조정하거나 아예 폐지해야 한다는 과격한 주장까지 나오고 있다.

하지만 일각에선 무임승차 제도를 복지 차원에서 접근해야 한다는 주장도 나오고 있다. 고령화로 인해 빈곤·소외되는 노인 문제가 심각해지면서 보편적 복지를 축소해서는 안 된다는 의견이다.

또한 최근에는 무임승차 제도를 이용한 노인 일자리까지 새로 생겨나기도 했다. 이른바 '실버 택배'라고 불리는, 지하철을 이용한 배송 서비스다. 실버 택배 기사로 일하는 서 씨(82세)는 일반 택배 기사의 3분의 1 수준인 건당 6,700원을 받으며 일한다. 서 씨는 "하루에 열 시간 넘게 일해서 3만 원 정도를 버는 셈이지만, 우리 같은 노인들을 써주는 데가 이곳 말고는 없다"며 만약 지하철 요금을 낸다면 전혀 남는 게 없을 것이라고 말한다. 최근에는 노인 무임승차를 향한 따가운 시선으로 떳떳하게 지하철을 이용하고 싶은 마음에 자발적으로 돈을 내는 노인들도 생겨나고 있다. 이런 노인들은 무료카드(시니어 패스)가 있어도 일부러 사용하지 않는다.

이번 토론을 통해 노인 무임승차 제도가 꼭 필요한지, 젊은 사람들에게 피해를 주는 제도에 불과한지 자세히 알아보고자 한다. 논제는 "노인 무임승차 제도가 꼭 필요할까?"로 정했다.

찬성과 반대로 논제 파헤치기

논제 : 노인 무임승차 제도가 꼭 필요할까?

찬성

사회적 약자에 대한 배려다.

살다 보면 누구나 어느 순간 사회적 약자가 될 수 있다. 약자를 배려하는 사회에서 살아간다면 언제 약자가 될지 몰라 불안해하지 않아도 된다. 하지만 약자를 배려하지 않는 사회는 나눔과 배려에 인색하여 경쟁사회로 내몰릴 수밖에 없다.

노인들은 과거에 지하철을 건설할 세금을 냈고, 65세가 되기 전까지 꼬박꼬박 지하철 요금을 내고 부지런히 직장에 다녔다. 그리고 노인들이 열심히 일한 결과 오늘날 우리나라는 커다란 경제성장을 이루어냈다. 나라를 위해 헌신한 노인들의 무임승차 제도는 노력 없이 공짜로 혜택을 누리는 것이 아니라 당연한 권리다.

선별적 복지보다 보편적 복지가 더 효과적이다.

'선별적 복지'란 저소득층 등과 같이 복지가 필요한 국민에게만 제한적으로 제공되는 복지 서비스를 말하며, '보편적 복지'란 자격과 조건 없이 모든 국민에게 똑같이 제공하는 복지 서비스를 말한다.

저소득층에만 노인 무임승차 제도를 제공하는 것이 더 합리적이라고 주장하는 사람들도 있다. 하지만 일반적으로 부자에게 세금을 더 많이 걷고 가난한 사람은 세금을 적게 내거나 안 내는 경우도 있다. 그렇기 때문에 경제적 능력이 있는 사람들은 이중 세금 부담으로 인해 불만을 호소할 가능성이 커진다.

게다가 선별적 복지는, 혜택을 받으려면 국가기관에 가서 자신의 가난을 증명해야 한다. 이러한 과정은 복지 혜택을 받는 사람을 '가난한 사람'으로 낙인찍어 그들을 더욱 비참하게 만들고 이는 결국 사회적 갈등으로 이어질 가능성이 높다.

우리나라는 고령화로 인한 노인 빈곤율이 높다.

65세 이상 노인인구 비율이 전체 인구의 7% 이상을 차지하면 '고령화사회', 14%가 되면 '고령사회', 20% 이상이 되면 '초고령사회'라고 한다. 2026년 우리나라의 노인 비율은 40%에 이를 것으로 추정하고 있다. 고령화사회로 인한 빈곤, 소외 등의 노인 문제가 날로 심각해지고 있다. 2016년 한국의 65세 이상 노인 빈곤율은 46.5%로 OECD 국가 중 가장 높았고, OECD 평균인 12.5%의 네 배에 달했다. 평균수명은 늘어나는 데 비해 일자리는 줄어 은퇴 연령도 점점 빨라지고 있다. 은퇴 후 소득이 대폭적으로 감소하기 때문에 노인들은 폐지를 줍기 위해 리어카를 끌고, 지하철을 이용한 택배 일을 하기도 한다. 이러한 상황에서 '이동할 수 있는 권리'를 가장 가난한 세대인 노인들도 누릴 수 있어야 한다.

⊗ 반대

정당한 대가를 지불하는 사람이 피해를 본다.

직장에 다니는 젊은 사람들은 이른 아침부터 지하철에 무임승차하는 노인들 때문에 곤란을 겪는 경우가 많다. 그렇지 않아도 이른 아침 혼잡한 지하철로 인해 '지옥철'이라는 말까지 생겨났는데, 여기에 무임승차하는 노인들이 점점 늘어나면서 출퇴근 시간은 직장인들에게 너무나 고통스러운 시간이 되었다.

또한 일부 노인들은 지하철에서 공중 예절을 지키지 않아 조용히 이용하고 싶은 사람들이 피해를 보는 일이 종종 벌어지고 있다. 돈을 내고 이용하는 사람들이 공짜 이용객들에게 오히려 피해를 보는 것이다. 게다가 고령화·저출산 사회가 되면서 앞으로 노인들은 더 늘어날 것이 분명하다. 부양받는 노인들은 많아지고, 부양의 부담을 짊어지게 될 젊은이들은 점점 주는 것이 현실이다.

일부 지역에만 해당되므로 불공평한 제도다.

지하철 무임승차는 일부 수도권, 대전, 광주, 대구, 부산에 거주하는 노인들만 이용이 가능하다. 그리고 버스는 노인 무임승차 제도를 허용하고 있지 않으므로 지하철이 없는 도시에 사는 노인들은 혜택을 받을 수 없다. 같은 세금을 부과하고도 혜택을 누리지 못하는 사람 입장에서는 불공평한 제도로 느껴질 수 있다. 무임승차가 급식이나 의료 서비스 지원처럼 꼭 필요한 복지제도도 아닌데, 다른 지역에 사는 사람들은 혜택을 받지 못하는 지하철 무임승차를 유지할 필요는 없다고 생각한다.

지하철 사업 적자가 지속적으로 늘어나고 있다.

노인 무임승차는 부자건 노인이건 상관없이 65세만 넘으면 무조건 혜택을 준다. 그러다 보니, 노인인구의 비율이 늘어날수록 비용이 많이 든다. 실제로 2018년 서울지하철에서 승객 한 명을 태울 때마다 510원의 적자가 발생한 것으로 나타났다. 이는 전체 승객의 15%를 차지하는 무임승차가 큰 원인이라는 지적이 있었다.

또한 무임승차 인원의 비율이 꾸준히 증가해 손실액도 3,540원으로 늘어나 전체 적자 5390억 원의 65.7%를 차지했다. 이러한 문제의 원인은 무임승차 인원의 82%가 65세 이상 노인인구라는 사실에 있다. 앞으로 노인인구는 계속 늘어날 전망인데 무임승차 손실 문제를 해결할 방법은 없는 실정이다. 따라서 무임승차 노인의 연령을 올려야 한다는 주장도 나온다. 외국의 경우, 일본은 70세 이상 노인 중 신청자의 소득수준에 따라 요금 할인율을 차등 적용하고, 미국도 주정부에 따라 65세 이상 노인에게 50~100%의 할인율을 차등 적용한다. 영국은 60세 이상에게는 출퇴근 시간 외에 무료 할인을, 프랑스는 65세 이상 소득 하위계층에게 출퇴근 시간 외 50%의 할인율을 제공한다. 이렇게 65세 이상의 모든 노인들에게 무임승차를 허용하는 나라는 우리나라뿐이다.

확인 질문과 대답

반대 측 질문 : 우리나라는 빈곤율이 높아서 무임승차 제도를 계속 유지해야 한다고 하셨는데, 가난하지도 않은 평범한 노인에게 무임승차를 지속한다면 적자가 계속 발생하지 않겠습니까?

찬성 측 대답 : 현재 평범한 노인과 가난한 노인을 구분할 수 있는 기준이 마땅히 없습니다. 예를 들어, 100만 원을 기준으로 한다면 99만 원을 버는 노인은 가난하고, 101만 원을 버는 노인은 가난하지 않다고 말할 수 있습니까? 또한 현재 우리나라는 소득 하위 70%에 해당되는 노인들에게 기초연금을 제공하고 있는데, 일반 노인들 입장에서는 노령연금도 못 받고 지하철 혜택도 못 받는다면, 불공평하게 느껴질 수 있습니다.

찬성 측 질문 : 지하철에서 공공질서와 예절을 지키지 않는 노인들이 있어 무임승차를 지속하면 안 된다고 하셨는데, 그것은 개인 양심의 문제가 아닙니까?

반대 측 대답 : 물론 일부 인정은 합니다만, 무임승차 제도로 인해 지하철을 이용하는 노인들이 많아지고, 그러면서 예절을 지키지 않는 노인들도 증가합니다. 노인들은 나이가 많다는 이유로 자리의 양보를 강요하거나 기분 나쁘게 말하는 경우가 많습니다.

찬성 측 질문 : 과거에 노인들이 공동체에 많은 도움을 주었기

때문에 현재 그만한 혜택은 누려도 되지 않을까요?

반대 측 대답 : 과거에 도움을 주었다고 해도, 현재 지하철의 적자가 계속 늘어나는 상황에서 노인들에게 계속 혜택을 줄 수는 없습니다.

찬성 측 질문 : 노인들도 과거에 세금을 냈고, 지하철 건설 사업에도 많은 돈을 들였습니다. 그렇기 때문에 사회가 제대로 돌아가는 것이 아닙니까? 그러므로 다른 쓸데없는 건설 사업 등을 줄인다면 지하철 적자 문제를 해결할 수 있다고 생각하는데 상대측 토론자께서는 어떻게 생각하십니까?

반대 측 대답 : 건설 사업에 많은 돈이 들어간다고 하셨는데, 거기에는 노인들의 책임도 있는 것 아닙니까? 지난 정부에서 건설 사업을 많이 벌였고, 그런 정권을 뽑아준 사람들 중 노인들이 많습니다.

찬성 측 의견 : 오늘 토론은 '무임승차 제도'의 필요성에 대해 논하는 자리이지 '건설 사업에 대한 노인 책임' 문제를 말하는 자리는 아닙니다. 논지에서 좀 벗어난 의견이라고 생각합니다.

마지막으로 '노인 무임승차 제도'의 해결 방안에 대해 이야기해 보았다.

- 노인복지카드 사용을 시간을 정해서 사용할 수 있도록 한다. 단, 노인 중 일하는 사람이 있을 수 있으므로 이들은 국가기관으로부터 그 자격을 인정받는 과정을 거친다.
- 지하철 무임승차 연령을 68~70세 정도로 높인다.
- 가난한 노인들에게만 무임승차를 허용한다.

동물의 행복권:
동물원을 없애야 할까?

동물원이란 '야생동물을 가둔 채 사람들에게 전시하는 장소'를 말한다. 세계 동물원 및 수족관 협회는 지난 1993년 전 세계에 약 1만여 개의 동물원이 있다고 밝혔다. 하지만 온갖 종류의 동물원을 포함시키면 실제 동물원의 수는 세 배를 넘을 것으로 추정하고 있다.

19세기부터 20세기 초의 동물원은 관람객과 동물원 사육사의 편의에 따라 설계되었다. 사육사가 청소하기 편리하도록 콘크리트 바닥으로 된 우리를 만들었고, 쇠창살로 울타리를 치고 개방된 인공 동물원을 만들어놓았다. 동물원을 찾는 사람들도 동물들의 환경보다는 자신들의 즐거움과 만족을 우선하여 생각했다.

동물을 가둘 권리?

로브 레이들로, 《동물원 동물은 행복할까?》(박성실 옮김, 책공장더불어, 2012)

오늘날의 많은 동물원도 그때와 크게 달라지지 않았다. 침팬지 전문가 제인 구달(Jane Goodall)과 코끼리 전문가인 위니 키루와 같이 야생에 사는 동물을 연구하는 과학자들이 생기면서 동물 복지에 대해 조금씩 관심을 갖게 되었고, 동물원의 환경도 조금씩 변화되고 있다.

동물원은 '공립 동물원' 뿐만 아니라 야생동물이 사는 모습을 그대로 동물원 안에 재현하기 위해 만들어낸 '몰입 전시관', 비나 눈 등의 궂은 날씨에도 피할 곳 없으며 청소도 제대로 되지 않아 바닥이 배설물로 가득한 '길거리 동물원' 등 다양한 종류가 있다. 이곳의 동물들은 이기적인 인간의 욕심으로 대부분 참혹한 조건에서 살아가고 있다.

동물원에 갇혀 있는 동물도 자유를 갈망하는 지각이 있는 생명체다. 사람과 마찬가지로 동물도 자신에게 일어나고 있는 일에 대해 생각하고 느낄 수 있으며, 통증도 느끼는 존재다.

이번 토론에서는 로브 레이들로(Rob Laidlaw)의 저서 《동물원 동물은 행복할까?(Wild Animals in Captivity)》를 읽고 동물의 영혼과 본질, 갇혀 지내는 동물의 삶에 대해 생각해보고 동물의 신체적·감정적 측면에서 야생동물을 가두는 행위에 대해 생각해보았다. 논제는 "동물원을 없애야 할까?"로 정했다.

찬성과 반대로 논제 파헤치기 **논제 : 동물원을 없애야 할까?**

찬성

동물에게 고통을 준다.

야생동물은 자연 속에서 살아남기 위해 먹이를 구하러 다니고, 짝을 찾고, 새끼를 키우며 천적을 피해 다니고, 자신의 영통을 탐험하는 등 다양하고 풍성한 삶을 살아간다. 이것은 곧 야생에서 동물들이 자기 삶에 대한 통제권을 가진다는 것을 의미한다. 따라서 야생동물에게 갇힌 삶이란 사람들에게 전적으로 의존해야 하는 삶을 뜻한다. 자신의 통제권을 타인에게 빼앗긴 삶을 살아간다는 것은 매우 고통스러운 일이다.

코끼리는 흙이 아닌 딱딱한 바닥 위에 하루 종일 서 있으면 관절과 발에 염증이 생긴다. 북극곰은 겨울에 영하 40도까지 떨어지는 추운 지방에 살기 때문에 추위에 적합한 신체 구조를 가졌다. 이런 동물이 더운 지역의 동물원에서 사느라 한낮의 뜨거운 태양을 피해 구석진 그늘로 가 콘크리트 바닥에 다리를 펴고 누워 지낸다. 북극곰의 겉털 안쪽에 녹조류가 자라나 흰색 털이 초록빛으로 변하기도 한다. 또 동물원의 코끼리는 야생에서 필요한 공간보다 1,000배나 작은 공간에, 북극곰은 100만 배나 작은 공간에 갇혀 지낸다.

이러한 환경에서 동물들은 스트레스를 받아 손가락이나 꼬리를 씹어서 뼈가 다 드러나는 등의 자해를 하는 이상행동을 보이기도 한다.

동물에게도 권리가 있다.

동물원이 사람들에게 즐거움을 준다는 이유로 동물원을 유지해야 한다고 생각하는 사람들이 있다. 인간이 즐거움을 느끼는 존재라면 동물 역시도 즐거움과 고통을 느끼는 존재다. 동물학자들의 연구에 따르면, 동물에게서도 진통 물질이 분비된다고 한다. 다시 말해, 동물도 인간과 같이 통증을 느낀다는 것이다. 동물들도 유대감을 느끼며 저마다 뛰어난 능력을 지니고 있다. 이런 존재들이 인간의 욕심 때문에 좁은 우리에 갇혀 구경거리로 산다는 것은 상상하기 힘들다.

《동물 해방(Animal Liberation)》(김성한 옮김, 연암서가, 2012)을 쓴 철학

자 피터 싱어(Peter Singer)는 "동물은 인간이 마음대로 판단하고 처리해도 되는 존재가 아니다. 인간의 즐거움이나 이익을 위해 동물에게 고통을 주는 것은 옳지 않다"라고 주장한다. 동물에 대한 연구는 인간이 인위적으로 만들어놓은 환경이 아닌 자연 속에서 이루어져야 한다.

사람과 동물 모두에게 위험하다.

2007년 5월 캐나다 브리티시 콜롬비아주에서는 길거리 동물원에서 탈출한 호랑이에게 한 여성이 물려 사망하는 사건이 일어났다. 같은 해 12월에는 작지 않은 규모의 미국 샌프란시스코 동물원 우리에서 탈출한 호랑이로 인해 한 사람이 죽고 두 명이 다치는 사고가 발생했다. 우리나라에서도 2013년, 사육사가 사자에게 물려 사망한 일이 있었고 2015년에도 사육사 사망 사건이 또 일어났다. 이러한 상황은 사람뿐 아니라 탈출한 동물에게도 매우 위험하다. 탈출한 동물은 사살될 수 있기 때문이다.

아무리 철저히 관리하더라도 사육사는 동물 가까이에서 일해야 하기 때문에 이러한 사고는 근본적으로 막기 힘들다. 야성의 습성을 지닌 맹수들이 스트레스를 견디지 못해 사육사를 공격할 가능성은 어찌 보면 늘 상존한다고 봐야 할지도 모른다. 동물원이 매우 낭만적이고 아름다운 곳이라는 것은 겉에서 보이는 모습에 불과할 뿐이다. 매우 위험한 요소가 도사리고 있는 공간, 오히려 매우 높은 스트레스와 슬픔이 지배하는 공간이라고 봐야 한다.

⊗ 반대

멸종위기의 동물을 보호할 수 있다.

1960년대까지 전 세계에서 많은 동물들이 모피와 애완동물의 목적으로 포획되어 많은 개체가 멸종위기에 처하게 되었다. 결국 1973년에 열린 세계보존연맹(World Conservation Union) 주최 회의에서 21개 국가는 '멸종위기종 야생동식물의 국제거래에 관한 협정(CITES)'에 서명했다. 현재 CITES 목록에 올라 있는 동물은 5,000여 종이며, 2007년에 CITES에 서명한 나라는 170개국 이상으로 늘었다.

매년 수십 마리의 멸종위기 동물이 동물원에서 태어나고 있다. 2010년에는 야생에서 멸종된 '한국 늑대'가 동물원에서 2세를 출산했다는 뉴스 보도도 있었다. 2012년 1월부터 5월까지 서울대공원에서 태어난 멸종위기종 동물은 42마리나 되었다.

교육과 연구의 역할을 하고 있다.

전 세계에 있는 공립 동물원들은 수천 마리의 동물, 수많은 사육사, 동물을 치료하는 의료진, 동물원 관람 열차 등으로 이루어진 거대하고 다채로운 공간이다. 그리고 공립 동물원 중에는 야생동물 번식 프로그램을 추진하는 곳도 있고, 야생 현장에서 야생동물을 보호하기 위한 사업을 돕는 곳도 있다. 또한 학생들을 대상으로 단체 견학 프로그램을 운영하기도 한다.

동물원에서는 또한 동물의 생태와 습성을 연구할 수 있다. 동물학자들은 야생동물을 관찰하기 위해 위험한 정글이나 습지에서 연구를 한다. 야생에서의 이 같은 연구는 사나운 동물의 습격을 받을 수 있기 때문에 매우 위험하다. 만약 동물원에서 오랜 시간 동물의 생태를 할 수 있다면 동물에 대한 연구가 더욱 활발하게 진행되고, 연구 환경도 여러 장비들의 도움으로 안전하게 이루어질 수 있다.

동물의 특성에 맞게 환경을 변화시키는 노력이 이루어지고 있다.

서울대공원에서는 동물들의 생활공간을 특성에 맞게 만들겠다는 계획을 발표하였고, 전주동물원도 좁은 공간과 철창, 콘크리트로 이루어진 호랑이와 사자 우리를 넓은 방목 형태로의 친환경 시설로 꾸미고 있다.

외국에서는 이미 이러한 방향으로 동물원을 많이 리모델링하고 있다. 인도의 한 동물원은 사자가 돌아다닐 수 있는 넓은 공간과 몸을 피할 수 있는 공간을 갖추고 있다. 이곳은 동물원이지만 자연과 비슷한 공간과 환경을 자랑한다.

또 독일의 티어파크 하겐베크는 창살과 울타리 뒤에 동물을 가두는 대신 동물들이 머무는 곳 주변에 도랑을 깊게 파고 물을 채운 해자를 만들었다. 이 방법은 창살과 울타리가 없이도 안전하게 동물과 사람을 분리할 수 있어 매우 좋다. 이처럼 최근에는 동물복지에 대한 개념이 생기면서 동물들에게 보다 나은 환경을 제공하기 위한 노력이 이루어지고 있다.

확인 질문과 대답

찬성 측 질문 : 동물원이 멸종위기의 동물을 보호한다고 했는데, 현재 동물원 내에서 멸종위기 동물 보호를 명분으로 이루어지고 있는 번식 프로그램은 동물원에 전시할 목적이지 야생동물을 보호하기 위한 효과적이고 유용한 보존 방식으로 보긴 어렵지 않습니까?

반대 측 대답 : 지구상에 6억 년 동안 살았던 모든 종의 동물 가운데 99.9%가 사라졌습니다. 현재도 밀렵꾼들은 GPS와 자동소총을 이용해 조직적으로 사냥하고 있는데, 이대로라면 야생동물이 모두 멸종될 수도 있습니다. 동물원을 통해서라도 보호하는 것이 좋다고 생각합니다.

반대 측 질문 : 동물원이 교육과 연구 등의 좋은 목적으로도 활용되기 때문에, 환경을 좋은 쪽으로 바꿔주면서 유지시키는 편이 낫다고 생각합니다. 동물원이 없어진다면 미래의 후손들은 야생동물을 아예 볼 수 없을지도 모르는데 이는 어떻게 생각하십니까?

찬성 측 대답 : 약육강식의 야생동물 세상에서는 먹고 먹히는 것이 자연스러운 현상입니다. 다만, 밀렵꾼들에 대한 단속을 강화하여 동물들을 포획하지 못하도록 할 필요가 있다고 생각합니다.

찬성 측 질문 : 하겐베크 동물원이 탁 트인 경관을 제공하여 이전보다 나아지기는 했지만, 동물원을 찾는 사람들을 즐겁게 했을 뿐 야생동물에겐 여전히 활동하기 비좁고 황량하여 그다지 좋은 영향을 끼치지 못했습니다. 그 부분에 대해서는 어떻게 생각하십니까?

반대 측 대답 : 물론 야생에 비하면 좁은 건 사실이지만 이전보

다는 많은 발전을 이루었고, 현재 있는 동물원을 다 없앨 수는 없으니 이러한 방식으로 기존에 있는 동물원을 운영하는 것은 좋은 방안이라고 생각합니다.

동물원을 주제로 한 디베이트를 통하여 우리 아이들은 우리가 참혹하게 감금해놓은 동물이 섬세한 정신세계를 지닌 생명체라는 사실을 실감하게 된다. 또 지금까지 알아왔던 동물원의 이면에 대해서도 진지하게 생각하게 된다. 동물의 고통을 외면하지 않으면서 야생동물과 어떻게 살아가야 하는지 진지한 모색을 하고 지금의 동물원이 어떤 방향으로 개선되고 관람객은 어떤 자세로 동물을 대해야 하는지도 더불어 고민하는 시간을 갖는다.

우리가 살아가는 세상을 조금 더 따뜻함이 깃든 곳으로 만들 수 있는 길은 아이들을 잘 교육시키는 일이다. 이것만이 어른들이 아이들에게 해야 할 일이라고 생각한다. 동물원에 가기 전에 이러한 주제에 대해 토론하고 간다면, 동물원에 갇혀 있는 동물을 바라보는 시선이 많이 달라질 것이다.

우리가 함께 책을 읽고 하브루타와 디베이트를 하는 이유는, 1장에서도 이미 여러 가지 이유를 언급했지만, 가장 중요한 것으로 아이가 사회의 구성원으로 제대로 성장하기 위해 따뜻한 가정이라는 울타리를 만들어주기 위함이다. 그것을 위해 가장 필요한 것은 가족 간의 원활한 소통과 자신의 의견이 받아들여질 수 있을 것이라는 믿음을 평소에 세워두는 일이다.

어느 가정이나 부부 사이, 부모 자식 간에 생각, 견해, 입장의 차이로 인한 불화는 일정 부분 불가피하다. 하지만 이러한 불화를 극복할 수 있는 가족만의 방법은 반드시 필요하다. 트러블이 일어날 때마다 이를 현명하게 극복하고 나면 훗날 이런 경험이 부모와 아이들의 몸과 마음에 바람직한 기억으로 켜켜이 쌓일 수 있다.

난 아이들과 소통하는 최고의 방법 중 하나가 바로 '편지 쓰기'라고 생각한다. 편지 쓰기를 통해 서로의 생각을 알 수 있고, 말로는 표현하기 어려운 애정 표현, 자신의 힘든 점을 이야기함으로써 서로를 이해하는 계기로 삼을 수 있다고 믿는다. 아이들이 힘들어하거나 아이들이 변화되기를 바라는 부분이 있을 때 그리고 나 자신이 엄마로서 지치고 힘들 때, 나는 편지로 나의 마음을 전했다. 그래서 어느 순간, 우리 가족 모두는 편지 쓰는 일이 아주 자연스러워졌다. '편지 쓰기'는 정말 추천하고 싶은 방법이다.

"사랑하는 딸아, 너도 백아와 종자기에 관한 이야기를 알고 있지? 그런데 넌 어떻게 생각하니? 종자기가 떠났다고 해서 백아는 꼭 거문고의 줄을 끊어야만 했을까? 물론 우리가 인생을 살아가면서 자신의 마음을 알아주는 친구를 만난다는 것은 대단한 축복이라고 생각해. 어떤 사람은 평생을 살아가도록 진정한 친구를 만나게 되지 못하는 경우도 있을 테니까. 하지만 종자기가 떠났다고 해서 백아는 거문고의 줄을 꼭 끊을 필요가 있었을까? '백아의 거문고 소리를 알아줄 또 다른 친구를 만날 수도 있고, 꼭 그게 아니더라도 백아 자신을 위해 그냥 거문고를 탔어도 되지 않았을까?'라는 생각이 엄만 드는데……."

누군가 이런 말을 하더구나. "잘못 올라탄 열차가 예상 외로 원래의 목적지보다 훨씬 더 멋진 곳으로 우리를 데려다준다"라고. 엄마는 그 말에 굉장히 공감한다. 엄마도 그런 경우가 많았거든. 잘못 올라탄 줄로만 알았는데 도착해보니 그곳엔 생각했던 것보다 훨씬 멋진 풍경이 펼쳐져 있었던 경우가 있었어. 하지만 기차 안에서 가만히 앉아 절망만 한다거나 기차를 잘못 올라탄 자신의 어리석음을 책망만 해서는 멋진 곳에 도착할 수 없어. 잘못 탄 기차이긴 하지만 그 안에서 너만의 지도를 만들어가야만 해.

《The Fault in Our Stars(잘못은 우리 별에 있어)》와 《Paper Town(종이 도시)》을 쓴, 네가 아주 아주 좋아하는 작가 존 그린(John

Green)이 한 말이 엄마에게 많이 와 닿더라. 1937년에 만들어진 뉴욕 주의 지도에는 '로스코'라는 작은 마을과 위에는 '록랜드' 그리고 그 바로 위에는 뉴욕에서 아주 작은 '아글로'라는 마을이 있었대. 이 마을은 지도 제작자들에게 매우 유명하다는구나. 왜냐하면, 이 마을은 실제 존재하는 마을이 아니기 때문이야. 이 얘긴 너도 알지? 그런데 지도를 본 많은 사람들이 '아글로'라는 장소를 기대하면서 두 흙길의 교차점으로 지속적으로 오고 다녔대. 그래서 결국 '아글로'라는 장소는 실제로 만들어지게 되었어. 그곳에는 주유소와 일반 상점 그리고 두 채의 집이 있다는구나.

네가 좋아했던 책 《Paper Town》을 쓴 작가 존 그린이 이 책에서 말하고 싶었던 것은 무엇일까? 바로 자신이 그린 지도가 세상을 바꿀 수 있다는 사실을 우리에게 알려주고 싶어서였을 거라고 엄만 생각해. 우리는 자신이 그리는 지도가 우리들의 삶을 변화시킬 것이라는 믿음을 가져야만 해. 현재 너의 손에 쥐어진 인생의 지도가 너의 길을 보여주지 않더라도, 너 스스로 너의 길을 지도에 그려 넣어야만 하는 거야. 그럼 넌 네가 예전에 원했던 곳보다 훨씬 멋진 곳에 도착해 있는 너의 모습을 발견하게 될 거야.

사랑하는 딸아, 그러니 앞으로는 다른 이에게 들려주기 위한 것이 아닌 네 자신에게 들려주기 위해 묵묵히 거문고를 타보는 건 어떻겠니? 너의 소리를 진정으로 알아주는 존재는 바로 네 안에 있을 테니까. 이 편지는 너에게 쓰는 편지이자 엄마 자신에게 하는 이야기이기도 하단다.

— 2019. 4. 길을 잃어 힘들어하는 사랑하는 딸에게, 엄마가

사랑하는 아들아, 많이 힘들고 피곤하지? 이번 주말에 보니 얼굴이 많이 야위었던데… 일주일 동안 열 개의 수행평가를 하고 바로 이어진 기말시험으로 많이 지친 듯한 너를 보니 엄마 마음이 많이 아팠다. 네가 고 3이라는 힘든 시간을 보내고 있음에도 엄마가 바빠 너에게 해주는 것도 별로 없는데 짜증도 내지 않고 씩씩하게 혼자서 견디어 내고 있는 우리 아들, 너무나 대견스럽고 고맙다.

초등학교 1학년 때부터 시작된 12년간의 시험이 이번으로 끝이 나는구나. 아직 수능이라는 시험이 남아 있긴 하지만 학교에서 보는 시험은 이번이 마지막이다. 그치? 그동안 정말 고생 많았어. 어려서부터 책도 열심히 읽어 한글도 혼자 읽었고, 영어 학원에 다니지도 않았는데 어느 순간 두꺼운 영어책도 술술 읽는 네가 엄만 너무 멋졌다.

넌 공부도 그다지 열심히 하지 않았고 노력한 것도 없다고 말했지만, 어려서 읽었던 수많은 책들로 너의 읽기 능력이 향상되어 노력에 비해 그동안은 아주 나쁜 성적이 나오진 않았지. 그것도 다 네가 노력한 결과인 거야. 고 3이 되면서 너의 목표가 생겼고, 넌 너무 늦게 정신을 차렸다며 많이 아쉬워했지만, 엄만 그런 생각을 하는 네가 많이 기특했다. 너무 부담 갖지 않았으면 좋겠다. 엄만 네가 그동안 많이 노력했다는 거 알고 있고, 혹시 네가 원하는 결과가 나오지 않더라도 그 노력 자체만으로 충분히 가치가 있다고 생각해. 그러니 마음의 부담을 내려놓고 조금은 편안한 마음으로 마지막 시험을 치렀으면 좋겠어. 그동안 정말 고생 많았고, 그 고생은 앞으로도 더 이어지겠지만, 네가 걸어가는 너의 길을 엄마가 응원한다.

— 2019. 7. 고등학교 마지막 시험을 앞두고 심한 긴장감으로 힘들어하는 아들에게, 엄마가

엄마 생신 축하드려용. 12시 정각에 보내고 싶었는데 와이파이가 안 잡혀서 이제서야 보내넴 ㅋ. 지금 난 항공우주박물관에 와서 구경하고 있어요. 되게 멋있고… 나중에 우리 가족들이랑도 함께 올 수 있으면 좋겠어요. 엄마가 미국도 보내주셔서 이렇게 올 수 있었어요. 말은 안 했지만 정말정말 고맙구 사랑해용❤❤❤. 이번에 성적 문제로 엄마랑 조금 싸우기도 했지요. 엄마한테 짜증 내서 죄송해요. 제가 더 잘했어야 하는데, 학교에서도 힘든 일들이 많아서인지 말을 좋게 하지 못했던 것 같아요. 엄마가 제 생각 많이 해주시는데 앞으로는 그런 엄마 마음에 걸맞게 저도 열심히 노력할게요.

학교 수업 시간에 엄마가 보내준 우리 가족 영상 보니까 눈물이 너무 났었어. 힘든 만큼 우리 가족 모두 화이팅해서 다 같이 잘했음 좋겠어요. 그리고 앞으로 엄마를 기쁘게 해줄 수 있는 혜린이가 될 수 있도록 더 노력하겠습니다. 빈말 아니구 엄마 같은 엄마 만나서 항상 고맙게 생각하구 엄마 많이 사랑해요!! 오늘 같이 못 있어서 좀 슬픈데, 집에 돌아가면 제가 완전 잘해드릴게요. 오늘 하루 잘 보내요. 그리고 엄마 너무 쓸데없는 것까지 신경 안 쓰고 좀 편하게 살았으면 좋겠어. 엄마 그냥 좀 잘난 척도 해도 되고, 나처럼 남 눈치 보지 않고 살아도 괜찮아. 엄마는 엄마 자체로 충분히 멋있어. 엄마처럼 똑똑하고 멋있는 엄마가 있어서 난 정말 자랑스러워. 내가 보기엔 별 거 아닌 일들에 엄마가 너무 고민할 때가 있는 것 같아서 한 얘기였어요. 암튼 우리 모두 파이팅!!!

— 2016. 7. 생일 맞은 엄마에게, 미국 체험학습을 떠난 딸이

사랑하는 아빠, 어제 오늘 집에도 못 오시고 너무 고생하시네요. 많이 힘드실 것 같다는 생각이 들어요. 그래도 우리 가족 생각하면서 힘내시는 아빠가 전 정말 멋있고 자랑스러워요. 제가 나중에 아빠가 된다면 그런 헌신을 할 수 있을까 의문이 드네요. 그래도 나중에 아빠가 된다면 전 아빠 같은 그런 아버지가 되고 싶어요. 어떤 땐 날 이해해주는 좋은 친구, 어떨 땐 힘을 실어주는 가족, 어떨 땐 삶을 가르쳐주는 선생님이 되어주는 그런 아빠요.

가끔씩 생각해보는 건데 아빠는 그런 무거운 짐들을 어떻게 짊어지고 계셨던 걸까요? 아빠가 우리에게 준 사랑은 단지 아버지라는 이유만으로는 설명되지 않는 그러한 헌신이 있었다고 생각해요. 이제는 그 짐을 같이 들어드리고 싶은데 그러지 못하고 짐을 더 얹어 무겁게만 해드리는 것 같아 마음이 안 좋네요. 아빠의 짐을 대신 들어드릴 수는 없겠지만, 저는 아빠가 지칠 때 앉아 있을 수 있는 의자, 목마를 때 마실 수 있는 물과 같이 부담 없이 언제나 편이 쉴 수 있는 쉼터 같은 사람이 될게요. 아버지라는 책임감 아래 짓눌려 계셨던 당신을 진심으로 사랑합니다.

— 2017.4. 일에 바빠 주말에도 집에 오지 못하는 아빠에게, 아들이

우리 사랑하는 아들, 많이 힘든가 보네. 그거 알아? 고등학교 입학 이후 준원이가 먼저 엄마한테 카톡해서 보고 싶다고 말한 것이 오늘이 처음인 거…. 사람이 살다 보면 힘든 일이 많지. 그치? 나이가 들고 어른이 될수록 힘든 일들은 더 많아지는 거 같아. 그것이 나이듦의 무게라는 거야. 준원이가 생각할 때 많이 힘들긴 하지만 이 정도는 참고 이겨낼 수 있는 정도인지, 아니면 진짜 억만금을 준대도 너무 힘들어서

못하겠고 또한 너의 영혼을 갉아먹는 것인지, 니 스스로 판단할 수 있을 거야. 후자일 경우 엄만 굳이 참고 견딜 필요는 없다고 생각해. 길지 않은 인생 영혼을 갉아먹으면서 살 필요가 뭐가 있겠어. 하지만 전자일 경우엔 가끔씩 힘들 때 부모든 아주 가까운 친구에게 이야기하고 풀어내면서 참고 견디면, 조금 시간이 지난 훗날, 아니면 그보단 좀 더 시간이 흐른 어느 날에 생각하게 될 거야. 그때 견디길 잘했다고! 너 스스로를 대견스럽게 여기는 날이 올 거야.

아빠 말씀처럼 인생을 살아가면서 너무 힘들고 억울하고 죽을 것처럼 고통스러웠던 시간들이 결국은 많은 도움을 주더라. 조금 힘들다고 그만두면 그 후의 이야기는 없는 거야. 거기서 끝인 거지. 당장은 편하겠지만 그다지 남는 건 없어. 우리 아들이 스스로 너의 길을 잘 찾아갈 것이라 엄만 믿어.

— 2018. 3. 여러 학교 문제로 힘들어하는 아들에게, 엄마가

우리 혜린이, 준원이 그리고 엄마까지 우리 가족 모두가 요즘 힘든 시간을 보내고 있을 거라 생각한다. 혜린이와 준원이는 아마도 앞으로 1년, 지금까지보다 조금 더 힘든 시간을 보내게 되겠지. 고민도 많이 하고 있을 것이고. 엄마도 요즘 일이 점점 많아져서 힘들 테고. 아빠는 지금 다니고 있는 회사가 내년 하반기에 주식시장에 상장을 하기 위한 준비도 해야 하고, 내년도 회사의 사업 계획도 세워야 해서 요즘 많이 바쁘게 보내고 있어. 모두가 힘들지만 우리 항상 즐겁고 행복하게 지내려고 노력하자.

혜린, 준원아, 현실적으로 지금은 학생이니 공부를 열심히 해야 하겠지만 공부나 대학에 대한 부담감을 많이 가지지 않았으면 좋겠다.

그냥 현재 해야 할 일을 효율적으로 하기 위한 최선의 방법을 고민해 보는 수준에서 하면 될 것 같아. 대학은 하나의 과정일 뿐이야. 우리가 태어나서 삶을 살아가는 이유가 좋은 밥벌이를 찾기 위해서만은 아니라고 아빠는 생각해. 인생은 나 자신이 행복해지기 위해서 살아가야만 진정한 의미가 있는 거지. 아빠는 그 사실을 너무 늦게 깨달아서 예전에는 인생을 그 방향에서 살지 못했다. 그래서 우리 혜린이, 준원이는 너희 스스로가 행복해지는 방법이 무엇인지 끊임없이 고민해서 너희 인생의 방향을 결정했으면 좋겠어. 공부 한두 시간 더 하는 것도 중요하지만 자신의 인생이 행복해지려면 무엇을 해야 할까를 고민하는 시간이 더 중요하다고 생각한다. 지금 나의 결정이 내 인생을 행복하게 할까를 고민해보고 그렇다고 생각되면 그 길로 가면 되는 거지. 그렇지 않다고 생각되면 남들의 시선과는 별개로 너희가 결정해서 그 길을 가지 않아도 된다고 생각해. 그게 당장 좋은 대학을 가서 좋은 직장을 얻고 좋은 배우자를 만나는 것이 행복에 도움이 많이 될 것 같으면 그렇게 하는 거고, 그러한 것들이 너희들의 행복한 인생에 별로 도움이 되지 않을 것 같으면 다른 길을 고민해서 찾으면 되는 거고. 아빠는 우리 혜린이, 준원이 그리고 엄마가 존재하는 것 자체로 행복감을 느껴. 그래서 지금 하는 일이 많이 힘들지 않게 느껴지는 것 같아. 그러니 아빠, 엄마를 신경 써서 너희 인생을 결정하고 살지는 않았으면 좋겠다. 그냥 너희가 행복해질 수 있고 행복한 일을 찾아봐.

— 2018. 12. 수험 생활을 앞둔 아이들에게, 아빠가

참고문헌

- 강원토론연구회, 《말랑말랑 그림책 독서토론》, 단비, 2018
- 구본권, 《로봇시대, 인간의 일》, 어크로스, 2015
- 권현숙·김민경·김준호·김황곤·백지원·조승연, 《생각이 자라는 그림책 토론 수업》, 학교도서관저널, 2018
- 김성현, 《함께 웃고 떠들며 배우는 독서토론 논술 수업》, 지식 프레임, 2015
- 김은주·김혜정·박미정·서미숙·윤정미·이은승·이승연·홍경아, 《교실 속으로 들어간 독서토론》, 학교도서관저널, 2017
- 김정순·이영근, 《토론이 좋아요: 어린이를 위한 토론 책》, 에듀니티, 2017
- 김지은·권이은, 《어린이 토론학교-도덕과 생활》, 우리학교, 2016
- 김지은·권이은·주정현, 《어린이 토론학교-사람과 사회》, 우리학교, 2016
- 김혜경(질문배움연구소), 《하브루타 부모 수업》, 경향BP, 2017
- 김혜진·박성희·박신옥·이동림 외 학교도서관저널 도서추천위원회, 《토론 그림책 365: 쉽게 재밌게 알차게 어린이도 청소년도 그림책 읽고 토론하기!》, 학교도서관저널, 2017
- 김희선, 〈학업 성취도 최상위지만… 흥미도는 바닥〉, 《연합뉴스》, 2018.12.02
- 남숙경·이승경·이은주·안수영, 《파워풀한 교과서 과학 토론》, 특별한서재, 2018
- 남윤서, 〈학력 저하 원인은 잠자는 교실… 교사 혼자 문제 푸는 수업 바꿔야〉, 《중앙일보》, 2019.04.02
- 도로시 리즈 저, 노혜숙 역, 《질문의 7가지 힘》, 더난출판, 2016
- 명혜정, 《토론의 숲에서 나를 만나다》, 살림터, 2013
- 명혜정·이명선·조선미, 《토닥토닥 토론해요》, 살림터, 2015
- 박숙현, 《디베이트, 4차 산업혁명 시대 최강의 공부법》, 라온북, 2018
- 박혜미·조상희, 《토론의 전사7》, 한결하늘, 2018
- 샤론코치 이미애, 《오늘 엄마가 공부하는 이유》, 21세기북스, 2018
- 샤를로테 케르너 저, 이필렬 역, 《한번도 인간적 면모를 잃은 적이 없는 여성 물리학자 리제 마이트너》, 양문, 2014

- 서정숙·김주희《그림책에게 배웠어》, 샘터, 2016
- 손지숙, 《진짜 공부 잘하는 아이들의 비밀 집공부》, 봄풀, 2019
- 양경윤, 《교실이 살아 있는 질문 수업》, 즐거운학교, 2016
- 유동걸, 《토론의 전사1》, 한결하늘, 2018
- 유시민, 《유시민의 공감필법》, 창비, 2016
- 유정은, 《사임당 평전: 스스로 빛났던 예술가》, 리베르, 2016
- 윤찬섭, 《아이앤아이 영재교육원 대비 꾸러미》, 무한상상, 2018
- 이영직, 《질문형? 학습법!: 소크라테스에서 빌 게이트까지 '천재들의 공부 습관!'》, 스마트주니어, 2010
- 이인화, 〈문학토론에서 소설 해석의 양상에 관한 연구〉, 《새국어교육》, (한국국어교육학회, 2013)
- 이지현, 〈이지현의 기독문학기행—기다리세요? 그 여름날 소나기〉, 《국민일보》, 2016.06.03
- 장성애·김은미·신순애·이혜진·주영학·최영실·홍혜경·황경숙, 《질문과 이야기가 있는 행복한 교실》, 매일경제신문사, 2016
- 정한섭, 《토론의 전사4》, 한결하늘, 2017
- 조성혜, 〈무임승차 인원 느는데… 서울 지하철 1명 태우면 510원 적자〉, 《연합뉴스》, 2019.03.24
- 최규진, 〈지하철 적자 노인 때문… 무임승차 폐지가 답일까〉, 《중앙일보》, 2018.03.19
- 최승필, 《공부머리 독서법》, 책구루, 2018
- 하브루타수업연구회, 《하브루타 수업 이야기》, 2017
- 황순희, 《독서 하브루타》, 시그마프레스, 2015
- 황연성, 《공부가 새로워지는 토론학습 1교시》, 이비락, 2013
- DYS 교육블로그(mathlove69.blog.me)

부록

독서 디베이트 도서와 논제

| 초등학생이 읽어야 할 도서와 논제 |

	도서명	작가	논제
1	7년 동안의 잠	박완서	매미 유충을 먹지 않은 개미의 행동은 옳다.
2	도서관에 간 사자	미셸 누드슨	규칙을 어긴 사자를 도서관에서 내쫓아야 한다.
3	사라, 버스를 타다/자유의 길	윌리엄 밀러/줄리어스 레스터	버스 앞자리에 앉은 사라의 행동은 정당하다.
4	작은 집 이야기	버지니아 리 버튼	인간이 자연환경을 개발하는 것은 바람직하다.
5	굿모닝, 굿모닝?	한정영	동물보호법을 더욱 강화해야 한다.
6	조금만, 조금만 더	존 레이놀즈 가디너	윌리가 개썰매 대회에 출전한 것은 무모한 도전이다.
7	양파의 왕따일기	문선이	왕따 문제는 반 친구들이 함께 책임져야 한다.
8	트리갭의 샘물	나탈리 배비트	트리갭의 샘물은 축복이다.
9	시간가게	이나영	행복한 삶을 위해 초등학교 때부터 성적을 올려야 한다.
10	북녘 친구 남녘 동무/세상에 대하여 우리가 더 잘 알아야 할 교양–통일 비용	원유순/김성호	남북통일은 빨리 이루어져야 한다.

| 중학생이 읽어야 할 도서와 논제 |

	도서명	작가	논제
1	동물농장	조지 오웰	피지배 계급은 동물농장(혁명)의 실패에 책임이 없다.
2	변신	프란츠 카프카	그레고르는 가족보다 자신의 죽음에 대한 책임이 더 크다.
3	노인과 바다	어니스트 헤밍웨이	노인이 먼 바다로 나간 것은 잘못이다.
4	지킬 박사와 하이드	로버트 루이스 스티븐슨	지킬은 하이드의 악행에 대한 책임이 없다.
5	우리들의 일그러진 영웅	이문열	한 사람의 잘못은 우리 모두의 잘못이다.
6	이방인	알베르 카뮈	뫼르소에 대한 사형 판결은 정당하다.
7	이반 일리치의 죽음	레프 톨스토이	죽음에 대한 이반의 태도(반응과 수용)는 타당하다.
8	프랑켄슈타인	메리 셸리	프랑켄슈타인은 비극적 영웅이다.
9	인형의 집	헨리크 입센	노라는 책임감 있는 사람이다.
10	베니스의 상인	윌리엄 셰익스피어	샤일록에 대한 재판은 공정하다.

※ 출처: 정한섭, 《토론의 전사4》(한결하늘, 2017), 424쪽

특목고 면접
예상 문제

다음은 특목고 면접 준비 시에 아이와 함께 질문을 만들고 아이가 그에 대한 답변 내용을 연습한 것이다.

공통 문제

1. 향후 10년 이내에 자율주행 자동차가 상용화될 전망이다. 자율주행 모드로 운행 중인 당신의 차가 좁은 1차선 터널에 진입하려는 순간, 근처에 있는 어린아이가 발을 헛디뎌서 도로 위로 넘어진다. 차가 아이를 피할 시간은 없다. 아이를 치고 터널로 진입하든가 아니면 터널 입구 암벽에 차를 부딪쳐서 아이를 구하는 대신 자신은 죽거나 다쳐야 한다. 지원자라면 어떤 선택을 할 것인가? 또한 그런 선택을 한 이유는 무엇인지 말해보시오.

터널 입구 암벽에 차를 부딪쳐서 멈추려고 시도할 것입니다. 아무리 자율주행 자동차에 타고 있다고 하더라도 아이를 구할 수 있는 상황인데도 그대로 내버려두는 것은 그 아이를 죽게 하는 것에 암묵적으로 동의를 하는 거라 생각합니다. 실제로 많은 사람들이 자신을 희생해서 전혀 알지 모르는 사람을 구하기도 합니다. 저 역시 그런 상황이 오면 그런 용기를 가지려고 노력할 것입니다. 내가 살기 위해 어린아이를 죽게 한다면 평생 죄책감을 가지게 되어 죽음과 같은 삶을 살게 될 것입니다. 대신 하나뿐인 저의 목숨도 소중하기 때문에 가능하면 내가 죽거나 크게 다치지 않도록 최대한 집중해서 핸들을 돌려 부상을 최소화하고자 노력할 것입니다.

2. 멈출 수 없는 속도로 선로를 달려오는 전차 앞에서 다섯 명이 작업 중이다. 선로변환기를 손에 쥐고 있는 당신은 다른 선로로 방향을 전환할 수 있으나 그 선로에도 한 명이 작업 중이다. 당신에겐 두 가지 선택지가 있다. 하나는 아무 조작도 하지 않고 다섯 명이 죽도록 방치하는 것과 변환기로 선로를 바꿔서 한 명을 죽게 하는 길이다. 만약 지원자라면 어떠한 선택을 할 것인지 말해보시오.

저는 아무 조작도 하지 않고 다섯 명이 작업을 하고 있는 방향으로 기차를 진입시키겠습니다. 왜냐하면 그들은 기차가 진입하는 방향에서 작업을 하고 있었으므로 언제든지 기차가 진입할 수 있음을 사전에 인지하고 있었을 것이기에 위험에 신속히 대처할 수 있을 것입니다. 그러므로 다섯 명이 있는 곳으로 정상적으로 열차를 진입시키고 신속하게 위험 상황을 신호로 알려 대비하도록 조치하겠습니다. 한 명의 작업자는 기차가 진입할 것이라는 사실을 전혀 모르고 있으므로 신속한 대처나 대피가 이루어질 가능성이 거의 없습니다. 그렇기 때문에 피해를 최소화할 가능성이 매우 높은 다섯 명의 작업자가 있는 선로 방향을 선택할 것입니다.

3. 학교에서 모둠 프로젝트를 진행한다. 내가 참여하는 프로젝트에 잘하는 친구와 함께하고 싶은지, 모두에게 참가 기회를 주어야 하는지 의견을 말해보시오.

모두에게 공평한 참가 기회를 주어야 한다고 생각합니다. 잘하는 친구만 선발해서 한다면 좋은 결과를 얻을 수 있을지는 몰라도 그 친구들과 내가 성장할 수 있는 기회가 줄어들 것입니다. 반면에 모두에게 기회를 주면 시행착오를 겪으면서 더 발전할 수 있을 것입니다. 잘하는 아이들도 친구들이 모르는 게 있으면 가르쳐주며 경험을 얻을 수 있고 조금 못하는 아이들도 참여하는 과정에서 다른 친구에게 피해를 주지 않기 위해 그리고 본인에게 기회가 주어진 것에 감사하며 노력하는 모습을 보일 수 있습니다. 잘하지 못한다는 이유로 처음부터 기회조차 주어지지 않는다면 그 친구는 계속 잘할 수 없게 될 것이고 이것은 불평등을 낳는 일입니다. 그러므로 공평하게 기회를 주고 그 안에서 개인의 실력에 따라 합리적으로 역할을 배분하는 것이 옳은 일이라고 생각합니다.

4. 내 장점을 최대한 활용하여 평생 함께할 친구를 어떻게 얻을 것인지 말해보시오.

저의 장점은 타인에게 공감하고 배려하는 것이라고 생각합니다. 자기소개서에도 적은 것처럼 몸이 불편한 친구에게 내가 조금 더 공감해주고 배려해줌으로써 그 친구가 마음을 열고 저와 친한 친구 사이가 되는 경험을 하였습니다. 바쁘고 힘든 생활 속에서도 나만 생각하지 않고 한 번이라도 친구 입장이 되어 생각해준다면 평생을 함께할 친구를 얻을 수 있을 것이라 생각합니다. 그러므로 저의 장점인 남을 배려하는 마음을 잘 활용한다면 평생 함께할 친구를 얻을 수 있을 것이라 생각합니다.

5. 《벌거벗은 임금님》에서 백성과 신하들은 왕에게 옷이 멋지다며 칭찬을 계속했다. 여기서 신하와 백성들의 잘못된 점은 무엇이라고 생각하

나? 또한 현대사회에서 시민들은 어떻게 행동해야 하나?

왕이 잘못된 일을 하고 있음에도 불구하고 왕이라는 신분 때문에 아무 말도 하지 못한 신하들은 비겁할 뿐만 아니라 자기 자신의 기본적인 책무를 망각한 무책임한 사람들이라고 생각합니다. 아무리 상대방의 신분이 높더라도 잘못된 일은 바로잡아야 합니다. 신하는 왕이 올바른 길로 갈 수 있도록 함께 협의하고 왕이 올바른 판단을 할 수 있도록 보좌하기 위해 뽑힌 사람들입니다. 그런데 신하들이 왕의 잘못된 판단에도 침묵한다면 결국 왕의 잘못된 판단으로 온 나라가 멸망의 길을 걸을 수도 있을 것입니다.

현대사회에서 이런 일은 절대 있어서는 안 됩니다. 시민들은 대통령이나 국회의원 등 정치인이 잘못한 일이 있으면 관심을 가지며 고쳐나가려고 노력해야지 못 본 척해서는 안 된다고 생각합니다. 또한 남이 나서서 해결하겠지 하는 안이한 생각은 시민으로서의 기본 권리를 망각한 행동이며, 잠자는 자의 권리는 보호받지 못하는 것처럼 시민으로서의 기본권에 심각한 위기를 맞이하게 될 것입니다. 그렇기 때문에 시민들이 관심을 가지고 대통령 선거나 국회의원 선거에서 어떤 사람이 진정으로 우리나라와 국민을 위해 일할 사람인지 꼼꼼히 살핀 다음 소중한 한 표를 행사해야 한다고 생각합니다.

6. 과거 경제성장률이 아주 높았던 시대에 개인은 그다지 풍요롭지 않았다. 또한 오늘날 경제성장률은 낮지만 개인은 과거에 비해 풍요롭다. 둘 중 어느 쪽이 더 행복하다고 생각하는가?

경제성장률은 낮지만 개인은 풍요로운 시대가 더 행복하다고 생각합니다. 물론 가진 것이 많다고 더 행복해지는 것은 아니지만 성장률이 높고 개인은 가난한 시대에 사람들은 엄청나게 고생을 했을 것입니다. 우리나라가

6.25 전쟁이 끝나고 가파른 성장을 보였지만 막상 국민들은 외국에 나가서 좋지 않은 환경 속에서 힘들게 일해 지금의 대한민국이 되었습니다. 그렇게 힘들게 일한 사람들이 과연 행복하기만 했을까요? 성장률은 낮지만 개인이 더 좋은 환경에서 살 수 있는 시대가 더 좋다고 저는 생각합니다. 왜냐하면 성장을 하는 것의 궁극적인 목적은 개인의 삶을 지금보다 더 풍요롭게 해서 구성원의 삶의 질을 높이는 데 있다고 생각하기 때문입니다.

7. 폭넓은 지식을 갖춘 사람과 깊이 있는 지식을 갖춘 사람 중 지원자는 어떤 성향의 사람을 선호하는가?

양쪽 모두 장단점이 있겠습니다만, 저는 나의 꿈과 연계하여 폭넓은 지식을 갖춘 사람을 더 선호하는 편입니다. 폭넓은 지식인은 다방면으로 박식하기 때문에 세상을 다양한 각도에서 바라봅니다. 따라서 세상에 대한 이해의 폭이 넓다는 장점이 있는 반면, 어떤 사안에 대해 깊이가 없이 너무 얕은 지식에 머무를 수 있다는 단점이 있습니다. 깊이 있는 지식인은 자기 분야에 대해선 박식하나 다른 분야에 대해서는 잘 알지 못하는 편협한 인간이 될 수도 있습니다. 양쪽 모두 직업상 더 맞는 성격이 있다고 생각합니다. 저의 경우는 진로가 초등 교사이기 때문에 한 가지 부분에 깊이 있는 전문 지식을 갖춘 사람보다는 다방면에 폭넓은 지식을 갖춘 교양인이 되었을 때 다양한 꿈을 가진 아이들과 폭넓게 대화하고 가르치는 일에 더 도움이 될 것으로 생각합니다.

8. 지원자만의 특별한 멘토가 있는가?

제가 가장 존경하는 인물은 중학교 3학년 담임선생님입니다. 진로를 결정하지 못해 고민하고 있던 저에게 김이율 저자의 《10대를 위한 가슴이 시키는 일》을 선물해주셔서 저의 진로를 찾는 데 많은 도움을 주셨습니다. 그런 선생님의 모습을 보면서, 학생들을 직접 찾아 나서고 세심한 관심으로 학생들을 대하는 하니타니 겐지로의 《나는 선생님이 좋아요》의 고다니 선생님을 떠올렸습니다.

고다니 선생님은 쓰레기처리장 아이들을 교화의 대상이나 동정을 베풀어야 할 대상이 아니라 살아 있는 소중한 존재로 대하셨습니다. 그래서 저도 우리 담임선생님처럼 아이들에게 세세한 관심을 가지고 어려운 점을 보살필 수 있는 그런 선생님이 되고 싶습니다.

9. 10년 후의 자신의 자화상을 그린다면 어떤 모습일 것 같은가?

10년 뒤 저의 자화상은 대학에서 교육학 전문 지식을 쌓고, 인공지능 시대에 기계와 공존할 수 있는 인재를 양성하기 위해 교육 현장에서 열심히 뛰고 있는 선생님의 모습일 것입니다. 선생님으로서 권위를 내세우는 것이 아니라 '아이들과 함께 책 만들기' 학술 동아리 활동 등을 통해 학생이 주도적으로 참여하고 탐구하는 교육 환경을 만들어주고 이런 활동이 교육 현장에서 정착되도록 저의 경험을 책으로 펴내고 싶습니다. 그래서 저의 경험을 동료 및 후배 선생님들과 공유하고 싶습니다.

10. 'Everything changes but nothing changes'라는 문장에 대한 자신의 생각을 말해보시오.

최근 눈부신 과학기술의 발달로 우리 사회는 하루하루가 다르게 급속도로 변모하고 있습니다. 4차 산업혁명 시대에 돌입하면서 인공지능으로 대변되는 현대사회는 현재의 직업들 중 다수의 직업이 사라지거나 변모할 것이라는 예측을 내놓고 있습니다. 이처럼 과학기술의 발전으로 세상의 모든 것이 변하는 것처럼 인식되지만 동서고금을 막론하고 항상 변하지 않는 가치가 있다고 생각합니다. 그것은 인간이 기본적으로 가져야 할 보편타당한 가치입니다. 인류애, 자유와 평등을 수호하려는 의지와 같은 가치들은 세월이 흐르고 많은 부분이 변하는 것 같지만 항상 변하지 않는 존재의 이유가 분명히 있다고 생각합니다. 아무리 첨단기술을 다룬다고 해도 그 첨단기술을 다루는 것은 결국 사람이기 때문입니다.

11. 장자는 "쓸모없는 것이 쓸모 있다"라는 말을 했다. 지원자는 이것이 무엇을 의미한다고 생각하는가?

사람은 저마다 다양한 측면을 가지고 있고 저 역시 그렇습니다. 제겐 약간 소심한 면이 있습니다. 어떤 경우에는 그냥 넘겨도 되는 일에 혼자 속을 끓이기도 하고 여러 날 고민하는 나 자신이 한심하고 피곤하다는 생각이 들어 이런 성격이 참 쓸모없이 느껴져 없어져버렸으면 좋겠다는 생각을 하곤 합니다. 그런데 어느 날 문득 생각해보니 소심하다는 것은 좋게 말하면 남에게 상처 주는 것에 대해 매우 세심하게 신경 쓰고 주변을 배려하며, 과제 등을 수행할 때는 꼼꼼하고 철저하게 한다는 장점이 있다는 것을 알았습니다. 이 세상에는 언뜻 보면 쓸모없는 듯해 보이는 것도 내가 어떻게 생각하고 받아들이냐에 따라 쓸모 있는 것이 되기도 합니다. 따라서 세상에 쓸모없고 없어져버려야 하는 것은 없다는 의미라고 생각합니다.

12. 자본주의사회에서는 끝없이 타인과 경쟁해야 살아남는다. 경쟁하는 삶과 만족하는 삶 중 지원자는 어떤 삶을 지향하는지 말해보시오.

저는 경쟁하는 삶보다는 만족하는 삶을 더 지향합니다. 앞으로 다가올 4차 산업혁명 시대에는 여러 전문가들과 교류하며 창의 융합적 가치를 창출해내는 능력을 가진 사람이 인재로 각광받을 것으로 보입니다. 그러기 위해서는 협업 능력이 중요한데 지나치게 경쟁을 강조하다 보면 상대방을 이겨야 한다는 생각에 협업을 통해 일을 해결해나가기가 어렵다고 생각합니다. 학교에서 모둠 수행평가를 할 때도 점수만을 생각해서 잘해야 한다는 생각에 사로잡히면 친구들과의 협업이 잘 되지 않아 오히려 결과가 좋지 않았던 적이 있습니다. 나 자신이 최선을 다했다면, 어느 시점에서는 만족할 줄 알아야 타인의 말을 경청하게 되고 협업을 통해 좋은 결과를 이끌어낼 수도 있다고 생각합니다.

13. 우리가 삶을 살아가는데 필요한 세 가지의 덕목은 무엇이라고 생각하는지 말해보시오.

인간은 이 세상에서 각각 하나뿐인 고귀한 존재이므로 각자가 행복해야 할 권리가 있다고 생각합니다. 그러므로 스스로 인간의 존엄성에 대해서 인식하고 자기를 사랑하는 마음인 '자기애'가 첫 번째이며, 두 번째는 나와 같이 남도 이 세상에 하나뿐인 고귀한 존재임을 인정하고 상대방에 대해서 '배려'하는 마음이 있어야 한다고 생각합니다. 마지막으로 나와 상대방 모두 고귀한 존재이므로 이러한 존재들이 서로 상생을 위해 협동하고자 하는 '협동 정신'이 있어야 한다고 생각합니다.

14. 중학 생활 동안 가장 보람되었던 일 두 가지를 말해보시오.

첫 번째는 저의 꿈을 가지게 되었던 것이며, 두 번째는 제가 반장으로서 역할 수행을 하면서 친구들에게 인기도 있다는 것을 저 스스로 깨닫게 된 점입니다.

우연히 도서관에서 《나는 선생님이 좋아요》라는 책을 보게 되었는데 책에 나오는 '고다니 선생님'이 직접 아이들 집에 찾아가는 등 제자들을 향한 열정을 보고 나도 저런 선생님이 되고 싶다는 생각을 가지게 되었습니다. 학교에서도 학생들과 친구 같은 담임선생님을 보고 멋진 선생님이라는 생각을 했습니다. 그래서 교사라는 직업에 대해 더 알아보기 위해 진로 선생님과 상담을 하였으며 진로 검사도 진행하여 초등학교 교사라는 목표를 가지게 된 것이 중학교 동안 가장 보람 있는 일 중의 하나입니다. 두 번째는 제가 반장으로서의 역할을 수행하면서 친구들에게 인기도 있다는 것을 알게 된 것인데, 주변 친구들은 저에게 공감 능력, 따뜻한 마음, 집중력이 있다고 말해주었습니다. 친구들과 함께하는 모둠 수업, 동아리 활동을 위해서는 나 자신을 내세우기보다는 상대방을 공감하고 이해하려는 마음이 있어야 한다고 생각합니다. 저는 리더로서 갖추어야 하는 능력은 구성원과 협업할 수 있는 능력이라고 생각합니다.

15. 부모님, 친척, 친구, 선생님 등 주변 사람들이 자신을 어떻게 평가하는지 세 가지 정도 말해보시오. 또한 본교가 학생을 선발해야 하는 이유를 두 가지 이상 말해보시오.

주변에서는 저에게 공감 능력, 따뜻한 마음, 집중력이 있다고 말합니다. 고양국제고가 저를 뽑아야 하는 이유는 바로 이러한 장점 때문입니다. 고양국제고에 입학하면 수행평가를 위한 토론·발표, 시험공부, 동아리 활동, 인문학 특강 등 해야 할 과제가 많은 것으로 알고 있습니다. 집중력이 없다면 많은 과제를 정해진 시간 내에 수행해낼 수 없습니다. 친구들과 함께하는 모둠 수업, 동아리 활동을 위해서는 나 자신을 내세우기보다 상대방을 공감하고 이해하려는 마음이 있어야 한다고 생각합니다. 또한 기숙사 생활 등 모든 생활을 친구들과 함께할 때 따뜻한 마음이 있어야 어려운 친구도 도와주고 내가 어려운 상황에 놓였을 때 친구가 나를 또 도와줌으로써 서로에게 위안이 되어야 기숙사 생활을 잘할 수 있을 것이라 생각합니다.

16. 다음 제시문과 문제 상황 지문을 읽고 질문에 답해보시오.(동탄국제고 기출문제)

제시문

(가) 소크라테스가 개인의 판단대로 법을 지키지 않은 제자에게 화내며 말했다. "법을 개인의 임의로 어긴다면 사회질서가 유지되겠는가? 법은 어떠한 일이 있더라도 반드시 지켜야 하는 것이다. 개개인의 판단은 법의 위력을 약화시키므로 악법도 법이다."

(나) 법은 사람들을 가두는 족쇄일 뿐이다. 오히려 선량한 사람들이 법이라는 틀 안에 갇혀 법을 존경하려 하다가 권력자, 혹은 다수로 인해 불의를 당하기도 한다. 우리가 지켜야 하는 것은 법이 아니라 정의다. 양심 있는 사람들이 법의 부당성으로 피해를 본다면 과연 그것을 진짜 법이라 할 수 있는가?

(다) 물론 법을 개인의 임의대로 지키지 않고 설령 사정이 있다 해도 너무 많은 여지를 주면 형평성에 어긋난다. 양심 있는 사람들이 집단을 이루어 양심 있는 결정을 차근차근 해나간다면 정의로운 사회를 만들 수 있을 것이다.

문제 상황 지문

중학교 한 학급에서 회의를 통해 지각을 하면 벌금을 걷기로 정하였다. 그러나 소년소녀 가장으로 가정 형편이 어려운 길동이는 매일 동생을 챙기고 오느라 지각을 했다. 지각 벌금을 내는 것이 경제 형편이 어려운 길동에게는 부담이 되었다. 그래서 길동이는 자신의 사정을 학급 총무부장에게 말했다. 총무부장은 길동이의 지각을 눈감아 주었다. 이 사실을 알게 된 같은 반 점순이가 반장에게 모두 함께 정한 학급 규칙은 똑같이 지켜야 하는 것이라고 말했다. 만약 지원자가 학급 반장이라면 누구를 먼저 설득할 것인지 지문으로 든 (가)~(다)를 활용해 답해보라.

규칙에는 예외가 있어서는 안 된다고 생각합니다. 한번 예외를 인정하기 시작하면 모든 사람들이 저 사람은 되는데 왜 자신은 안 되냐는 식의 반응을 보여 조직 내에 큰 혼란을 가져올 거라고 생각합니다. 이러한 사소한 예외의 적용들이 강둑의 작은 구멍처럼 되어서 가만히 놔두면 점점 커져서 결국에는 큰 피해를 가져오고 조직이나 시스템의 붕괴를 가져오게 됩니다. 예외는 습관적인 규칙 위반으로 이어질 수 있으므로 매우 경계해야 한다고 생각합니다. 예외적인 적용이 필요하다고 판단되는 일이 있다면, 사전에 구성원들의 동의와 제대로 된 절차에 의해 규칙을 개정 보완해서 새로운 규칙이 적용될 수 있도록 해야 한다고 생각합니다. 따라서 저는 '(다) 물론 법을 개인의 임의대로 지키지 않고 설령 사정이 있다 해도 너무 많은 여지를 주면 형평성에 어긋난다. 양심 있는 사람들이 집단을 이루어 양심 있는 결정을 차근차근 해나간다면 정의로운 사회를 만들 수 있을 것이다'라는 항목을 예로 들어서, 예외적으로 인정해야만 하는 사안이 있다면 이를 구성원 동의하에 학급 규정 개정을 통해 합리적으로 설득하도록 하겠습니다.

17. 자신에게 특별한 부담이나 피해가 오지 않는데도 불구하고, 다른 사람의 생명이나 신체에 중대한 위험이 발생하고 있음을 보고도 구조에 나서지 않는 경우에 처벌하는 법을 '착한 사마리아인의 법'이라고 한다. 지난 8월 대전에서 일어난 사건, 60대 택시기사가 운행 도중 사고를 내고 심장마비로 쓰러졌지만 승객들은 자신들의 짐만 챙겨 현장을 떠났다는 사실이 알려지면서 사회적으로 큰 논란이 일었다. 당시 승객들은 골프 여행을 위해 빠져나간 것으로 알려져 있다. 택시 기사는 인근 건물 주차관리인의 신고로 병원에 옮겨졌지만 결국 숨졌다. 현재 우리나라에는 이들을 처벌할 법 조항이 없는 만큼 '착한 사마리아인의 법'을 제정해야 한다는 주장이

나오고 있다. 이 주장에 대해서 어떻게 생각하는가?

세계 여러 나라에서는 곤경에 처한 사람을 구해주지 않은 행위를 법으로 처벌하고 있습니다. 착한 사마리아인의 법은 근본적으로 곤경에 처한 사람을 외면해서는 안 된다는 도덕적·윤리적인 문제와 연결됩니다. 그러나 법과 도덕은 별개라고 생각하는 입장에서는 개인의 자율성을 존중하여 법이 도덕의 영역을 간섭해서는 안 된다는 반론이 있습니다. 우리나라의 경우는 착한 사마리아인의 법, 곧 불구조죄가 적용되지 않는데 저는 개인적으로 이 법의 도입을 검토해야 한다고 생각합니다. 저는 착한 사마리아인의 법이야말로 도덕성이 떨어지고 있는 현대 시대에 사람들에게 도덕의식을 함양시켜주고 법으로라도 도덕적인 행동을 하도록 만들어 사회를 더욱 따뜻하고 풍요롭게 만들 수 있을 것이라 생각합니다. 법의 악용 가능성에 대해서는 법 규정을 명확히 하면 해결할 수 있다고 생각합니다.

18. 한국 사회에 다가올 가장 큰 특징 한 가지를 말하고, 이로 인해 발생할 수 있는 문제점에 대해 말해보시오. 이 문제점을 자신의 진로를 통해 어떻게 해결할 수 있을지 말해보시오.

한국 사회에서 앞으로 다가올 문제 중에 가장 심각한 것은 저출산 문제라고 생각합니다. 현재의 대한민국 청년들을 3포 또는 N포 세대라고들 합니다. 연애, 결혼, 출산과 그 이후에 그동안 자연스럽게 이루어졌던 것들 대부분을 포기한다는 뜻입니다. 이것은 취업이 되지 않고 희망이 보이지 않기 때문입니다. 저출산을 해결하려면 우선 취업 문제가 해결되어야 한다고 생각합니다. 또한 선생님이 꿈인 저로서는 믿을 수 있는 공교육으로 학교에서 아이들의 교육을 책임져준다면 사교육비 부담에 따른 저출산 문제를 어느 정도 해결할 수 있을 것이라 생각합니다.

19. 반성과 성찰의 좋은 점을 말해보시오. (인천국제고 기출문제)

반성과 성찰은 자기가 하고 있는 일이 실패하였거나 잘 이루어지지 않고 있을 때 하는 것입니다. 일이 잘되고 있을 때는 만족하게 되므로 더 이상 반성과 성찰을 하지 않게 되어 오히려 위험한 시기라 생각합니다. 반성과 성찰을 통해 자기 자신이 미처 깨닫지 못했던 부분과 부족했던 부분에 대한 계획을 세우고 실천해나간다면 미래에 좋은 결과가 나올 것입니다. 성공하여 자기 길을 열심히 걸어가는 사람 중에 실패의 경험이 없는 사람은 없을 것입니다. 실패와 시행착오로 인한 반성과 성찰을 밑거름 삼아 내면까지 단단해진 이후에야 성공에 이르는 것이라 생각합니다.

20. 일반고와 달리 국제고가 자기주도학습 전형으로 학생을 선발하는 이유는 무엇이라 생각하는가? (인천국제고 기출문제)

국제고는 연구와 토론 발표를 중심으로 하는 창의적 활동을 중심으로 하고 있어, 교육과정도 토론 발표 위주의 탐구심과 사고력을 요하는 수업, 심화 학습 등을 해야 하므로 본인이 주체적으로 탐구하고 노력하지 않으면 학교생활을 지속할 수 없습니다. 지원자의 적극적인 참여와 탐구심이 중요한 자질이라 생각합니다. 지원자들이 그동안 해왔던 자기주도학습법과 자기주도학습 능력을 파악함으로써 그들이 국제고의 교육과정을 통해 성장할 수 있는지, 문제를 해결할 수 있는지 알아보기 위해서입니다. 또한 기숙사 생활로 모든 것을 스스로 계획하고 실행하며 통제해야 하므로 자기조절 능력도 있어야 합니다. 마지막으로 국제고가 지향하는 세계인, 봉사인, 창의인의 인재상에 적합한 사람인지를 판단하고 글로벌 인재를 육성하고자 하는 국제고의 교육 목표와 부합하는지 알아보기 위해서 자기주도학습 전형을 통해 학생을 선발한다고 생각합니다.

21. 사계절과 관련된 문학작품을 말해보시오. (인천국제고 2년 연속 기출문제)

봄을 나타내는 작품으로는 서정적이고 토속적인 정취가 묻어나는 점순이와의 사랑이 인상 깊은 김유정의 소설 《봄봄》, 여름과 관련된 작품으로는 첫사랑의 아련한 추억을 떠올리게 하는 황순원의 《소나기》, 가을과 관련된 작품으로는 가을에 낙엽을 태울 때면 커피향이 난다고 이야기 하는 이효석의 수필 〈낙엽을 태우면서〉, 겨울과 관련된 작품으로는 내리는 눈을 바라보며 떠난 사람을 그리워하는 내용이 담긴 김소월의 시 〈눈오는 저녁〉이 있습니다.

22. 우리나라 소외된 이웃과 아프리카 난민 중 누구를 먼저 도와야 한다고 생각하는가? (인천국제고 기출문제)

우리나라의 소외된 이웃과 외국의 어려운 사람 중에 누구를 먼저 도와야 하는 문제가 아니라, 누가 더 도움의 손길이 절실한 상황에 있는지 판단하여 누구를 먼저 도와야 할지 결정해야 한다고 생각합니다. 외국인이냐 내국인이냐의 문제가 아닌 지금 현재 시급하게 더 관심을 가져주어야 하는 문제에 봉착한 사람이 누구인지, 누가 더 큰 어려움에 처했으며, 내가 둘 중에 누구를 도와줄 능력을 가졌는지를 판단해서 결정해야 할 문제라고 생각합니다. 한국 사람이기 때문에 꼭 우리나라 사람을 도와주어야 한다는 마인드가 아닌 우리 모두가 세계라는 사회에서 살아가는 국제사회의 시민이기에, 모두의 어려움을 고려하여 생각해야 할 것이며 과거 우리가 어려운 시절에 수많은 외국인들도 이러한 인도주의적 입장에서 어려움에 처한 우리나라 사람들을 도와준 것이라고 생각합니다.

23. 다음 단어(봉사/용기/도전정신/활발/희생정신/리더십 등) 중 자신을 나

타낼 수 있는 단어와 그 이유를 말해보시오.

저를 나타낼 수 있는 단어는 '리더십'입니다. 진정한 리더는 변화를 이끌어내는 사람이라고 생각합니다. 작은 나비의 날갯짓이 지구 반대편에 토네이도로 변화하듯 작은 움직임 하나가 세상을 변화시킬 수 있습니다. 저는 중학교 3년 동안 임원 활동을 하였습니다. 3년 동안 다양한 활동들을 하면서 느낀 점은 반장과 부반장이 앞에서 큰소리만 치는 것이 리더십이 아니며, 친구들 이야기를 들어주며 활동에 참여시키고 노력하면 반대항 체육 활동이나 학습 등에서 많은 발전을 가져온다는 사실이었습니다. 그래서 저는 진정한 리더십은 남에게 군림하는 것이 아니라 구성원의 공감대를 이끌어내서 목표한 바를 달성하기 위해 구성원과 함께 열심히 노력하는 사람이라고 생각합니다.

24. 어떤 설문조사 결과, 직업 선택 가치관에서 돈이 22개 항목 중 20위를 차지했다고 한다. 지원자의 가치관에 대해 말해보시오.

직업이 돈벌이만을 위한 수단으로 전락해서는 안 된다고 생각합니다. 돈과 행복은 정비례하는 것이 아니라 먹고살 수 있는 일정 수준 이상이 되면 그 이상은 필요 없는 것이라고 생각합니다. 인간은 이 세상에서 각각 하나뿐인 고귀한 존재이므로 각자가 행복해야 할 권리가 있다고 생각합니다. 그러므로 직업 선택의 가치관에서도 가장 중요한 것은 자기 자신이 행복해질 수 있는 직업인지가 가장 중요한 선택의 덕목이며, 타인과 조화롭게 삶아가며 협동할 수 있는지가 두 번째 선택의 기준이 되어야 한다고 생각합니다. 비록 큰돈은 벌지 못해도 자기가 꼭 가려고 생각한 길, 삶의 보람을 느끼는 길을 누가 뭐래도 일관되게 가는 것, 그것이 정말 잘 사는 길이며 훌륭한 직업 선택의 기준이라고 생각합니다.

25. '중학생은 ( )이다'의 괄호 안을 채우고 그렇게 생각하는 이유를 말해보시오. (용인외대부고 기출문제)

중학생은 (알)이다. 중학생은 아직 성인이 되지 못한 청소년이기 때문에 아직 부화하지 못한 알과 같습니다. 그렇지만 열심히 자기 스스로 노력하면 알을 깨고 나가 훌륭한 백조가 될 수도 있고 그냥 프라이팬 위의 달걀로도 끝날 수 있는 위기도 많은 시기라고 생각합니다. 학창 시절 본인의 노력에 따라서 어떤 종류의 생물로 부화하여 화려한 날갯짓을 할지 결정될 것입니다.

26. 지금까지 살아오면서 지원자가 친구와의 사이에서 가장 힘들다고 느꼈던 적은 언제이며, 이를 어떻게 극복하였나?

최근에 제가 국제고 준비에 집중하면서 절친한 친구가 본인과 시간을 같이 보내지 않는다고 서운해하며 말을 하지 않는 경우가 발생하였습니다. 고민하던 차에 그 친구에게 전화를 하여 저의 입장에 대해 설명하고 친구와의 우정에 전혀 이상이 없다는 것을 표현하고 내가 관계가 소원해지는 상황을 만든 것에 대해 미안해하니 그 친구도 곧 이전의 좋았던 관계로 돌아와주었습니다. 친구와 갈등이 생긴다면 대화를 통해 갈등을 해소하는 것이 가장 중요하다고 생각합니다. 시간을 가지고 친구의 행동을 이해하려고 노력하고 내게는 잘못이 없었나를 생각해본 후에 대화를 통해 서로의 문제점에 대해 생각을 나누는 것이 좋다고 생각합니다. 서로에게 화가 난다고 하여 대화를 하지 않고 이해하고자 하지 않는다면 갈등이 더 심화되기만 할 뿐입니다. 나의 상황도 이야기하면서 친구의 입장도 들을 수 있는 대화가 가장 효과적이라고 생각합니다.

27. 별과 인간의 공통점은 무엇이라고 생각하는가?

하늘의 별은 계속 그 자리에 있지만 보일 때와 보이지 않을 때가 있습니다. 인간도 똑같은 사람이지만 타인의 시선이나 상황에 따라 다르게 비쳐질 수 있습니다. 또한 하늘에 떠 있는 별과 사람은 둘 다 수없이 많은 수가 존재하지만, 이 세상에 같은 것이 하나도 없는 유일하고 고귀한 존재라는 것입니다. 그러므로 나에 대한 남의 시선이나 행동에 지나치게 신경 쓰지 말고 자존감을 갖고 자신의 의지대로 밀고 나가는 것이 중요하다고 생각합니다. 또한 이 우주에 단 하나밖에 없는 존재가 나인 것처럼, 다른 사람들도 마찬가지 존재인 것입니다. 그러므로 서로를 존중하고 배려해야 한다고 생각합니다.

개별 문제

28. 지원자가 평소 어떠한 상황에서 스트레스를 받으며, 그럴 때는 어떻게 스트레스를 해소하는지 말해보시오.

어떤 일이 생각한 대로 잘 되지 않을 때 처음에는 스트레스를 좀 받는 편입니다. 이럴 때는 차근차근 일이 어긋나게 된 이유를 찾아서 그 해결의 실마리를 풀기 위해서 노력하다 보면 결국 그 스트레스 상황이 풀리게 됩니다. 잘 풀리지 않던 문제가 해결되고 나면 저는 저에게 작은 상을 내립니다. 평소 사고 싶었던 물건을 용돈으로 사거나 보고 싶었던 책을 읽거나 친구와 잠시 게임하는 시간을 가지고 나면, 기분이 좋아지면서 새로운 스트레스 상황이 닥치더라도 조금 더 쉽게 그 상황을 헤쳐나가는 힘이 생기는 것 같습니다.

29. 학생부 진로희망 사항을 보니 학년별로 꿈이 바뀌었는데, 각각의 꿈을 갖게 된 계기는 무엇이고 자신에게 미친 영향은 무엇인지 말해보시오. (고양국제고 기출문제)

중학교 시절은 진로를 결정하는 시기가 아니고 탐색하는 시기라고 생각합니다. 1학년 때 축구선수가 되고 싶었던 이유는 축구를 좋아해서 친구들과 방과 후에 축구 경기를 하면서 축구에 대한 열정이 생겼고, 축구를 잘하고 싶은 마음에서 전문적으로 배우고 싶었습니다. 2학년 때는 주변의 많은 전자기기를 보고 관심을 가지게 되었고 전자기기 개발이 미래에 전망이 있을 것 같아 전자공학자의 꿈을 꾸었으나, 진로에 대해 고민하고 탐색해보니 축구선수가 되는 것은 현실적인 부분에서 준비하는 데에 힘든 부분이 많았고 전자공학자가 되기 위해서는 이과를 선택해야 하는데 이과 공부보다는 문과 쪽의 공부에 더 흥미가 있었습니다.

그때 《나는 선생님이 좋아요》라는 책을 접하게 되었고 책에 나오는 고다니 선생님이 직접 아이들 집에 찾아가는 등 제자들을 향한 열정적인 모습을 보고 나도 고다니 선생님과 같은 선생님이 되고 싶다는 생각을 가지게 되었습니다. 고다니 선생님은 쓰레기 처리장 아이들을 교화나 동정을 베풀어야 할 대상이 아니라 살아 있는 소중한 존재, 그 자체로 바라봐주었습니다.

30. 꿈이 교사라고 했는데 우리나라 교육의 문제점과 향후 교육의 방향성에 대해 지원자의 생각을 말해보시오. 그리고 교육의 문제점을 해결하기 위한 방안을 말해보시오.

현재 우리나라 교육의 문제점은 4차 산업혁명 이전에 필요했던 인재를 길러내는 방식에서 크게 변화되지 않았다는 데 있습니다. 국영수를 중심으로 점수에만 집착하는 주입식 교육은 기존의 사회구조에서 필요했던 인재상을 길러내는 방식입니다. 앞으로 다가올 인공지능 시대에는 이러한 교육 방식으로는 기계와의 경쟁에서 이길 수 없다고 생각합니다. 좀 더 창의적이고 위기 순간에 대처할 수 있는 능력이 필요합니다. 또한 장수 시대가 열리면서 직업도 수없이 바뀌게 될 것입니다. 그렇게 되면 선택의 순간이 많아질 것이고 그런 순간에 제대로 된 선택을 하기 위해서는 자기 자신을 바로 알고 무엇을 좋아하며 어떠한 방향성을 갖고 살 것인지에 대한 가치관이 확립되어 있어야 합니다. 이러한 능력을 키우기 위해서는 학생 스스로가 참여하는 토론 발표식 수업, 모둠 중심의 활동들이 중요할 것이라고 생각합니다. 비판적 사고력과 커뮤니케이션을 바탕으로 한 협동, 창의력의 발휘가 가능하도록 교육 방향이 개선되고 가르침과 경쟁이 중심이 되는 교육이 아니라 협동과 창의력이 중심이 되는 교육을 진행해나가야 한다고 생각합니다.

31. 지원자가 생각하는 진정한 봉사와 그렇지 않은 봉사의 차이점을 말해보시오.

진정한 봉사는 남에게도 기쁨을 줄 수 있어야 하지만 나 스스로도 만족감을 느낄 수 있어야 한다고 생각합니다. 저는 자기소개서에도 언급했듯이 다리를 다친 친구를 도와주는 경험을 통해서 그 친구가 기뻐하고 저에게 고마움을 표하는 경험을 했지만, 또한 저 스스로도 친구를 돕는 과정을 통해서 나 자신에 대한 만족도가 매우 상승하는 좋은 경험을 했습니다. 이처럼 진정한 봉사는 타인과 자기 자신 모두에게 만족감을 줄 수 있어야 한다고 생각합니다. 타인에게만 만족감을 주는 봉사는 지속적으로 이루어지기 어렵다고 생각되며, 나 자신에게만 만족감을 주는 봉사는 타인을 고려하지 않은 봉사이므로 이 또한 지속하기 힘들다고 생각하기 때문에 진정한 봉사라고 보기 어렵습니다.

32. 본교가 지원자를 뽑아야 하는 이유 세 가지를 말해보시오.

첫째, 고양국제고가 구현하고자 하는 창의인에 적합하기 때문입니다. 초등학교 때부터 영어 원서 읽기로 진행해온 자기주도학습법을 통해 공부를 즐기면서 창의적으로 학습을 진행해왔습니다. 그 과정에서 부족한 점을 보완하며 영어 공부와 흥미를 동시에 얻을 수 있는 최적화된 영어 공부법을 찾아냈고 문제 해결력을 향상시킬 수 있었습니다. 둘째, 요양센터에서 봉사활동을 지속적으로 진행하며 기른, 노인분과 같은 사회적 약자들을 향한 나눔과 배려 정신은 고양국제고가 기르고자 하는 봉사인과도 매우 가까운 인재임을 알 수 있습니다. 셋째, 저는 외국인과 소셜 네트워크를 통해 대화를 나누는 경험과 어렸을 때부터 영미권 문화에 관심을 가짐으로써 글로벌 마인드를 지녀 타문화를 이해하고 수용하려는 자세가 뛰어납니다. 또한 모든 일에 적극적이고 열정적으로 참여하여 모둠 활동이나 학급 운영에서 리더 역할을 맡아 글로벌 리더로서의 자질을 충분히 갖추고 있기에 고양국제고가 바라는 세계인의 모습과도 매우 가깝습니다.

33. 고양국제고는 자기주도학습 전형으로 학생들을 선발한다. 그렇다면 지원자가 생각하는 자기주도학습이란 무엇인지 말해보시오.

제가 생각하는 자기주도학습이란 스스로가 무엇을 알고 무엇을 알지 못하는지를 명확히 아는 것에서 시작한다고 생각합니다. 알고 있는 듯하지만 막상 그것을 누군가에게 설명해보라고 했을 때 설명하지 못한다면 그것은 진정으로 아는 것이 아닙니다. 내가 무엇을 모르는지 알지 못하는 상황에서는 무슨 공부를 해야 할지 모르는 것은 당연하다고 생각합니다. 그래서 우선 공부를 할 때 혼자서 설명을 해보고 잘 모르는 부분이 있을 때는 그것을 보충하기 위해서 책을 찾아본다거나 문제집을 풀어보면서 모르는 부분을 정확히 알게 되는 것이 자기주도학습이라고 생각합니다. 즉, 자기가 잘 알지 못하는 부분을 명확히 알고, 그것에 대해 스스로 학습 계획을 세워서 부족한 부분을 스스로 보완해나가는 과정이라고 생각합니다.

34. 영어 원서를 읽으면서 영어 공부를 했다고 했는데, 이 방법을 선택한 이유가 있는가?

영어 원서를 읽음으로써 문법과 단어를 억지로 외워서 공부하는 것보다 훨씬 자연스럽게 영어를 공부할 수 있었고 영어를 나의 것으로 체화하는 데 많은 도움을 받았습니다. 8년 동안 600권 이상의 소설, 역사, 과학 등 다방면의 책을 읽고 영어 원서 음원을 들었기 때문에 문장 구성 능력이나 어휘력, 듣기, 말하기 능력이 자연스럽게 향상되는 것을 느꼈고, 이러한 공부 방법에 확신이 들었습니다. 또한 여러 종류의 책을 읽으며 공부를 하다 보니 영어가 지겨운 것이 아니라 재미있다는 생각을 하게 되어 자막 없이 영화를 본다거나 프리미어 축구를 현지 해설로 듣는 등 더욱 재미있는 방법으로 영어를 공부하는 방법을 찾을 수 있게 되었습니다.

35. 자신이 한 자기주도학습 중에서 학습 방법적인 것과 학습 태도적인 것으로 나누어 설명해보시오. (고양국제고 기출문제)

학습 방법적으로는 공부를 타인에 이끌려 억지로 하는 것이 아니라 즐길 수 있는 독서를 통한 공부 방법에 중점을 두었습니다. 그래서 아침마다 영어책을 읽을 때도 흥미를 느낄 수 있는 판타지 소설을 시작으로 하여 뉴

베리 소설, 위인전, 역사 등으로 심화되는 책을 읽었습니다. 다른 과목의 공부도 부족한 부분을 책을 통해서 심층적으로 탐구하는 방법으로 공부를 진행했습니다. 학습 태도적인 것으로는 '선택과 집중'을 들 수 있습니다. 정해진 시간 안에 모든 것을 할 수는 없었으므로 나에게 맞고 내가 좋아해서 열심히 할 수 있는 몇 가지를 선택해서 그것을 끈기를 가지고 오랫동안 지속하는 것입니다. 자기주도적이면서도 성실하게 공부해나가는 것이 저의 학습 목표였습니다.

36. 브랙시트가 세계(주변 국가)와 우리나라에 미치는 영향으로 무엇이 있을지 말해보고, 《청소년을 위한 경제의 역사》(니콜라우스 피퍼)를 읽고 느낀 최근 영국의 EU 탈퇴 결정의 이유에 대해서 설명해보시오. (자기소개서에 브랙시트가 언급되어 있음)

'브렉시트'란 'Britain'과 'Exit'의 합성어로 '영국의 유럽연합(EU) 탈퇴'를 말합니다. 영국이 유럽연합에서 탈퇴하려는 이유는 중동으로부터 밀려들어오는 난민으로 인한 일자리와 임금 감소, 유럽연합에 납부하는 분담금 증가, 이민자 복지 지출 증가 등으로 받는 경제적 어려움 때문이었습니다. 그러나 영국의 이러한 결정으로 인해 세계 금융시장은 휘청거리게 되었습니다. 불안정한 상황이 계속되면서 파운드화와 유로와의 가치가 급격히 폭락하고 안전자산으로 여겨지는 달러와 엔화의 가치가 올랐습니다. 세계 주식시장도 큰 피해를 입어 브렉시트 결정 하루 뒤에 전 세계 주식시장에서 주가가 큰 폭으로 하락했습니다. 브렉시트가 우리나라 경제에 미치는 영향으로는, 한국과 영국이 개별 FTA를 맺지 못할 경우 양국의 교역이 관세의 영향으로 상당히 위축될 수밖에 없다는 것입니다.

37. 인공지능 시대에는 교사라는 직업도 위험할지 모른다. 진로희망이 교사인데 이 부분에 대해서는 어떻게 생각하나?

교사는 학생들에게 단순히 지식만을 가르치는 일을 의미하지 않기 때문에 로봇이 교사를 완전히 대체하는 것은 불가능할 것으로 예측됩니다. 하지만 4차 산업혁명 시대를 맞아 인공지능의 영향력을 거스를 수는 없기에 수업에 로봇을 적절하게 활용하는 것은 좋은 방법이 될 것입니다. 선생님 한 명이 수업을 진행하기 어려운 과제가 있을 때 로봇이 투입되어 보조 선생님의 역할을 해준다거나 모둠별로 진행하는 수업에 로봇을 이용한다면 오히려 좋을 결과가 있을 것입니다. 그래서 인공지능 시대에 로봇은 인간의 역할을 대체하거나 지배하는 것이 아닌 인간의 역할을 보조하여 합리적인 역할 수행을 지원하도록 해야 할 것입니다.

38. 지금까지 보급된 적정기술에는 어떠한 것들이 있으며 소규모로 이루어지고 있는 적정기술이 보급되려면 어떻게 해야 한다고 생각하나?

지금까지 보급된 적정기술로는 오염된 물을 정화시켜 빨아들일 수 있는 라이프 스트로우, 먼 거리에서 물을 길러오는 데 불편함을 크게 줄인 큐드럼, 비닐팩 바깥의 오염된 물을 식수로 사용할 수 있도록 정화해주는 하이드로팩 등이 있습니다. 하지만 이러한 기술들은 폭넓게 이루어지는 것이 아닌, 소규모로 이루어지고 있는 현실입니다. 대규모로 보급되려면 페이스북이나 유튜브 등을 통해 홍보함으로써 사람들로 하여금 적정기술에 대한 관심을 높여 지원을 받아내야 한다고 생각합니다. 또한 현지에서 나오는 자원을 활용하여 물건을 만드는 방법을 가르쳐줌으로써 외부의 도움이 아니더라도 그들 스스로 물건을 만들어내도록 유도한다면, 지금보다 더 많은 사람들이 적정기술의 혜택을 볼 수 있을 것이라 생각합니다.

39. 8년 동안 매일 영어책을 읽었다고 했는데 빠진 적은 없었나? 그리고 오랫동안 하다 보면 힘들 때도 있었을 텐데 구체적인 어려움은 없었나? 있었다면 어떻게 극복하였나?

아프거나 중요한 일이 생겼을 때를 제외하고는 빠지지 않고 영어 원서 집중 듣기를 이어나갔습니다. 저에게 가장 어려웠던 점은 '어떻게 영어 공부에 흥미를 가지고 즐기면서 학습할 것인가?' 하는 것이었습니다. 처음 집중 듣기를 할 때는 책의 내용에 공감하지 못하거나 수준에 맞지 않아 읽기 힘든 경우도 있었습니다. 그리하여 남들이 많이 학습하는 책 위주로 선정하던 것에서 제가 좋아하는 장르나 작가들의 책을 골라 그 책 위주로 집중 듣기를 진행했습니다. 《로스트앤파운드》, 《스쿨 스토리》, 《엑스트라 크레딧》, 《프린들》 등 독특한 발상으로 학교에서 이루어지는 이야기들을 풀어낸 글을 많이 쓴 앤드류 클레멘츠의 책들, 《찰리와 초콜릿 공장》, 《제임스와 복숭아》, 《마틸다》 등 엽기적이고 창의적인 주제의 책을 쓴 로알드 달과 같은 작가들의 책 위주로 선정하여 진행하니 흥미가 생기고 학습 효율도 좋아지게 되었습니다. 이와 더불어 책과 영화를 연계하여 공부하는 방법이나 여가 시간에 미국드라마 시청, 팝송 듣기를 통해서 영어 학습에 흥미를 가질 수 있도록 했습니다.

40. 하브루타 학습법을 사회, 과학 공부에 활용했다고 했는데, 구체적으로 어떻게 활용하였나?

국어 시간에 김소월의 시 〈눈 오는 저녁〉으로 하브루타 수업을 하였는데, 반복된 질문 과정을 통해 사고력과 집중력이 더 발휘되어 적극적으로 수업에 참여할 수 있었습니다. 다른 과목에도 좋은 효과를 낼 것이라는 확신이 들어 사회, 과학 공부에도 활용했는데 친구들과 모여 사회, 과학 교과서를 보고 문제를 만들어 서로에게 질문하고 대답하는 방식으로 진행했습니다. 이 과정에서 질문하기 위해 교과서를 여러 번 정독하였고, 친구들의 질문에 대답하는 과정에서 내가 알고 있는 부분과 모르는 부분에 대해 정확히 알 수 있어 학습에 상당한 효과가 있었습니다.

41. 최근에 읽었던 책 중에 가장 기억에 남는 책과 그 이유는 무엇인가?

테드 알렌이 쓴 혁명가 평전 《닥터 노먼 베쑨》입니다. 처음에는 노번 베쑨의 너무 즉흥적이고 괴팍한 성격 때문에 '그가 정말 괜찮은 사람인가?' 하는 의구심이 들었습니다. 그러나 그가 죽을 고비를 넘기고 캐나다의 돈 없는 민간인을 위해 의료제도를 바꾸려고 발 벗고 나서는 모습이 매우 존경스럽게 느껴졌습니다. 전쟁이 일어나 많은 사람을 돕기 위해 스페인과 중국으로 간 것도 그의 선량한 마음에서 나온 선택입니다. 노벤 베쑨이 러시아 의료제도에 영향을 받아 공산주의자가 되었다는 이유만으로 그는 많은 비판을 받았고 그의 선행들은 모두 묻혀버렸습니다. 자기와 입장이 다르다고 해서 상대방의 모든 것을 부정해버리는 것은 너무 안타까운 일이라는 생각이 들었으며, 책을 읽은 뒤에는 타인을 대할 때 조금 더 유연한 사고를 가지도록 해야겠다고 생각하는 계기가 되었습니다.

42. 정보전달 수단으로서의 독서가 여전히 영향력을 발휘한다고 생각하는가?

과거에는 독서가 절대적인 정보전달의 역할을 충실히 수행했으나, 현재는 인터넷과 SNS 등 여러 매체의 출현으로 과거만큼의 영향력은 없다고 생각합니다. 하지만 인터넷 등을 통한 경로는 신뢰할 수 없는 정보를 무분별하게 받아들일 수 있기 때문에 아직까지 정보전달 수단으로는 독서가 중요한 채널이라고 생각합니다. 단순히 정보를 받아들이는 것으로 그치지 않고 독자가 의미를 재구성하여 자신의 것으로 체화한 후 다시 표현해내는 작업이 중요하다고 생각합니다.

43. 제일 기억에 남는 영어 원서는 무엇이며, 혹시 생각나는 문구가 있는가? 있다면 그 이유를 말해보시오.

가장 기억에 남는 영어책은 Walter Isaacson의 《스티브 잡스》이고, 기억에 남는 문구는 "The people who are crazy enough to think they can change the world are the ones who do"입니다. 스티브 잡스는 자기 일에 미친 사람이었습니다. 그런 성격으로 인해 주변 사람들이 힘들어 했지만 그로 인해서 혁신적인 제품을 만들어낼 수 있었다고 생각합니다. 정말로 자기 일에 미친 스티브 잡스를 대변하는 말이라고 생각합니다. 자신이 세상을 바꿀 수 있다고 굳게 믿는 그의 모습에 깊은 감명을 받았습니다. 그래서 설령 주변에서 터무니없다고 이야기하더라도 어떤 목표를 향해 미친 듯이 도전해보고 싶은 마음이 들었습니다.

44. 《뿌리깊은 나무》(이정명)를 읽고 느낀 계급사회 조선의 문제점에 대해 설명해보시오. 또한 현대사회와 비교해보시오.

주인공 강채윤은 능력이 있음에도 불구하고 겸사복이라는 낮은 직급으로 천대받고, 집현전 학자 살인사건을 조사하는 데에도 차질이 생깁니다. 철저한 계급사회였던 조선에서는 당연한 일이었을 것입니다. 대단한 성과를 내도 아무도 알아주지 않는 미천한 신분이라고 무시받던 그들의 모습은 지금의 현대사회에서도 볼 수 있습니다. 학교에서의 상황을 예로 들어보겠습니다. 급식실에서 힘들게 조리를 하시는 조리원분들의 노동량은 상상을 초월할 정도라고 합니다. 부상자들도 많이 나오고 한 달도 안 돼 일을 그만두시는 분들이 다수입니다. 그런 힘든 일을 하시는 조리원의 상당수는 인격적으로 모독을 당하고 몸이 아파도 대체할 사람이 없어 병원에도 가지 못하는 열악한 환경에서 일하고 있습니다. 적은 월급을 받으며 부당한 대우를 받는 사람들이 있는 현대사회가 철저한 계급사회였던 조선과 크게 다르지 않다고 생각합니다. 이러한 문제들은 우리 사회가 다 같이 고민해서 해결해나가야 할 과제라고 생각합니다.

45. 《Bud, not Buddy》(Christopher Paul Curtis)와 《Because of Winn Dixie》(Kate DiCamillo)의 주인공들이 나에게 전하는 메시지는 무엇이며, 이 책을 읽고 지원자가 변화한 점을 자신의 세계관을 포함하여 구체적으로 말하시오. (고양국제고 기출문제 변형)

두 책의 주인공은 부모가 없는 열악한 환경에서도 자신만의 방법으로 좌절하지 않는 용기와 밝은 모습을 보여주고, 어려운 상황에 놓일수록 자신이 의지하고 믿을 수 있는 사람은 가족과 친구라는 사실을 제게 알려주었습니다. 이 책들을 읽고 제가 변한 점은 기존에는 어려운 일을 당하면 '내게만 왜 이런 일이 생길까?'라고 상황 탓을 했지만 이 책을 읽은 후에는 나만의 방법으로 어려운 일들을 해결해나가기 위해 고민하게 되었다는 점입니다. 또한 기존의 저의 세계관은 인간의 삶과 그 삶을 구성하는 세상은 어느 정도 결정되어 있다는 것이었는데, 이 책들을 읽고부터는 세상은 자신의 노력과 좌절하지 않는 용기를 통해 충분히 변화시켜나갈 수 있고 노력한 사람이 성공할 수 있는 여지가 충분한 곳이라는 생각을 하게 된 것도 큰 변화입니다. 따라서 이 책은 좀 더 적극적으로 어려움을 극복하여 더 나은 결과를 얻겠다는 의지를 다지도록 저 자신을 변화시켰다고 생각합니다.

46. 《톡톡 이슬람》(이희수)을 읽고 이슬람에 대해 잘못 알고 있었던 사실은 무엇이며, 서로의 문화를 이해하기 위해 어떤 노력이 필요한지 이야기해보시오. (교사로서의 역할에 대해서도 설명해보시오)

IS의 잦은 테러 공습으로 이슬람 자체가 전쟁을 좋아하는 폭력적인 사상을 가지고 있다고 인식하고 있었습니다. 그러나 이것은 저의 섣부른 일반화에서 온 판단이었습니다. 이슬람 문화에 대한 부족한 지식, 십자군 전쟁과 같은 역사적 배경 때문에 이슬람교와 적대적 관계에 있는 서구 언론의 보도를 그대로 받아들이는 것도 영향이 있다고 생각합니다. 이 책을 읽고 나서 이슬람교가 폭력에 반대하는 따뜻한 매력을 가지고 있다는 걸 알게 되었고 코란에서조차 폭력 대신 평화를 지향하고 있다는 것을 알게 되었습니다. 그렇기에 이슬람교의 잘 알려지지 않은 매력을 다른 이들에게 알리고 부정적인 인식을 개선하는 것이 중요하다고 생각합니다. 교사로서의 역할은 자신의 문화에 대한 우월주의가 아닌 타문화에 대한 이해와 수용을 바탕으로 존중하는 태도를 학생들이 갖출 수 있도록 하는 것이라고 생각합니다.

47. 《왜 세계의 절반은 굶주리는가?》(장 지글러)를 읽고 느낀 점과 세계 기아 문제의 원인과 이를 해결하기 위한 대책에 대해 기술해 보시오. (동탄국제고 기출 문제)

《왜 세계의 절반은 굶주리는가?》를 읽고 기아 문제에 대한 근본적 문제는 우리 사회구조에 있다는 사실에 안타까움을 느끼게 되었습니다. 많은 사람들은 기아가 자연재해와 같이 돌발적이고 급격한 경제적 위기로 발생한다고 한정하는 경향이 있는데, 구조적 기아도 심각하게 많이 발생하고 있습니다. 기아 문제는 그 나라의 생산력 저조, 인프라의 미정비 등을 원인으로 하는 데다 세계시장에서 다국적기업이나 곡물 투기꾼이 인위적으로 곡물가를 부풀리는 데서 발생하기도 합니다. 전쟁도 기아의 큰 원인으로 작용합니다. 기아 문제 해결을 위해서는 국제기구의 지원 인력과 구호 물품을 통한 도움도 중요하겠지만 공정하지 못한 경제행위에 대한 적극적인 제제 그리고 기아가 발생하는 정부가 국제기구나 선진국에 의존하지 않고 자급자족하는 경제 모습을 갖추어나가는 것이 가장 중요하다고 생각합니다.

〈과학토론 개요서 양식〉-지구온난화

참가 번호	소속 교육지원청명 (팀명)	학 교	학 년	성 명
	집현전 학자들	홍도초	6	김명재
		홍도초	6	손진유

토론 논제	산업 혁명 이후 인구 증가와 산업화에 따른 화석 연료의 사용으로 온실가스 배출량이 증가하고 무분별한 살림벌채로 대기 중의 온실가스 농도가 높아지는 지구온난화 현상으로 생태계 파괴, 빙하의 해빙, 해수면 상승 등의 문제를 야기하고 있다. 이 같은 지구온난화 문제를 해결하기 위한 방안을 과학적.제도적으로 제시하시오.

Ⅰ. 문제상황

지구온난화: 산업혁명 이후 인구의 증가와 산업화에 대기중의 온실가스 농도가 높아지면서 지구의 평균기온이 상승하는 현상.

1) 해빙으로 인한 해수면 상승 - 해수면이 상승하면서 투발루, 몰디브등 일부 섬나라와 해안 저지대가 침수될 위험이 있음

2) 대기, 해수 순환의 변화로 자연 재해의 발생 빈도와 강도가 증가

3) 바닷물의 온도 상승으로 생태계 파괴

Ⅱ 문제 원인

1) 온실가스 증가로 인해 대기중에 열이 빠져나가지 못해 온도 상승

6대 온실가스	이산화탄소	메탄	아산화질소	수소불화탄소	과불화탄소	육불화황
주요 배출원	석탄 및 석유연소	음식물 쓰레기 부패등: 유기물 부패.	석탄, 질소비료 폐기물소각	냉매	세정제	절연제

이중 지구 온난화에 주범은 이산화 탄소(CO_2)

2) 급격한 산업화에 따른 산림훼손

Ⅲ 해결 방안

1) 이산화탄소를 포집하여 기체에 압력을 가해 응축(condensation)하여 소화기에 원료로 활용해 불을 끈다.

2) 이산화 탄소에 금속나트륨을 결합한 후 섭씨 440°C, 기압 800atm에서 다이아몬드를 생산한다

3) 이산화탄소를 탄소와 산소로 나눠 탄소를 흑연, 탄소섬유 개발에 사용한다.

4) 신재생 에너지 – 폐기물 에너지

산업이나 가정에서 발생하는 각종 가연성 폐기물을 변환시켜 연료와 에너지로 사용하는 기술

※ 최대 2매를 초과할 수 없으므로 핵심적인 내용을 요점화하여 수기로 작성

<과학토론 개요서 양식>-물부족

참가 번호	소속 교육지원청명 (팀명)	학 교	학 년	성 명
	리핑버니	흥도초등학교	6	심은우
		흥도초등학교	6	박윤민

토론 논제	전 세계적으로 물 부족 사태에 시달리고 있다. 이러한 물 부족 문제를 해결하기 위한 방법을 과학적, 창의적으로 제시하시오.

I. 문제상황

1) 아프리카는 물부족 사태가 심하다.

2) 수질오염이 점점 심해지고 있다.

3) 물부족으로 인해 농사가 원활이 되지 않는다.

II. 문제원인

아프리카는 물부족 사태가 심하다.	식수가 오염되어 있고 비가 자주 내리지 않아 점점 심해지고 있다. 아프리카의 우물도 메말라 있다.
수질오염이 점점 심해지고 있다	사람들이 샴푸, 비누 등으로 수질오염을 시킨다. 또, 플라스틱 사용 등으로 쓰레기를 만들어 수질오염을 시킨다.
물부족으로 인해 농사가 원활이 되지 않는다	농사를 지으려면 물이 필요한데 물이 부족하고 수도를 틀어도 물이 나오지 않으니 농사를 지을 수 없다.

- 9 -

	Ⅲ 해결방안 1) 아프리카의 심한 물부족사태 원인: 식수가 오염되어 있고, 우물이 메말라가고 있다. ① 와카워터를 이용한다 와카워터 - 대나무 등 식물의 줄기를 엮어 틀을 만들어 이슬을 잘 달라붙게 만들었다 응결현상을 이용해서 이슬을 맺히게 한다. 하루동안 9L의 물을 얻을 수 있다 ② 라이프스트로우를 아프리카 원주민에게 지급한다. 라이프스트로우 - 오염된 물의 기생충과 미생물을 거의 모두 걸러낼 수 있는 필터를 가지고 있는 빨대이다 2) 점점 심해지는 수질오염의 원인: 사람들이 샴푸, 비누 등을 사용해서 수질오염을 시키고, 쓰레기도 수질오염을 시킨다 ① 중수도를 세계적으로 의무화시킨다 - 중수도란, 한번 사용한 수돗물을 생활용수, 공업용수 등으로 재활용할 수 있도록 다시 처리하는 시설 3) 물이 부족하여 농사가 잘 되지 않는다 ① 인공강우를 농사가 되지 않는 일부의 곳에 내린다. 인공강우 - 드라이아이스, 요오드화은으로 만든 구름씨를 구름에 뿌려 인공적으로 비를 내리게 하는 방법이다. ※ 최대 2매를 초과할 수 없으므로 핵심적인 내용을 요점화하여 수기로 작성

〈과학토론 개요서 양식〉-물부족

참가 번호	소속 교육지원청명 (팀명)	학 교	학 년	성 명
	아쿠아 맨's	흥도초등학교	6	박세준
		흥도초등학교	6	김남훈

토론 논제	전 세계적으로 물 부족 사태에 시달리고 있다. 이러한 물 부족 문제를 해결하기 위한 방법을 과학적, 창의적으로 제시하시오.

Ⅰ. 문제상황

1) 아프리카에서는 오염된 물을 마시고 있다

2) 2025년 경에는 27억의 인구가 심각한 물부족 사태가 일어날것이다.

3) 물 전쟁이 일어난다

Ⅱ. 문제 원인

1) 아프리카	비가 잘 오지 않아 물이 부족해 오염된 물을 마신다
2) 심각한 물부족 사태	담수량이 증가하지 않고 있다.
3) 물 전쟁	우물의 물이 부족하여 전쟁이 일어난다.

Ⅲ 해결방안	① 정수기 광고판 이용 수증기 이용해 습도를 물로 바꾸는 터빈을 개발 한번에 96리터까지 물을 만들수 있다. 물이 채워지면 AQUI 표시가 뜨면 주민들은 물통만 들고오면 된다. ② 비가오면 빗물을 받아 저장한 다음에 필터를 통해 이물질을 걸러낸 다음 사람이 마시면 된다.  ③ 지하 댐 건설 지하수가 바다로 흘러가지 못하게 하고 바닷물과 섞이지 않게 지하에 댐건설 지하의 빈공간을 활용하여 물을 저장하고 뽑아 낼 수 있는 시설을 만들어 물을 공급한다. ※ 최대 2매를 초과할 수 없으므로 핵심적인 내용을 요점화하여 수기로 작성

〈과학토론 개요서 양식〉 - 자율주행 자동차

참가 번호	소속 교육지원청명 (팀명)	학 교	학 년	성 명
	안드로메다	홍도초	6	장하은
		홍도초	6	윤시연
토론 논제	첨단 자동차 기술이 발전하면서 이제 자율주행차를 향한 꿈이 현실이 되고 있다. 미래에는 운전조작을 하지 않아도 스스로 달릴 수 있는 자율주행 자동차가 일상이 될 수도 있다. 그러나 최근 자율 주행 자동차 개발에 박차를 가하던 자동차 업계가 갑작스런 난제에 부딪혔다. 자율 주행차 사고가 잇따라 발생하고 있기 때문이다. 자율주행 자동차의 상용화에 앞서, 만약 당신이 자율주행 자동차의 설계자라면 어떤 첨단 기술을 활용하여 설계할지 과학적·창의적으로 제시하시오.			

자율주행 자동차란? 운전자가 핸들과 가속페달, 브레이크 등을 조작하지 않아도 차량의 각종 센서로 상황을 파악해 스스로 목적지까지 찾아가는 자동차.

I. 문제상황

1) 지난 4월 테슬라 자율주행 자동차 모델 X가 역광으로 인한 센서 오작동으로 사망사고 발생.
2) 우버 자율주행 자동차 사망사고, 전복사고, 충돌사고가 발생.
3) 애플 자율주행차 아이카가 지난 8월 캘리포니아에서 진행된 테스트에서 접촉사고가 발생.

II. 문제원인

테슬라 모델 X	태양 역광에 의한 센서 인식 오류로 사망사고가 발생
우버	횡단보도 바깥쪽으로 걷던 보행자 인식 오류로 사망사고, 전복사고, 충돌사고가 발생
애플 아이카	자율센서를 탑재한 다른 자율주행 자동차와 센서 오류로 인한 접촉사고 발생

-9-

Ⅲ. 해결방안

1) 테슬라

태양 역광에 의한 오류이기 때문에 자외선 차단 코팅을 센서에 부착한다. 하지만 태양이 없는 밤에는 잘 보이지 않으므로 어느 상황에서나 이용이 가능한 회색이나 검은색 계열의 렌즈를 부착한다.

2) 우버

보행자 인식 오류로 인한 사고이기 때문에 오류를 예방하는 차원으로 제어장치를 이중으로 탑재해 사고를 예방한다.

3) 애플

자율주행 자동차끼리 서로를 인식 하지못한 접촉사고이기 때문에 인식 장치와 제어장치를 이중으로 탑재 한다.

※ 최대 2매를 초과할 수 없으므로 핵심적인 내용을 요점화하여 수기로 작성

〈과학토론 개요서 양식〉 - 자율주행 자동차

참가 번호	소속 교육지원청명 (팀명)	학 교	학 년	성 명
	Apple 	홍도	6	김한성
		도홍	9	서윤이

토론 논제	첨단 자동차 기술이 발전하면서 이제 자율주행차를 향한 꿈이 현실이 되고 있다. 미래에는 운전조작을 하지 않아도 스스로 달릴 수 있는 자율주행 자동차가 일상이 될 수도 있다. 그러나 최근 자율 주행 자동차 개발에 박차를 가하던 자동차 업계가 갑작스런 난제에 부딪혔다. 자율 주행차 사고가 잇따라 발생하고 있기 때문이다. 자율주행 자동차의 상용화에 앞서, 만약 당신이 자율주행 자동차의 설계자라면 어떤 첨단 기술을 활용하여 설계할지 과학적·창의적으로 제시하시오.

Ⅰ. 문제상황

1) 지난 달 테슬라 모델 X 자율 주행차 사고가 태양 역광에 따는 센서 인식 오류 때문에 사고 발생

2) 지난해 운전자 1명이 테슬라 모델 X로 인하여 사망 사고 발생

3) 지난해 테슬라 모델X가 중앙 분리대에 충돌 사고 발생

Ⅱ. 문제 원인

1) 센서	햇빛 역광으로 인한 센서 오류
2) 소프트웨어	소프트웨어 결함으로 인한 충돌

3) 전파 간섭	주파수 오류
4) 인식 오류	짧은 시야의 거리만 확보하고 주행중 충돌

III 해결방안

1)-자외선 방지 필름 부착-자외선은 햇빛을 차단하기 때문에 역광을 막아줌

-일광 가림판 설치

2) 소프트웨어의 지속적인 업그레이드

3) 해킹 방지 보안 시스템 강화

4) - 무단횡단을 막기 위해 빨간불이 되면 횡단보도를 막는 시스템 설치

- 헤드라이트 불빛 거리를 넓히도록 헤드라이트를 더 밝게 업그레드.

※ 최대 2매를 초과할 수 없으므로 핵심적인 내용을 요점화하여 수기로 작성

- 10 -

〈과학토론 개요서 양식〉-드론

참가 번호	소속 교육지원청명 (팀명)	학 교	학 년	성 명
	집현전 학자들	흥도초등학교	6학년	김영재
		흥도초등학교	6학년	손진유

토론 논제	드론이 가지고 있는 여러 가지 문제점에도 불구하고 전문가들은 드론의 미래 산업 가치를 높이 평가하고 있다 또한 기업들도 앞 다투어 드론 산업에 뛰어들고 있다. 드론이 가지고 있는 장점과 문제점을 분석하고, 드론을 규제해야 하는지 활성화 시켜야 하는지 자신의 입장을 밝힌 후, 그에 따라 발생할 수 있는 문제점에 대한 해결 방안을 제시하시오

Ⅰ. 문제상황

1. 드론의 개념: 무선전파의 유도에 의해 비행 및 조종이 가능한 무인 비행체.
2. 드론의 활용분야

군사용	정찰 및 정보수집, 유인 전투기를 대체해 공중 전투 및 폭격
소방 방재 안전	화재 진압, 산불 감시 및 인명 수색, 구조
농업용	물, 살충제 살포, 토양에 맞는 종자 선택 및 재배, 관리
물류 운송	신속 배달, 외진 섬에 소포, 우편물 배송

Ⅱ. 드론의 장단점

1. 장점
   1) 사고 발생 시 구조자의 피해 없이 화재 진압, 인명 수색 및 구조 가능
   2) 농촌 인구 고령화에 따른 일손 부족 문제 해결. 우리나라 농업용 드론 순돌이는 구제역 방역, 양식장 방제 등 다양한 분야에서 사용되고 있다.
   3) 신속 배달, 경제적

2. 단점

1) 항공기 유항 방향에 직각이 되게 부는 바람인 "측풍"에 의해 기울어져 이착륙 시 문제 발생

2) 해킹으로 인한 범죄 노출 가능

3) 군사용 드론의 오폭으로 민간인 사살 가능성 - 헬파이어 유도미사일

Ⅲ. 입장

우리팀은 앞에 나열한 여러가지 장점을 근거로 드론 사용 활성화에 찬성함.

Ⅳ. 문제해결 방안

1. 측풍에 따른 이착륙 문제 - 엔진 2개로 개조, 연료를 니켈 수소 배터리 사용
2. 해킹으로 인한 범죄노출 - 해킹을 차단하는 방화벽 시스템 설치
3. 군사용드론의 오폭으로 민간인 사살 -
   - 목표 반경을 초토화하지 않고 폭발 없이 칼날이 튀어나와 표적을 제거

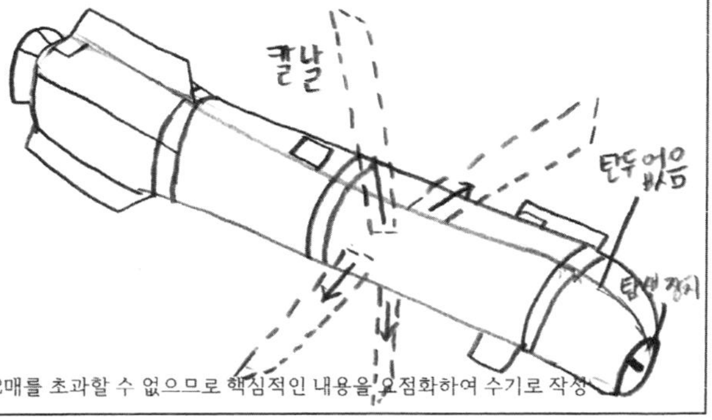

※ 최대 2매를 초과할 수 없으므로 핵심적인 내용을 요점화하여 수기로 작성

〈과학토론 개요서〉 - 플라스틱 오염

미국의 찰리 무어라는 항해가에 의해 캘리포니아 주와 하와이 주 사이의 태평양에 거대한 '쓰레기 섬(Great Pacific Garbage)'이 ~~있다는 사실이~~ 발견되었다. 이 플라스틱 섬은 한반도 면적의 7배에 달하며 부피는 8만 톤에 이른다고 한다.
이처럼 지난 10년 동안 이루어진 무분별한 플라스틱 생산과 소비는 인간의 삶을 편리하게 해주었지만, 바다로 방출되는 플라스틱으로 인해 생물들의 생태계가 위협받고 있다. 플라스틱의 문제점을 정리하고 이를 해결하기 위한 과학적이고 창의적인 대안을 제시하시오.

I. 문제상황

플라스틱: 가공이 쉽고 단가가 싼 21세기의 소재. 현재 1인당 플라스틱 소비량은 132톤으로 세계 1위이다.

1) 환경오염 — 플라스틱의 재활용되는 비율은 14% 정도로 나머지는 매립지에서 소각되거나 바다로 흘러가 해양을 오염시킴. 초미세 플라스틱이 공기 중에 퍼져 있음.

① 대기 오염

② 수질 오염

2) 생태계 파괴 — 미세 플라스틱으로 인한 생물농축으로 결국 먹이사슬 맨 꼭대기에 있는 인간에게 해가 되어 돌아온다.

3) 플라스틱 섬 — 찰리 무어 선장이 태평양 한가운데에 있는 거대한 쓰레기 섬을 발견. 크기는 한반도 면적의 7배에 달하며 부피는 8만 톤에 이름.

Ⅱ. 문제상황에 따른 원인분석

생태계 파괴	- 바다에 버려진 플라스틱이 잘게 쪼개져 5mm~1㎛의 미세 플라스틱으로 변함 - 화장품, 치약, 페인트 등에 들어있는 미세플라스틱이 바다로 들어
대기 오염	매립지에서 소각하는 과정에서 나오는 다이옥신 다이옥신은 1g만으로 50kg의 성인 2만 명을 죽일 수 있음.
플라스틱 섬	사람이 바다에 버리거나 바다로 흘러들어간 플라스틱이 모여서 만들어진 섬.

Ⅲ 해결방안

1)로봇을 이용한 쓰레기 청소 기계 개발

2)소각시 나오는 다이옥신은 수소와 결합하여 액화시킨 후 중성화하여 물의 상태로 방출하고, 소각시 나오는 열로 터빈을 돌려 에너지로 전환한다.

3)미세플라스틱을 화학 반응을 일으키는 필터로 압축하여 덩어리 형태로 만들어 2번과 같은 방법으로 재활용한다.

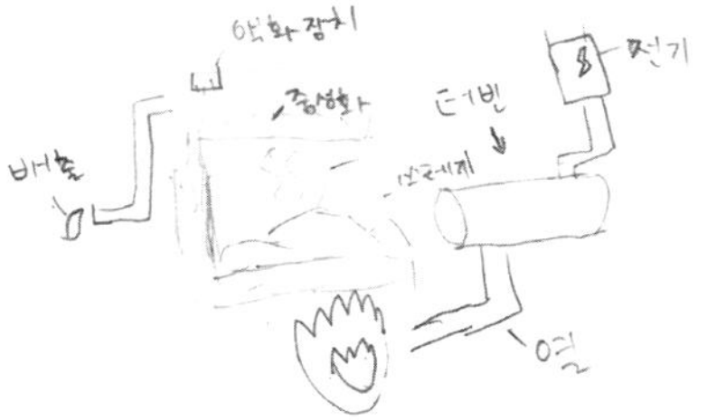

※ 최대 2매를 초과할 수 없으므로 핵심적인 내용을 요점화하여 수기로 작성

〈과학토론 개요서 양식〉-가상현실과 증강현실

참가 번호	소속 교육지원청명 (팀명)	학 교	학 년	성 명
007	김현진 학자들	홍도초	6	김영재
		홍도초	6	송진유

<table>
<tr><td>토 론
논 제</td><td>지난 5월 3일 포켓몬코리아는 포켓몬 페스타2019의 일환으로 포켓몬 상품을 구매할 수 있는 '포켓몬 팝업 스토어 ' 를 선보였으며, 신나는 음악에 맞춰 귀여운 율동으로 무장한 '피카츄 퍼레이드 ' 로 대중의 시선을 사로잡았다. 이와 같이 가상현실과 증강현실 기술은 빠르게 발전하고 있다. 이러한 기술을 이용했을 때 발생할 수 있는 장점과 문제점을 과학적으로 분석하고, 문제점을 극복하여 다른 분야에 적용할 수 있는 방안을 제시하시오</td></tr>
<tr><td>I. 문제상황

II. 장단점</td><td>1.가상현실: 컴퓨터 내에 가상의 공간을 만들어 실존하지 않는 공간을 체험하게 하는 것
2. 증강현실: 현재 가상의 사물이 실제로 존재하는것 처럼 화면상에 보여주는 기법
이로 인해서 실제상황과 가상현실에 혼란이 온다

1. 장점
1) 계획 중인 프로젝트에 사전 시뮬레이션 가능 (패션업계, 가구, 자동차)
2) 군사훈련 - 실제무기를 사용하지 않아 안정성이 높음
3) 증강현실이 적용된 안경을 쓰면 쉽고 빠르고 정확하게 택배를 전달
4) 의료분야: 환자의 진료가능여부 확인 ...제</td></tr>
</table>

2. 단점

1) 사용자의 안전 위협

포켓몬 고 관련 사고 측정

교통 사고	부상자	사망자
14만 5632건	2만 9370 명	256명

2) 환자의 생명에 직접적인 영향을 준다.

3) 지나친 몰입으로 인한 타인공간의 침범가능성

4) 건강문제 — 멀미또는 눈의 통증

III. 적용분야

1. 군사용 스파이 드론에 적용 — 소형드론을 보낸후 카메라로 적진을 촬영하여 영상을 기지의 전송후 증강현실과 가상현실로 적용하여 군사적으로 활용

2. 우주에 드론을 보내 영상을 송출 한후 가상 또는 증강 현실로 AR glass를 이용하여 우주의 모습을 관찰 - 우주에 공기가 없는 문제를 극복을 위해 드론에 J85 엔진을 우주용으로 개조해 장착

3. 원하는 공간을 집 인테리어로 자신이 원할때 가상현실로 꾸밈. 예를 들어 산, 바다, 계곡 등 의 자연공간을 집안으로 가져와 자연을 느낄 수 있음

- 문제 : 인간성을 상실 할 위험

— 해결 방안: 이용시간을 정해 시간이 지나면 제한

※ 최대 2매를 초과할 수 없으므로 핵심적인 내용을 요점화하여 수기로 작성

영재교육원 자기소개서

〈사례〉 5학년 손진유 학생의 영재교육원 자소서 스토리 정리

1. 내가 가진 특별한 능력은?

제가 가진 특별한 능력은 다른 친구들에 비해 책을 빨리 읽으면서도 책 내용을 잘 이해할 수 있다는 것입니다. 어렸을 때부터 많은 책을 꾸준히 읽어오면서 저도 모르게 책 읽는 속도가 빨라지게 된 것 같습니다. 독서는 저의 지식의 원천이라고 할 수 있습니다. 그 덕분에 학교 시험 문제도 항상 제일 먼저 풀고 성적도 우수한 편입니다. 제가 빠른 속도로 책을 읽기 때문에 때론 주변에서 책을 대충 읽은 것이 아닌지 생각하는 경우가 있는데, 책 내용을 같이 이야기하면 대부분 놀랍다는 반응을 보이시곤 합니다. 또, 한 가지 주제의 책을 읽으면 그와 관련된 책이나 자료를 스스로 찾아서 읽고 관련된 지식을 넓혀가기를 즐겨 합니다. 인공지능과 원자력발전, 지진에 관해 책 읽고 토론했던 것이 가장 기억에 남고, 책뿐만 아니라 이와 관련된 기사 등도 찾아보면서 공부한 결과, 원자력이 경제적이라는 이유로 이용하고 있지만, 사고 발생 시 치명적인 위험을 초래한다는 사실과 우리나라에 고준위방사성 폐기물을 저장할 공간이 없다는 사실, 우리나라도 더 이상 지진에서 안전하지 않다는 사실들을 알게 되었고, 4차 산업혁명 시대에 거부할 수 없는 로봇을 인간에게 이롭게 할 수 있는 방법에 대해 고민해보게 되었습니다.

과학책은 저의 지적 호기심과 탐구 활동에 불을 지펴주어 6세부터 과학 잡지를 꾸준히 구독하면서 과학 잡지 이벤트에 직접 응모하여 제 기사가 실리기도 하였습니다. 손재주가 좋아서 만들기를 잘하는 편입니다. 학교 방과 후 활동에서 로봇과학, 항공과학을 배웠는데 언제나 1등으로 만들고 결과도 우수하다고 선생님께 칭찬을 많이 받았습니다. 이러한 결과는 제가 로봇과학자라는 꿈을 가지고 있기 때문에 로봇 및 항공과학 분야의 책을 많이 읽었고, 그 결과 만들기 활동 자체가 너무 재미있고 즐겁기 때문입니다.

2. 지금까지 수학, 과학을 학습해온 경험은? 수학이나 과학에서 성취감을 느낀 적은?

지금까지 교과 수학 및 과학을 따로 선행하거나 학원을 다니지 않고 초등학교 2학년 때부터 상위권수학 960 P~D단계까지, 영재 사고력수학 1031 초급~고급과정 D단계까지 풀어오고 있습니다. 배워본 적 없는 수학 공식이나 개념들을 필요로 하는 문제들이 나올 때면, 예시 문제를 보고 유추하거나 예전에 풀었던 책들을 뒤져 이와 비슷한 유형을 찾아보면서 힌트를 얻고 어려운 문제들은 시간이 오래 걸려도 절대 해답을 보거나 주변 분들에게 먼저 여쭤보지 않고 끝까지 근성을 가지고 풀다 보면 그 문제가 결국엔 풀렸습니다. 이러한 공부 습관이 지금의 수학 실력의 바탕이 된 것이라고 생각합니다. 한번은 학교에서 선생님께서 북한 초등학생 5학년 수

재들이 푸는 수학 문제를 내주셨는데 유일하게 저 혼자서 그 자리에서 바로 문제를 풀어내어 선생님께서도 놀라셨던 적이 있습니다. 저 또한 매우 뿌듯함을 느꼈습니다.

다행스럽게도 저는 학원의 도움 없이 스스로 책을 통해서 학습하고, 이를 통해 문제를 풀어가는 것이 재미있고, 이 과정에서 쉽게 지치거나 포기하는 법이 없습니다. 이건 아마도 제가 수학 및 과학 자체에 대해서 학원을 통한 지식 습득보다는 문제 해결을 위해 도전하는 과정을 즐기기 때문이라고 생각합니다.

3. 특별히 해온 본인만의 공부 방법과 융합형 인재가 되기 위해 노력한 부분은?

초등학교 3학년 때부터 과학영재교육원에 입학하는 목표를 세우고 이를 위한 준비를 차근차근 진행해오고 있습니다. 다양한 과학 분야에 관심이 많아 도서관에서 과학 서적을 읽고 과학의 발전으로 인해 인류가 누리는 편안함과 동시에 생기는 여러 문제점들에 대해 의견을 나누는 토론 활동을 아주 좋아합니다.

원자력발전, 지진, GMO, 인공지능, 플라스틱 오염, 복제인간 등이 지금까지 제가 책을 읽고 친구들과 토론한 내용입니다. 토론 과정에서 과학이 인류를 이롭게 한 측면과 과학의 발전이 인류에게 가져올 수 있는 재앙에 대해서 동시에 고민해보고, 이를 극복할 수 있는 방안이 무엇인지에 대해서도 같이 고민하였습니다. 교내 과학토론대회도 뜻이 맞는 친구와 함께 참가하여 "무인도에 혼자 남게 되었을 때 생존할 수 있는 방법은 무엇인가?"라는 논제로 개요서를 작성하고 제일 먼저 집터를 잡고 식수와 식량을 확보한 뒤 구조 요청을 보내는 방법들을 주장하여 대다수 참가자가 상급

학년이었음에도 불구하고 우수한 성적을 거두었습니다.

과학, 수학 외에도 융합형 인재가 되기 위해 인문학과 역사를 좋아하여 좋은 강의를 들을 기회가 있으면 서울까지 엄마와 함께 가서 인문학 강의를 듣기도 합니다. 인문학 중에 역사와 철학 분야는 제가 가장 흥미를 가지고 있는 분야입니다. 그림 그리는 것을 좋아하여 미술대회 입상도 수차례 하였고, 초등학교 3학년부터 매달 한 번씩 그룹으로 친구들이랑 선생님과 함께 서울과 경기도에 전시되는 특별전 상시전 등의 전시회와 미술관을 다니며 작가와의 만남 등의 기회를 가지고 있습니다.

음악은 어렸을 때부터 피아노와 바이올린을 꾸준히 배우고 있습니다. 비틀즈(Beatles)나 아바(ABBA) 등의 올드팝을 즐겨 듣고 마룬파이브(Maroon5)의 노래를 좋아합니다. 또한 영화를 무척 좋아해서 주말이나 휴일에 영화를 자주 봅니다. 특히 부모님 세대에 유명했던 옛날 영화들이 내용도 탄탄하고 스토리가 재미있어, 과학을 기반으로 한 SF나 전쟁영화를 좋아하고 즐겨 봅니다. 저의 넘치는 영화 사랑은 제가 직접 영화감독이 되어 저의 전속 배우인 동갑 사촌과 동생, 동생 친구들이 출연하는 단편 영화도 몇 편 만들었고 지금도 끊임없이 멋진 시나리오를 구상 중입니다.

건강한 체력을 유지하기 위해 태권도를 꾸준히 하여 2개월 뒤에 태권도 3품에 도전하기 위해 수련 중입니다. 또한 좋아하는 야구클럽 활동도 하고 있습니다. 매 학년마다 학급 대표와 부대표를 맡아오고 있으며 모둠 활동에서는 모둠 구성원이 편중되지 않게 골고루 참여 기회를 주어, 친구들 사이에서 언제나 같이 모둠 활동을 하고 싶은 친구로 뽑힙니다. 순수 과학 분야 외에 인문. 예술 등 다양한 내적 소양을 갖추고 있는 것이 다른 사람과 차별된 저의 강점입니다.

4. 장래 희망은?

저의 꿈은 로봇공학자입니다.

다양한 과학 분야에 관심이 많지만 그중에서도 저의 꿈은 로봇공학자이고 세계 재난 로봇대회에서 1등한 DRC휴보2 로봇을 만드신 오준호 교수님이 저의 롤 모델입니다.

《인공지능과 4차 산업혁명 이야기》(김상현), 《세상에 대하여 우리가 더 잘 알아야 할 교양—인공지능》(정윤선), 《What? 로봇과 인공지능》(강이든) 등을 읽고서 인공지능과 로봇의 발전에 따른 장점과 한계점들 그리고 이것이 인류에게 미치는 위협 요인에 대해 생각해보게 되었고 저 스스로 해결할 방안을 찾아보고 싶어서 로봇공학자의 꿈을 키우게 되었습니다.

5. 과학영재원에 입학하고 싶은 이유는?

이러한 저의 관심사에 대해서 더욱 자세한 내용을 공부하고 싶어 고민하던 중 동국대 과학영재원 홈페이지를 찾아보니, 교육 목표 내용과 커리큘럼들이 저의 특성과 배움의 목적들과 너무 잘 맞는다는 생각이 들었습니다. 올바른 생각을 하는 인재, 재미있게 즐기는 인재, 융합·창조적 사고 인재를 육성하고 상대방을 배려하고 재능을 함께 공유할 수 있는 인성적 교육은 제가 생각하는 과학기술이 사회에 기여해야 하는 바와 과학에 대한 저의 접근 방식과 너무 잘 맞는다고 생각합니다. 특히 STEAM 교육 중에 스마트트랙과 다빈치트랙은 저의 로봇공학자라는 꿈을 이루는 데 많은 도움이 될 것 같고 꼭 공부하고 싶은 분야입니다.

제가 만약 동국대 과학영재원에 들어가게 된다면 스마트트랙과 다빈치트랙 분야를 더욱 열심히 공부하여 전문적 지식을 쌓고 카이스트 대학교에 진학하여 우리나라가 로봇공학 강대국이 되도록, 세계가 놀랄 만한 최고의 인공지능 로봇을 만들어내도록 노력할 것입니다. 인공지능이 얼마나 인간에 가까운지에 대해 연구하고 싶고 튜링 테스트를 통과하는 인공지능 로봇을 만들어보고 싶습니다.

이것은 저의 꿈인 로봇공학자로 첫 연구하고 싶은 과제이지만 이러한 연구 활동은 현실적으로 지금 저의 여건에서 쉽게 진행하기 어렵습니다. 따라서 영재학급에서라면 이러한 연구 활동이 가능하리라 생각되어 꼭 해보고 싶은 과제이며, 이를 동국대 과학영재교육원에서 해보고 싶습니다.

6. 앞으로 연구하고 싶은 분야는?

추후에는 로봇과 인공지능 기술을 더욱 발전시켜, 지구온난화로 인한 문제점을 해결하기 위해 우주 행성을 탐사하는 데 유용하게 사용될 수 있는 로봇을 만들고 싶습니다.

현재 우주탐사를 하고 있는 많은 우주인들은 제대로 지구로 귀환하지 못하거나 건강을 많이 해치는 것으로 알고 있습니다. 이러한 위험하고 실험적인 부분에 인간 대신 제 역할을 해줄 수 있는 로봇이 있으면 훗날 사회에 큰 도움이 될 것이라고 생각합니다. 또한 우주만큼 신비로운 바다 깊숙한 해저 탐사용 로봇은 현재 기술로는 많은 한계점을 가지고 아직도 기술개발 중입니다. 인간보다 더 훌륭하게 일을 처리해줄 수 있는 똑똑한 로봇을 만들어 위험하고 불확실한 미지의 공간에서 많은 활약을 할 수 있도록 하여 사회와 인류에 많은 발전을 가져오고 싶습니다.

북큐레이션 • 내 아이를 주도적인 사람으로 키우고 싶은 부모들을 위한 책

똑소리 나는 아이로 키우고 싶은 학부모를 위해 현명한 자녀 교육법을 담았습니다.

엄마의 라이프 스타일, 아이의 미래가 되다

김은형 지음 | 14,500원

내 아이를 똑소리 나는 인재로 기르는 라이프스타일 에듀 프로젝트

반인반폰, 포노 사피엔스들의 시대에 부모 세대의 성공방정식은 더 이상 통하지 않는다. 아이들은 비단 학교에서만 배우지 않는다. 새 시대에는 부모의 삶과 라이프스타일 그 자체가 아이의 교과서가 된다. 30년간 교육 현장에서 온몸으로 변화를 이끌어온 '스쿨 혁명의 아이콘' 교사 김은형이 '삶으로서의 교육, 교육으로서의 삶, 일상이 교육이다!'라는 철학 아래 미래형 교육법을 제시한다. 성공하는 사람에겐 성공하는 라이프스타일이 있다. 당신의 라이프스타일을 바꾸는 것만으로도 아이와 세상을 변화시킬 수 있다.

내 아이의 학교생활

정스런 지음 | 13,800원

현직 초등 교사가 알려주는 우리 아이 속마음 읽는 법 35

초등학생 자녀를 둔 엄마들은 아이들이 학교에서 어떻게 지내는지 잘 모른다. "학교에서 오늘 무슨 일이 있었니?"라고 물어봐도 제대로 대답하지 않거나 짜증을 부리곤 한다. 선생님과 면담을 하면 그제야 엄마가 몰랐던 아이의 학교 사생활을 알게 된다. 집에서는 활발한데 학교에만 가면 얌전해지고 말을 안 하는 아이, 친구들과 문제를 일으키는 아이, 선생님이나 엄마에게 거짓말을 하는 아이 등 저자가 교사로 활동하며 상담한 경험을 바탕으로 아이의 속마음을 읽고 아이와 행복한 관계 맺는 법을 엄마들에게 알려준다.